TOPOLOGÍA
τοπολογια

Nottoli, Hernán
 Topología : Aplicaciones a la arquitectura y el diseño. - 1a ed. -
 Ciudad Autónoma de Buenos Aires: Diseño, 2021.
 410 p. : il. ; 21×15 cm.

 ISBN 978-1-64360-508-1
 ISBN EBOOK 978-1-64360-509-8

 1. Matemática. 2. Arquitectura. 3. Diseño. I. Título.

Diseño gráfico: Karina Di Pace

Hecho el depósito que marca la ley 11.723

La reproducción total o parcial de esta publicación, no autorizada por los editores, viola derechos reservados; cualquier utilización debe ser previamente solicitada.

© 2021 de la edición, Diseño Editorial
ISBN 978-1-64360-508-1
Julio de 2021

TOPOLOGÍA
τοπολογια
APLICACIONES A LA ARQUITECTURA Y EL DISEÑO

Hernán Nottoli

diseño

INTRODUCCIÓN

Cuando el lector se acerca a un libro, lo hace ante la necesidad de acceder al tema que éste trata o atrapado por el interés que lo abordado en él le genere. El autor, creo que inevitablemente y sobre todo si escribe con auténtica vocación, tiene como motivación la segunda de las razones antes invocadas. La pregunta en este caso es, porqué apasionarse por un tema como la topología. La respuesta es bastante sencilla en esta oportunidad. La TOPOLOGÍA (del griego *topo* = lugar y *logo* = estudio) es la rama de las matemáticas dedicada al estudio de aquellas propiedades de los cuerpos geométricos que permanecen inalteradas por diversas transformaciones. Y en diseño, esa variedad de operaciones con líneas, planos, cuerpos, se considera una herramienta de gran utilidad para el proceso heurístico que está inmerso en la creatividad

Es que esta rama de las ciencias matemáticas (no muy antigua para las medidas de tiempo de los aún vigentes y fundamentales campos como el álgebra, la geometría euclideana y el mismo cálculo diferencial e integral), es sin dudas un modelo ideal para quienes poseen la afinidad de conjugar el razonamiento lógico formal con ciertas ideas basadas en la amplia libertad que está implícita en el proceso de diseñar. Ello ha definido el espectro académico y profesional hacia quienes está dirigido. No obstante, no se restringe la posibilidad de que aquéllos que habitualmente enfrentan las matemáticas a través de fórmulas, símbolos, matrices, ecuaciones, etc., descubran un fecundo nuevo punto de vista para analizar los conceptos ya conocidos.

Rastreando en la historia de las matemáticas a partir de los célebres geómetras griegos, es posible detectar algunos hitos significativos en esta búsqueda de operar con conceptos matemáticos.

La sistematización de la perspectiva, con sus puntos de fuga y sus métodos establecidos rigurosamente, producto del Renacimiento Italiano con Leonardo da Vinci[1] a la cabeza, constituye un salto incluso en la manera de percibir la realidad y modificarla dentro de la cultura del hombre.

Más adelante es nuevamente un filósofo (nada casual), el que asombra inventando la posibilidad de representar números, cálculos, ecuaciones, funciones... en espacios uni, bi y tridimensionales. Obviamente nos referimos a quien también fue notable matemático, René Descartes.[2]

Y más cerca en el tiempo, otro pensador genial como Monge,[3] pergeña su sistema para representar en diversos

---

[1] Leonardo da Vinci (1452-1519) veneciano de origen, fue un célebre hombre de la cultura, artista, escultor, arquitecto, físico, ingeniero, escritor y músico, notable en todas las disciplinas que encaró.

[2] René Descartes (1596-1650) filósofo, matemático y físico francés, creador de la geometría analítica y descubridor de conceptos fundamentales de la óptica geométrica. Creó asimismo la metafísica moderna imponiendo asimismo un nuevo método de raciocinio.

[3] Gaspard Monge (1746-1818) fue un genial matemático francés, creador de la geometría descriptiva y uno de los fundadores de la Escuela Politécnica de París. Trabajó a las órdenes de Napoleón

planos coordenados, objetos tridimensionales que han sido o serán, la mayoría de las veces, materializados gracias a esta forma de concebirlos.

Hoy, los más sofisticados programas informáticos no hacen más que recrear estas ideas maravillosas, brindando tanto a matemáticos puros, diseñadores y toda la gama de especialistas afines, las más eficaces herramientas para operar en sus campos específicos.

Estoy convencido que la TOPOLOGÍA es un aliado adicional en esta interrelación entre la matemática y las operaciones que posibilita esta parte de dicha ciencia universal. Sobre esa línea se inscribe el objetivo primordial de este libro y si como dijera al principio, cumple con la misión de atrapar al lector, o al menos de resolverle cómo acercarse a conceptos que por otros caminos resultaban herméticos, me habré dado por satisfecho.

Mi deseo final para este introito, es que quienes accedan a muchas ideas que se incluyen en algunos capítulos y que no son convencionales en la bibliografía existente, generen quizás con más ingenio y agudeza, nuevas vertientes y aplicaciones que perfeccionen este voluntarioso intento.

Quiera Dios (ojalá dicen los árabes, maestros de las matemáticas) que el resultado de estas lucubraciones sobre la TOPOLOGÍA sirvan a colegas y alumnos, no por un deseo de vanidad, sino por que sería deseable que los motive a incursionar en la fascinante aventura de aprender y avanzar en el conocimiento, que creo, es el más fecundo objetivo del intelecto.

EL AUTOR

---

y su método de proyecciones es base, aun hoy de la representación gráfica de las obras de arquitectura y diseño.

TRIBUTO A LA TOPOLOGÍA

Nació a mediados del siglo XIX Henri Poincaré, un gran matemático que puede decirse que junto a Leonard Euler (se hablará de este último in extenso en el Capítulo 5, Grafos), fueron los "padres" de la Topología. Este homenaje inicial está dedicado al citado en primer término, un prestigioso polímata: matemático, físico, científico teórico y filósofo de la ciencia, descripto a menudo como el último *universalista* capaz de entender y contribuir en todos los ámbitos del conocimiento. En 1894 estableció un aporte memorable a las ciencias matemáticas: el grupo fundamental de un espacio topológico.

Durante su niñez, Henri resultó seriamente afectado por la difteria, por lo que su educación formal estuvo a cargo de su madre, Eugénie Launois, mujer de gran intelecto. En su adolescencia ingresó en el Liceo de Nancy (entidad que hoy lleva el nombre de Lycée Henri Poincaré en su honor), demostrando ser uno de los mejores alumnos en casi todas las materias que estudió. Su profesor de matemáticas lo describió como "un monstruo de las matemáticas", afirmación que se vio respaldada por los premios que ganó en el *Concours Général*, competencia que involucraba a los alumnos más destacados de los liceos de Francia. Luego, siguiendo sus estudios, ingresó en la prestigiosa École

Polytechnique, donde estudió matemáticas continuando su formación, y llegando a publicar su primer artículo científico: *Démonstration nouvelle des propriétés de l'indicatrice d'une surface*. A partir de 1881 y por el resto de su carrera, ejerció como profesor en la Universidad de París (La Sorbona), donde inicialmente fue nombrado *Maître de Conférences d'Analyse* (Profesor Asociado de Análisis), para con el tiempo, llegar a ocupar las cátedras de Mecánica Física y Experimental, Física Matemática, Teoría de la Probabilidad, Mecánica Celeste y Astronomía.

En 1884, y como parte de los festejos conmemorativos por su sexagésimo cumpleaños a celebrar en 1889, el rey Óscar II de Suecia y Noruega, instituyó una competición matemática, en cuyas bases se establecían cuatro problemas, aunque dejaban abierta la posibilidad de resolver cualquier otro. El primero, propuesto por otro gran matemático, como lo fue Karl Weierstrass, uno de los integrantes del jurado, es conocido como *problema de n cuerpos* y está relacionado con determinar la estabilidad del Sistema Solar. En julio de 1887 Poincaré contestó a una carta previa diciendo que se presentaría al concurso con dicha cuestión. Su memoria, presentada en mayo de 1888, fue tan notable que el jurado decidió declararle ganador. La conclusión principal de Poincaré establecía que la evolución de un sistema como el ejemplificado era extremadamente caótica, en el sentido de que una pequeña perturbación en el estado inicial (como por ejemplo una mínima variación en la posición inicial de un cuerpo) podía llevar eventualmente a un estado radicalmente diferente. Durante la revisión previa a su publicación en la revista especializada, el editor detectó algunas imprecisiones. Comunicadas a

Poincaré para que las aclarase, éste contestó –con el número ya impreso– que efectivamente había cometido errores graves. Procedió él mismo a su corrección, lo que condujo a nuevos descubrimientos: las órbitas doblemente asintóticas (posteriormente las renombraría como homoclínicas) y que hoy se consideran los comienzos de la Teoría del Caos. Es de destacar que el dinero del premio por ganar el concurso no alcanzó a cubrir los gastos que tuvo que abonar Poincaré por la retirada del número con la versión errónea de 1889. Esa experiencia ha sido también vivida por el autor de este libro, ya que en alguna oportunidad se vio precisado a revisar artículos que envió para su publicación a una revista matemática renombrada, y luego de aceptar las observaciones recibidas, corrigió lo observado y su trabajo resultó a posteriori aceptado y publicado con éxito.[1]

Y volviendo a la historia de Poincaré, éste incursionó más tarde en los laberintos apasionantes de la Topología, a la que según su definición, a diferencia de otros tipos de Geometría, señaló que poseía la condición de ser puramente cualitativa, suprimiendo taxativamente los indicadores cuantitativos de los objetos y el espacio. La mayor contribución de Henri a la Topología fue enfatizar esa propiedad de los objetos, en detrimento de aquéllos que los definen por extensión, magnitud o medida, proponiendo una aproximación "emotiva" y rodeada de componentes vinculantes a la esencia heurística misma de las formas.

---

[1] 1998 - Nottoli, H. Autor de un trabajo sobre "Aplicaciones arquitectónicas de la Teoría de Grafos", publicado con referato, en la revista EDUCACIÓN MATEMÁTICA Vol 0.V N°3, editada pr el Grupo Editorial Iberoamericano de México D.F. MÉXICO.

A grandes rasgos, la principal idea detrás de la Topología, es que cuando se estudia un objeto lo importante son sus propiedades, no el objeto en sí, y si dos objetos comparten las mismas propiedades, deben estudiarse desde esa perspectiva, pues los resultados abarcan a todos los objetos que comparten estas propiedades, llamados objetos homeomorfos (ver definición en este mismo texto, en el Capítulo 5 Punto 1.6). Poincaré logró hacer estudios detallados sobre todas las posibles superficies topológicas bidimensionales. Además, desarrolló todas las formas posibles que podían envolver ese universo bidimensional plano.

Pero vivimos en un universo tridimensional, entonces, en 1904, se preguntó, ¿cuáles son todas las formas posibles que nuestro Universo puede tener? Trató de encontrar la respuesta pero murió en 1912 sin lograrlo. Ese problema topológico llevó a lo que se empezó a conocer como la conjetura (o hipótesis) de Poincaré, y quedó como un legado para futuras generaciones de matemáticos.

Con el correr del siglo XX, muchos matemáticos trataron de solucionar ese desafío. Setenta años después de la muerte de Poincaré, la conjetura había sido resuelta para todas las otras dimensiones, menos para 3D. A pesar de muchos intentos, el siglo terminó pero la incógnita persistió, y la conjetura de Poincaré fue incluida en la lista de los siete problemas matemáticos del milenio cuya resolución sería premiada con un millón de dólares por el Instituto Clay de Matemáticas de Massachusetts, EE.UU.

Dos años más tarde, el 11 de noviembre de 2002, en el sitio web público *arXiv* apareció la primera de tres entregas de un escrito titulado "La fórmula de entropía para el *flujo de Ricci* y sus aplicaciones geométricas". En su totalidad, el texto se extendía por 39 páginas y estaba firmado por Grisha Perelman. Este matemático, nacido en la mítica ciudad de San Petersburgo, en Rusia, había probado la conjetura del Alma, la cual afirma que uno puede deducir las propiedades de un objeto matemático a partir de pequeñas regiones de estos objetos, a los que denominaban alma. A partir de ese trabajo, de gran mérito, le ofrecieron cargos en algunas de las principales universidades del mundo, incluidas Stanford y Princeton, pero su autor prefirió tomar un puesto de investigador en el Instituto Steklov de su ciudad natal, institución en la que percibía un salario de menos de cien dólares al mes. Aunque por un breve período se estableció en EE.UU., de ese viaje, luego de su regreso a Rusia, se llevó una duda planteada por un matemático estadounidense al que admiraba: Richard Hamilton,[2] quien en 1982 había publicado un artículo sobre el antes citado problema insoluble, al que llamó flujo de Ricci, con el cual sospechaba que se podía probar la conjetura de Poincaré. Ambos se encontraron en una reunión científica en 1993, y Perelman intentó conciliar ideas con su colega, pero éste nunca le respondió a sus inquietudes, por lo que el ruso decidió trabajar solo y publicó en Internet en 2002, el resultado de sus esfuerzos.

Su trabajo provocó un interés enorme entre los matemáticos, aunque ni en su título ni en ninguna parte aparecía una mención directa de Poincaré. Cuatro años más tarde,

---

[2] Hamilton, R. recibió su B.A en la Universidad de Yale y su título de Ph.D. en la Universidad de Princeton. Sus contribuciones se centran en los campos de la geometría diferencial y del análisis geométrico. Es muy conocido por sus aportes a la investigación que finalmente condujeron a la demostración de la conjetura de Poincaré.

emergió un consenso en la comunidad matemática: ¡¡Perelman había probado la conjetura!!

A partir de allí, el teórico ruso recibió una lluvia de ofertas: honores, premios en dinero en efectivo y fondos para investigación, así como lucrativos cargos académicos en las universidades más distinguidas del planeta y giras mundiales dando conferencias, pero según todos los informes, consideró esas dádivas profundamente ofensivas. "La monetización del logro es el máximo insulto a las matemáticas", afirmó. Consecuentemente, rechazó todo, incluida la medalla Fields, el equivalente matemático a un premio Nobel, por "sus contribuciones a la geometría y sus ideas revolucionarias" que lo llevaron a su prueba sobresaliente, un premio de la Sociedad Matemática Europea y el millón de dólares que el Instituto Clay quería darle por solucionar uno de los problemas del milenio. "Si la prueba es correcta, no necesita otro tipo de reconocimiento", sentenció. Luego dejó de hablar con los medios, anunció que dejaba su profesión y se retiró para vivir con su madre en un modesto apartamento, del que dicen que sólo sale a comprar víveres y muy de vez en cuando asiste a la ópera y a conciertos de música clásica. Es sin dudas una historia para incentivar la creatividad, para observar la ciencia desde distintos ángulos de los habituales y en particular para la matemática, el aporte novedoso que significó en su momento, pensar los conceptos rigurosos desde otra perspectiva, que es lo que condujo al desarrollo de la Topología.

CAPÍTULO 1

MATEMÁTICA, TOPOLOGÍA Y DISEÑO

Este capítulo tiene como propósito principal mostrar cómo la matemática por un lado y la arquitectura y el diseño por el otro, han transitado solidariamente sus caminos a lo largo de la historia del hombre y que en ese camino, la topología como rama científica, es una indudable herramienta para acompañar las ideas originales del creador heurístico.

Fue el diseño, *leitmotiv* de la génesis de la forma y la definición de espacios reales y virtuales, el que durante toda la historia del hombre, aportó incentivos al cálculo y al razonamiento metodológico y en particular a la temática que se tratará en este libro: la TOPOLOGÍA, que es factible encontrar, quizás no como ciencia formal, pero como casos prácticos, con sus isometrías, homotecias, etc. desde la más remota antigüedad hasta nuestros días.

Ya en las primeras obras de imaginería del homo sapiens en su hábitat caverna o en sus utensilios, impregnados de geometrismo, hasta las formas más avanzadas de nuestro tiempo, plasmadas en objetos o edificios cuya complejidad requiere de sofisticados modelos matemáticos e informáticos para su materialización, mucho se han enriquecido estas áreas del saber, las unas con las otras.

El discurrir histórico que se plasma en las siguientes líneas de este capítulo, es una muestra no exhaustiva, pero se cree que representativa y abarcadora, de ejemplos que convalidan lo señalado los párrafos previos.

UN RECORRIDO A TRAVÉS DEL TIEMPO

Se recorrerá en las próximas líneas, desde la prehistoria del hombre, donde el concepto de diseño pudo ser sólo el uso necesario de un hábitat natural, hasta la *hightech* de nuestros días, con sus requerimientos tecnológicos de alto contenido científico y hasta los asentamientos urbanos que poseen como modelo matemático la novedosa geometría fractal.

La secuencia con la que se presentan cada período o cultura, no tiende a un estricto orden cronológico, sino que temas afines se concatenan, según se vayan hilvanado, dentro de la descripción que de ellos se haga, en función de su incorporación al acervo cultural del hombre.

Hablemos de las primeras civilizaciones humanas. Los términos numéricos, que "expresan las más abstractas ideas que la mente humana es capaz de formar" según dice el destacado científico Adam Smith,[1] en su libro sobre la "salud" de los pueblos, no aparecieron de manera rápida, sino paulatina y a partir de la generación del concepto de unidad (quizás referida al ser que la pensó, es decir "un hombre"), para luego extenderse como repetición de esta primera idea matemática. Desde esos números elementales, hasta hoy, es

---

[1] Adam Smith nació en Kircaldy, Escocia alrededor del año 1700. Fue filósofo, economista y político, famoso por su libro "The Wealth of Nations", escrito en 1776 y en el que vuelca ideas novedosas en campos tales como la ética, la retórica, y la jurisprudencia.

válido afirmar que la vida humana está saturada por la matemática. Es que el hombre actual, inevitablemente emite opiniones, desliza frases, tiene actividades cotidianas, y en todo ello alude, consciente o inconscientemente, a juicios aritméticos y a propiedades geométricas.

Y a la vez, en todas las tareas de su quehacer diario no puede evadirse del proceso de contar, días, horas, tickets, etc, que son parte indisoluble de su actividad en el mundo moderno. Podría pensarse que está ajeno a este fenómeno el residente en zonas no urbanas, pero también en estos casos no escapará a su labor el conocer su ubicación espacio temporal y también allí aparecerá la matemática.

Y es por cierto válido pensar que el origen del contar, o sea el origen de la sucesión natural de los números (excluidos el 0 y el 1 que son dos casos particulares con sus propias historias), se encuentre en el mismo origen del hombre y de sus mitos. Los pueblos primitivos poseían, por cierto, una gran variedad de procedimientos de cómputos, que con un sentido semiótico, expresaban una relación cualitativa de un signo a una cosa significada, siempre condicionada a una imagen concreta del objeto de referencia.

Además es importante señalar que la mentalidad primitiva carecía de ejemplos abstractos, situación que aún hoy se detecta en el pensamiento animal. Sería imposible tratar de traducir al lenguaje bosquimano la expresión: "Hoy viajamos 800 kilómetros a pie", pues constituye un hecho imposible de cumplir en la realidad.

La asociación con ciertos objetos materiales: hojas secas, piedrecillas, monedas, etc., es asimismo un componente del contar que suele hacerse intervenir para facilitar los cómputos. El término **cálculo**, proviene de *calculi*, palabra con que los romanos, diseñadores de obras de arquitectura y diseño y también de infraestructuras urbanas monumentales que asombran aun hoy, usaban para designar a las pequeñas piedras con las que se ayudaban en sus operaciones cuando no disponían de ábacos.

En concordancia con ello, las actuales máquinas calculadoras, apoyadas en la electrónica, puede afirmarse que tuvieron su génesis histórica, en primitivos instrumentos de calcular. Por ejemplo: las cuerdecillas con nudos y los ábacos de bolillas o botones. Tales dispositivos adquirieron una difusión universal, en el tiempo y en el espacio, fenómeno que se ha explicado teniendo en cuenta que se considera a la cuerdecilla con nudos como una herencia de las civilizaciones agrícolas matriarcales y que el ábaco es un admirable simplificador de cálculos, que aún hoy se encuentra en uso en ciertas regiones de Oriente, desde donde se difundió originalmente al resto del mundo.

Pero el hombre siempre tuvo como herramienta más cercana para ayudarse en sus cálculos a su propio cuerpo. De allí que el procedimiento más natural para contar sea el que utiliza las partes del cuerpo humano, especialmente los dedos de las manos y, eventualmente, de los pies. Ello dio origen a la palabra dígito (del latín *digitus* = dedo) que se refiere hoy en día a las cifras del 1 al 9 inclusive. Los antiguos romanos hablaban de "numerare per dígitos" (contar por dedos); y así hoy, es dable verificar que los niños pequeños y también aquellos que tienen dificultades para hacer cálculos elementales, "cuentan con los dedos" para simplificar sus cuentas. Aunque claro, ¡¡las tecnologías electrónicas en particular y los teléfonos móviles, han suprimido en el cerebro gran parte del funcionamiento para pensar en números!!

Desde estos simples mecanismos de acercamiento a los procedimientos matemáticos originales de la civilización, hasta los desarrollos más sofisticados que le siguieron, un variado espectro de herramientas y algoritmos se han sucedido a lo largo de la historia, para abordar los conceptos inherentes a las ramas matemáticas.

Pasemos a hablar de una de las civilizaciones más destacadas de la América precolombina, como fue la de los incas. Su ciudad capital Cuzco, al que denominaban *el ombligo del mundo*, fue una urbe de varios miles de habitantes, que dominó un imperio de millones de súbditos, desde el norte colombiano hasta el sur chileno, bordeando la majestuosa mole de los Andes.

Sus templos en particular (se conservan muchos de ellos) poseen elementos geométricos y TOPOLÓGICOS en el diseño mismo y en la forma de sus piedras talladas, que además de sus propiedades intrínsecas, tienen connotaciones astronómicas y ceremoniales. Existen además líneas fundamentales en los trazados, relacionadas con las posiciones del Sol, venerado como dios por este pueblo, igual que sucediera con muchas otras culturas, la egipcia entre ellas. En particular el *inti rami*, es la celebración del solsticio de invierno, que determinaba en Machu Picchu, la entrada de luz por una ventana estratégicamente ubicada de un santuario.

Los rayos solares iban a "depositarse" sobre un inmenso bloque de piedra que oficiaba de altar ceremonial. ¿Con qué recursos matemáticos era posible establecer tal precisión en elementos arquitectónicos? Recuérdese que estamos por los años 1450, y que en Europa todavía no se conocía el número 0 (cero), aun cuando como correlato edilicio, puede mencionarse que por esos mismos años Brunelleschi[2] erigía el domo de la catedral de Florencia.

Pues esos antiguos peruanos ya contaban con un elaborado sistema numérico que incluía el cero. Su más conocido dispositivo para contar, fundado sobre el uso del utensilio que antes mencionáramos, el de las cuerdecillas con nudos, es el **quipo** peruano (del quechua *kipu* = nudo). Esta fenomenal herramienta matemática extendió su utilidad a otras áreas, convirtiéndose por ejemplo, en un instrumento estadístico. El quipo se componía de un cordón grueso al que añadían cuerdecillas de diferentes colores, según el objeto al que se destinaban. En cada cuerdecilla, nudos colocados a distintas alturas (las unidades en la parte inferior, las decenas arriba, más alto las centenas, y así sucesivamente) representaban las diferentes cifras, aunque es posible que permitieran fijar otra clase de acontecimientos.

Es sumamente interesante pensar en la abstracción que significaba ese manejo numérico, para un pueblo que no conoció la escritura. Se puede verificar en esa circunstancia un ejemplo singular, que muestra la diferenciación entre los distintos lenguajes (matemático y gramático escrito), y que verifica la diferente inserción que tienen en la mente humana, ambas disciplinas.

Si nos adentramos en otras culturas alejadas de la anterior en la geografía, como sería el caso de los egipcios, es dable recordar que ese pueblo centraba el secreto de un bienestar después de la muerte terrenal, en la conservación del cuerpo de los muertos, transformándose por ello en

---

[2] Brunelleschi, Felipe (1377-1446), fue uno de los más renombrados arquitectos del primer período del Renacimiento.

maestros del embalsamamiento, y que su necesidad de preservar a las momias, implicaba el sofisticado manejo del cálculo para levantar sus imponentes templos funerarios. Con algunas de sus obras colosales, que permanentemente se siguen descubriendo, ha llegado hasta nuestros días una formidable información, tanto de sus costumbres, como de su arquitectura y asimismo de sus conocimientos matemáticos.

En su arquitectura, es imposible hablar de los egipcios sin referirse a sus magníficas obras mortuorias y en particular a sus colosales pirámides. Los aspectos geométricos que se encierran en su diseño y su construcción, algunos de ellos aun no desentrañados, hablan de un manejo de conceptos muy evolucionados en el campo TOPOLÓGICO, que aunque no hubieran desarrollado como ciencia, sí lo aplicaban repetidamente en sus obras y en sus decoraciones, como se mostrará en próximos capítulos.

Hasta el mismo nombre de "pirámide", posee implicancias relacionadas con la geometría. ¿Pues de dónde proviene? Se cree que etimológicamente la palabra provenía de Grecia, y que al llegar a Egipto fue designada *puramis* o *piramis* (vocablos que definen una suerte de grano de trigo o diente de sierra). Platón,[3] en el *Timeo*, utiliza ese término para designar al tetraedro regular, uno de los cinco sólidos completamente regulares, y que identificaba al fuego, uno de los cuatro elementos con los que creían, estaba compuesto el Universo.

Un ejemplo TOPOLÓGICO que permitirá ser analizado en detalle por el lector más adelante, es la pirámide que

---

[3] Platón (429-347 a.C.) fue gran filósofo griego, discípulo de otro gran pensador como Sócrates.

Figura MyT.1

aparece en la región de Sakkara (Figura MyT.1), al comienzo de la III dinastía y que es un monumento de planta cuadrangular y de seis niveles, construido hacia el 2660 a.C., por el arquitecto Imhotep, para el rey Djoser.

Esta revolución en el arte de construir, además de manifestar el objetivo de dotar de eternidad a un sepulcro, afirma categóricamente la presencia conjunta del estado y de la religión en una obra de construcción grandiosa que rompe con todas las estructuras anteriores. Como se verá más adelante, esta forma constructiva es un recurso TOPOLÓGICO fundamental, múltiples veces usado en el diseño.

Snefrou, fundador de la IV dinastía y gran constructor de pirámides, erigió en Dahchour, una pirámide de un formato insólito y novedoso (ver Figura MyT.2), que podría denominarse "romboidal", con doble pendiente, permitiendo con el cambio de inclinación, aligerar considerablemente las masas pétreas que pesaban sobre los arcos abovedados de las salas

Figura MyT.2

interiores. Indudablemente un recurso también topológico de ingenio, para resolver un problema de tipo estructural.

Otras pirámides escalonadas fueron construidas durante el curso de la III dinastía, fundamentalmente durante el reinado de Meidoum, y los siete grandes escalones que poseían, fueron recubiertos con piedra caliza, merced a la labor encomendada por el ya citado Snefrou. Se logró así un paramento liso sobre las cuatro caras, incorporando las formas clásicas que luego se repetirán en las conocidas pirámides de El Cairo. En todos los casos los escalonamientos, las pendientes, o como se anticipó previamente, las TRANSFORMACIONES TOPOLÓGICAS de las pirámides, se pensaban en función de permitir la ascensión al cielo del alma del rey después de su muerte, para reunirse con *Ra*, el rey Sol. Las pirámides, a partir de la V dinastía (hacia el 2500 a.C.) devinieron en construcciones y dimensiones más modestas, aun cuando para su construcción y emplazamiento se siguió recurriendo a los métodos astronómico-matemáticos que se habían incorporado en las experiencias previas.

Con respecto a la forma de construirlas, se utilizaron una variada gama de recursos físicos, que obviamente estaban sustentados en conocimientos de cálculo matemático. Si se repasan algunos procedimientos, se podrá corroborar en todos ellos esa participación de los principios físicos y de cálculo, aun cuando fueran ambos fundamentalmente empíricos. Por ejemplo, para transportar los grandes macizos de piedra por el río Nilo, ya que los bloques de granito eran originarios de Assuan, a cientos de kilómetros a veces del lugar definitivo de construcción.

Hay que recordar que en Kefren, las piedras más importantes pesaban alrededor de 40 toneladas al ser extraídas de las canteras, y luego eran trasladadas mediante sistemas de palancas y rodillos que permitían su desplazamiento. Para levantarlas, se supone que se utilizaban aparejos de madera, que eran capaces de movilizar los bloques de un nivel a cada nivel superior de su emplazamiento. Pero el procedimiento más usado fue el de rampas de tierra o de ladrillos, que luego de terminado el trabajo eran desmontados, y que se elevaban al mismo tiempo que la pirámide misma. Han sido hallados numerosos vestigios de este recurso constructivo (en obras inacabadas) en lugares como Abou Gourab, Kefren y Kheops.

Ahora es interesante adentrarse en el trabajo de los operarios mismos que realizaban o dirigían las tareas de construcción. La presencia en las canteras de los agrimensores "tendedores (o anudadores) de cuerdas" o harpedonaptes, está documentada en los textos y en las pinturas y esculturas de la época. En ellos puede verse que los agrimensores disponían de útiles y de instrumentos adecuados, que les permitían efectuar las mediciones: cuerda de medir, estacas para alinear con sus masas para clavar, plomadas, niveles líquidos, jabalinas con miras, etc.

El trazado para erigir la construcción estaba controlado por la totalidad de las herramientas disponibles que ya se enumeraron. La orientación principal estaba determinada por la mirada al Norte, hacia la constelación de la Osa Mayor, "en el momento preciso que el tiempo de los relojes ha culminado", es decir el momento del cenit, y en ese instante era el mismo faraón el que daba la señal que iniciaba toda la operación.

La segunda dirección predominante (perpendicular a la primera y al meridiano del lugar), no se sabe con precisión cómo se obtenía, pero se presume que se trazaba con la ayuda de escuadras o una construcción basada en un triángulo rectángulo e isósceles que se definía sobre el terreno. Respecto de las dimensiones de las pirámides, es posible hacer un estudio comparativo de la pendiente de las caras, relacionando su apotema con la altura del vértice superior de la pirámide, la cual implica una proporción, otro concepto topológico básico.

Otros números muy manejados por los egipcios eran los fraccionarios, pues tenían un amplio dominio para expresar magnitudes en ese formato. Para controlar las pendientes de las pirámides durante la construcción, se sabe que se utilizaron escuadras, en las que el largo de cada uno de sus lados era un número entero, en particular, el triángulo "sagrado" 3–4–5 (remoto antecesor del teorema de Pitágoras), da cuenta de una herramienta matemática que facilitó el trabajo de los obreros. La cámara real se situaba en un nivel

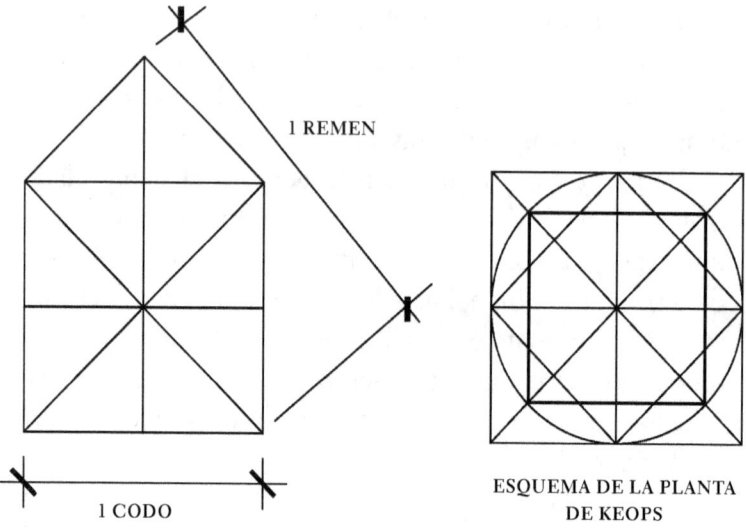

Figura MyT.3   Figura MyT.4

donde el área de la sección horizontal de la pirámide era igual a la mitad del área de la base. Los harpedonaptes sabían, con seguridad, construir un cuadrado de área mitad de otro dado (aun cuando ignoraran el teorema de Pitágoras), ya que una de las medidas de longitud, el remen, se correspondía con la diagonal de un cuadrado de lado igual a un codo. Los dibujos de las figuras MyT.3 y MyT.4, muestran gráficamente este mecanismo geométrico-topológico.

Otra cultura antiquísima que usó la topología como herramienta fundamental en sus diseños arquitectónicos, fue la india. Es dable ver numerosas aplicaciones en obras majestuosas, donde se destaca para coronar su esplendor,

Figura MyT.5

una obra dedicada al amor, como es el trascendente templo del Taj Mahal (Figura MyT.5).

Los conocimientos matemáticos más antiguos de los indios están vinculados con la geometría; y pueden situarse en una época comprendida entre los siglos VIII y II a.C.

Entre estos escritos es dable resaltar los que proponen reglas para la construcción de los altares destinados a los sacrificios, cuyo complemento, el *Sulvasutra*, trae reglas para la construcción de cuadrados y de rectángulos (*Sulvasutra* quiere decir "regla del cordel" y es probable que su significado no sea diferente al que se atribuyó a los harpedonaptes egipcios). Estos textos también incluían relaciones entre la diagonal y el lado de un cuadrado, y equivalencias entre el rectángulo, el cuadrado y el círculo, claramente ejemplos de *homotecias*, una de las ramas de la TOPOLOGÍA. Además de las contribuciones individuales de los matemáticos indios, hay que valorizar en ellos dos aportes colectivos significativos de enorme trascendencia: la contribución al simbolismo algebraico y el sistema de numeración posicional de base **10**.

Pero sin duda el mayor aporte que en este sentido se debe a la matemática india es el uso del **cero**, no sólo como cifra numérica, sino como símbolo operatorio.

En cuanto al sistema de numeración posicional usado por los indios en sus cálculos aritméticos y astronómicos mediante el empleo de **10** signos especiales, que modificados, constituyen nuestro actual sistema de numeración, su origen ha suscitado controversias. Descartado el hecho de ser de origen árabe como la locución de "cifras arábigas" puede hacer suponer, y descartando también que los indios hayan sido los creadores del sistema posicional, pues lo poseían los sumerios y las mayas, queda aún por discutirse el origen del sistema posicional de base **10** que dio lugar en definitiva al nuestro.

Algunos autores, consideran como prueba de que el sistema posicional de base **10** indio es el más antiguo, un escrito religioso anterior a la era cristiana, donde se dice que el número total de seres humanos que existe en el mundo está dado por la potencia 2^{96}, número que escrito en el sistema decimal posee **29** cifras y podría corresponder a la supuesta población existente en esas épocas de la antigüedad.

Otros autores sostienen, en cambio, que la expresión "cifras indias" que se encuentra en los árabes al referirse a nuestros signos proviene de una confusión, pues la locución original significaría "signos aritméticos", y que el origen de nuestras cifras debe buscarse en signos puramente convencionales nacidos en el seno del neoplatonismo desterrado en Persia, desde donde se habrían difundido, por un lado, hacia la India, y por el otro, hacia el Islam, para llegar luego, por conducto de este último, a Occidente. Asimismo debe destacarse el aporte conceptual que representa el uso de un signo para representar una variable numérica. Esa **x** que puede representar *cualquier* número, simboliza una abstracción de abstracciones, que no llegaron a lograr ni siquiera los griegos.

Ya ha sido mencionado previamente el incomparable Taj Majal (Figura MyA5), que fuera construido por el Emperador mogol Shahjahan (el Sha Jahan) como mausoleo para su esposa, Mumtaz Mahal (la elegida del palacio), cuyos restos mortales yacen en una recámara debajo de la cúpula central.[4]

Sin dudas, el Taj Mahal se encuentra entre los edificios más sublimes del mundo, perfectamente proporcionado y completamente ejecutado en mármol, lo cual le confiere una tecnología constructiva de alta complejidad y que demuestra el manejo geométrico-topológico espacial de sus diseñadores y constructores.

Otro de los ejemplos destacables, y de morfología completamente distinta del caso anterior, son los templos de la costa (Figura MyT.6) en Mahabalipuram, una villa costera a 50 km al sur de Madras, edificios que fueron construidos en el siglo VII, durante el reinado de Rajasimha y que representan el florecimiento final del arte Pallava.

Ese complejo templario, uno de cuyos componentes se muestra en el siguiente ejemplo, con su maravillosa cúpula poligonal, es otra muestra de TRANSFORMACIÓN TOPOLÓGICA. Ha sido declarado Patrimonio de la Humanidad y probablemente se encuentre entre los monumentos más ricos del mundo en ornamentación pétrea.

---

[4] Los trabajos en este monumento comenzaron en 1634 y continuaron por cerca de 22 años.

Figura MyT.6

Se desprende naturalmente de su imagen arquitectónica, el uso de un sistema de proporciones para la gradación de los distintos niveles. Asimismo un manejo matemático preciso en el escalonamiento de las simetrías con reducción, que posee su cubierta y un sofisticado manejo tecnológico matemático del proceso de tallado de la piedra, concretando una riquísima volumetría y una espléndida trama superficial del paramento exterior.

La coronación de este templo es un claro ejemplo de lo que en otro capítulo de este mismo libro, denominamos más adelante como una HOMOTECIA TRIDIMENSIONAL, rama de la TOPOLOGÍA que merecerá un análisis más detallado en el apartado referido a esa temática.

Avanzando en el tiempo, y examinando otros aportes significativos a la matemática, es posible afirmar que durante el primer milenio de nuestra era, dos de los centros culturales más importantes en este campo son el chino y el árabe. En este sentido, parece ser la matemática china la que ejerció menor influencia, por lo menos ante la escasa documentación existente al respecto. En cambio, la matemática árabe, considerablemente influenciada por la matemática india, generó aportes originales importantes, que luego legó a la cultura occidental.

China ha sido siempre, y hasta hoy mismo puede verificarse esto, un pueblo encerrado en sí mismo, con pautas culturales particulares, por cierto distintas de las occidentales y además con una arquitectura singular que sólo tiene réplicas en otros países bajo su égida. Su historia resulta difícil de rastrear con anterioridad al siglo III a.C., época en la que el emperador ordenó la destrucción de todos los libros y la ejecución de todos los intelectuales. Pero el aislamiento de China no fue absoluto, ya que por razones comerciales se vinculó con algunos países occidentales (mucho más hoy en día) y también con la India y luego con los árabes. Y en lo que respecta a sus aportes matemáticos, puede decirse que son comunes a otros pueblos orientales.

Refiriéndonos ahora a los conocimientos matemáticos chinos en relación a su arquitectura, es posible vincular sus obras magnificentes a la necesidad de contar con herramientas de cálculo que hicieran posible su materialización. Quienes conozcan la República de China y contemplen sus edificios de estilo tradicional de tejados curvos, intensos colores y complicado diseño, pueden llegar a preguntarse cómo es posible que los chinos crearan este estilo arquitectónico sin parangón.

La arquitectura china se caracteriza por distribuir el espacio en unidades rectangulares que se unen para formar un todo. La forma rectangular, si bien simple, también fue empleada en muchas otras culturas para generar edificios emblemáticos, como los templos griegos. Pero en ese caso, el efecto era de austeridad. El estilo chino, por el contrario, combina rectángulos de diferentes tamaños y en diferentes posiciones de acuerdo con la importancia de la organización del conjunto, permitiendo distinguir claramente distintos niveles y elementos. El resultado es un aspecto exterior impresionante, pero al mismo tiempo dinámico y misterioso, que se basa en herramientas TOPOLÓGICAS.

En la arquitectura tradicional china, la distribución de las unidades espaciales se rige por los principios de equilibrio y SIMETRÍA, donde el eje constituye la estructura principal, apelando como mecanismo, a uno de los conceptos que se incluyen entre los contenidos TOPOLÓGICOS. Las estructuras secundarias se sitúan a ambos lados del eje formando el patio central y las habitaciones principales. Tanto las viviendas como los edificios oficiales, templos y palacios se ajustan a este principio fundamental.

La arquitectura china se caracteriza también por el uso de una estructura de vigas y pilares de madera y un muro de adobe que rodea tres de los costados del edificio. Aquí es donde aparecen conceptos físico-matemáticos más sofisticados. Para trasladar las cargas de las complejas cubiertas al piso, las estructuras de vigas y pilares de madera se conformaban como poligonales, que es posible ver hoy en sus edificios históricos, y que resultan de un acabado estudio de la dirección de las fuerzas dominantes, acoplada esta idea al conocimiento profundo de la tecnología maderera de la construcción. El uso de la madera dio lugar a ciertos rasgos arquitectónicos característicos. En primer lugar, la anchura

Figura MyT.7

y profundidad del espacio interior vienen determinadas por la estructura de madera. En segundo lugar, se desarrollaron técnicas de lacado con el fin de conservarla. Estos laqueados de colores vivos y brillantes se convirtieron en uno de los rasgos propios de la arquitectura tradicional china, que a su vez implican no sólo un arte, sino un manejo geométrico de los motivos escogidos. Hay quienes encuentran un paralelismo entre las líneas de la arquitectura tradicional china y los trazos de su caligrafía, ambas disciplinas conteniendo numerosos ejemplos TOPOLÓGICOS.

Como ejemplo de lo afirmado previamente, puede verse en la siguiente imagen (Figura MyT.7) uno de los templos de la Ciudad Prohibida, el complejo de edificios que contiene numerosas obras arquitectónicas, de dibujo, diseños de objetos y equipamiento y muchos detalles más, basados en la TOPOLOGÍA.

En el caso de los árabes, puede afirmarse que su cultura se vincula muy directamente con sus creencias religiosas y su pertenencia al movimiento histórico denominado *Islamismo* el cual, paralelamente, generó un bagaje de aportes científico matemáticos, cuyos orígenes pueden ubicarse en el primer milenio de la era cristiana. Dentro de ese período se produce un cambio sustancial a partir del siglo VIII, cuando el islamismo se puso en contacto con pueblos y regiones que habían sido centros de antiguas culturas, como es el caso de la Mesopotamia, o que lo eran en la época de la conquista árabe, como Persia, Siria, India, o que conservaban restos de la cultura helénica o romana anteriores, como España, o Egipto.

Por otra parte es conocida la tolerancia que en general, los conquistadores islámicos demostraron hacia los habitantes de las regiones sometidas, de lo cual es una muestra particular la convivencia arquitectónica en el mismo edificio, de templos cristianos con mudéjares que se observa en especial, en el sur de España. Es por ello que a fines del siglo VIII, el mundo islámico está en posesión de todos los elementos necesarios para el desarrollo de una gran cultura científica, cultura que en su época de mayor esplendor se desarrolla a lo largo de tres siglos, y que aporta una destacada contribución a la matemática.

Es destacable señalar que antes de Mahoma los árabes no tenían cifras. Fue varios años después que adoptaron los sistemas de numeración de algunos de los países que habían conquistado, y simultáneamente se dedicaron a generar un sistema propio a la manera del sistema griego, fundado sobre el uso de las letras del alfabeto.

El siglo XII ve el principio de la decadencia islámica en el Oriente, pero en cambio, es el siglo en el que la ciencia árabe alcanza su apogeo en la península ibérica, donde, por motivos políticos, el movimiento cultural se había iniciado más tarde que en Oriente. Es en esa época que aparece otro renombrado científico que da origen al término ALGORITMO. Este personaje es el algebrista y geómetra *Al-Khuwarizmi*, autor de numerosos escritos sobre esas ramas de la matemática.

Para ilustrar con alguna imagen el acabado manejo de los árabes de conceptos TOPOLÓGICOS en su arquitectura, se muestra a continuación un claro ejemplo del llamado estilo "mudéjar". El término *mudéjar* se refiere a los musulmanes que vivieron bajo las reglas cristianas que siguieron a la conquista castellana de los territorios islámicos en la Península Ibérica, comenzando con la conquista de Toledo en el siglo XI. El término fue usado también para describir una amplia variedad de arquitectura Islámica producida en la Península Ibérica y en el Nuevo Mundo.

La arquitectura mudéjar en general está caracterizada por el uso del ladrillo, tanto en la estructura, como en la ornamentación, y por la combinación del estilo Almohade con una tradición local de construcción vernácula. Los edificios mudéjares, que adoptan un idioma visual Islámico tienen modelos paradigmáticos, como la sinagoga de Toledo (Santa Maria la Blanca) o el Alcázar de Sevilla, por ejemplo, que conjugan la interacción compleja entre lo musulmán, lo cristiano, y las culturas judías de la Península Ibérica medieval.

Pero puede decirse sin ambages, que es el fabuloso palacio de la Alhambra, ubicado en la ciudad de Granada, la culminación del refinamiento de las artes Islámicas en España.[5]

---

[5] Los trabajos del palacio comenzaron durante el mandato de Nasrid Emir Muhammad II (1273-1302), y las remodelaciones más signifi-

Figura MyT.8

También en esta magnífica obra aparecen mecanismos TO-POLÓGICOS como el de la TRASLACIÓN, que es dable observar en la repetición de sus arcos de medio punto, sostén de la estructura superior del techo.

También es posible ver allí los elementos arquitectónicos característicos del mudéjar, con un alto CONTENIDO TOPOLÓGICO, como por ejemplo la GIROLOGÍA (que asimismo se desarrollará en un próximo capítulo) en la fuente (ver la Figura MyT.8) y las SIMETRÍAS complejas y con estructuras

---

cativas fueron emprendidas por Yusuf I (1333-1354) y su hijo Muhammad V (1354-1391).

que llevan implícitos cálculos y ejecuciones constructivas de elevado orden tecnológico. Estos elementos con variados mecanismo inherentes a la TOPOLOGÍA, son:

- El arco de herradura.
- Los arcos multilobulados.
- El *alfiz* o moldura frontera que circunda los arcos redondos.
- El sistema de techado de madera que se basa en el tejado típico de teja mediterránea a la vista, con una organización geométrica de los elementos decorativos internos, conformando cielorrasos generalmente ejecutados en madera que reciben el nombre de *artesanado*.
- El uso de ladrillo cocido para hacer pilares, arcos y muros.
- El uso de la teja cerámica barnizada, como elemento decorativo policromático.
- El uso decorativo de los revoques y los estucados.

Por su parte los aspectos decorativos no le iban en zaga en cuanto a contener recursos matemáticos implícitos. Ejemplos de estas aplicaciones son:

- El uso geométrico y vegetal de las formas esculturales y los relieves en el caso del trabajo en ladrillo.
- El uso ornamental de la caligrafía árabe, que posee a los ojos occidentales una intrincada geometría inmanente.

Retrocediendo en el tiempo hasta la época a la que pertenecen las primeras noticias de un saber griego, nos situamos en otro teatro de acontecimientos, cual es mar Egeo, región donde los helenos mantuvieron, ya directamente o ya por intermedio de los fenicios, contactos culturales con los pueblos de Egipto y de la Mesopotamia. A partir de dichos contactos es posible que los griegos adquirieran ciertos conocimientos, que por lo demás pueden haber sido más avanzados de lo que revelan los escasos documentos hasta hoy hallados y descifrados.

Uno de los personajes más destacados que surge en la primera mitad del siglo VI a.C., y que se constituye en una de las figuras señeras de la historia de las matemáticas, fue Tales de Mileto[6] quien tiene el mérito de haber sido el único filósofo jonio, que con cierta verosimilitud, merece que se le atribuyan contribuciones a la geometría y a la TOPOLOGÍA. Ellas consisten sobre todo en los siguientes teoremas:

- Los ángulos en la base de un triángulo isósceles son iguales.
- Los ángulos opuestos por el vértice son iguales.
- Todo diámetro biseca a la circunferencia.
- Los ángulos inscriptos en una semicircunferencia son rectos.

Además, se le atribuyen las resoluciones de los dos siguientes problemas prácticos:

- Determinar la distancia de una nave al puerto.
- Determinar la altura de una pirámide conociendo la sombra que proyecta.

---

[6] Tales de Mileto (639-548 a.C), filósofo y matemático griego, uno de *los siete sabios* de Grecia.

Respecto del primer problema, en ningún escrito antiguo aparece el procedimiento, aunque Euclides,[7] gran matemático de la época, quizás sin mayor fundamento, parecía haber tenido un algoritmo para su solución, que utilizaba el teorema (no mencionado entre los arriba citados) que fija la igualdad de dos triángulos que tienen dos lados y un ángulo respectivamente iguales.

En cuanto al segundo problema constructivo-arquitectónico, la literatura antigua transcribe dos procedimientos distintos, ambos factibles pero poco convenientes, para medir la altura de pirámides de base ancha, como son las de Egipto. Un procedimiento, consiste en aguardar el instante en que la sombra de un bastón situado verticalmente es igual a la longitud del bastón; en este instante la altura de la pirámide es igual a la de su sombra, ya que el ángulo de la altura del sol es de 45°.

Otro procedimiento, transmitido por Plutarco,[8] se realiza colocando el bastón en la extremidad de la sombra arrojada por la pirámide y obteniendo, a través de una simple proporcionalidad de los lados homólogos de triángulos semejantes, la altura buscada. Resulta una aplicación del que suele llamarse teorema de Tales o de la proporcionalidad de los segmentos correspondientes a dos rectas transversales cortadas por una serie de rectas paralelas.

---

[7] Euclides (450-377 a.C.), filósofo y geómetra griego, que se supone nació en la ciudad de Tiro. Fue el fundador de la llamada *escuela de Megara*, ciudad del Atica griega. Escribió el famoso tratado matemático denominado *Elementos*.

[8] Plutarco (50-120), historiador y moralista griego, autor de la obra *Vida de los hombres ilustres de Grecia y Roma*.

Si las contribuciones de los filósofos naturalistas de Mileto a la matemática fueron de valores muy restringidos, muy distinto es el aporte a esa ciencia de los filósofos de las colonias griegas de la península itálica, que constituyeran la Magna Grecia. Allí es donde nace como primera en el tiempo y en importancia para la ciencia matemática la escuela pitagórica, fundada en Crotona en la segunda mitad del siglo VI a.C., y cuyo jefe tradicional fue Pitágoras, en realidad un personaje que hay quienes creen que no existió como persona física y que si efectivamente lo fue, se cree que hubiera nacido en la isla de Samos, en el Asia Menor. La historia también lo ubica tanto en Egipto como en su isla natal, y también en Crotona, donde se menciona que crea una escuela de carácter a la vez místico, político, científico y religioso.

Esa escuela, la pitagórica, especie de hermandad y de secta secreta, se dedicó a estudios filosóficos y científicos, pero también intervino en las luchas políticas, que en definitiva, trajeron su destrucción y posiblemente la de su jefe, a principios del siglo V a.C. El secreto y el misterio con que se rodeaban los dogmas y las enseñanzas de la escuela, así como el carácter exclusivamente oral de éstas y la obligación de atribuir todos los descubrimientos al jefe de la escuela, torna difícil averiguar en qué consisten efectivamente las contribuciones de Pitágoras, o mejor dicho de los pitagóricos, como ya Aristóteles,[9] los designa al referirse

---

[9] Aristóteles (384-322 a.C), conocido filósofo griego nacido en Estagira, fundador de la escuela peripatética. Fue una de las inteligencias más vastas del mundo, e incursionó en sus escritos en variados temas científicos a más de los filosóficos.

a esa secta. Pero en verdad, si el secreto de los estudios de la escuela pitagórica se hubiera mantenido rigurosamente, la influencia de esos estudios sólo se hubiera hecho sentir en el siglo IV, cuando por primera vez se los hace conocer públicamente, aunque en realidad, ya para esa época esos estudios habían trascendido.

En contraposición al pensamiento de los jonios, el pitagorismo presenta una nota característica y original en la naturaleza especial del elemento primordial que trae a primer plano como principio de todas las cosas, la omnipotencia y omnipresencia del número en todas las cosas.

Al número, los pitagóricos lo concibieron como un elemento subyacente en toda la realidad material, y no lo consideraban como en nuestra cultura un ente ideal y abstracto. La idea pitagórica de *número* era la de un elemento natural constitutivo de todos los cuerpos, que imaginaban formados por *puntos materiales* o *mónadas*, cuya distribución y orden caracterizaba a cada cuerpo. Los términos *cuadrado* y *cubo*, con los que aún hoy llamamos a ciertos números, así como numerosas designaciones: *números triangulares*, *cuadrangulares*, *piramidales*, etc., que se encuentran en la geometría griega, hablan a las claras de esta naturaleza geométrica de los números. Puede decirse que es con esta concepción metafísica como aparece la matemática como ciencia. También nace allí su nombre que llega hasta nuestros días (*matemática*, de acuerdo con la acepción más difundida significa "ciencia por excelencia"; los matemáticos eran los miembros "científicos" de la secta pitagórica) y por añadidura, se establece su primera división en ramas.

Esas ramas surgen de la propuesta filosófica de referirse a los llamados *los cuántos*, o *el cuánto*. *Los cuántos*, es decir la cantidad discreta, contenían a la aritmética y la música, mientras que, por su parte, *el cuánto*, es decir, la cantidad continua, agrupaba a la geometría y la astronomía, así se conformaba el clásico *quadrivium* latino que se mantuvo en la enseñanza durante dos milenios. De estas cuatro ramas, científicas unas y artística la otra, los pitagóricos se ocuparon especialmente de aritmética y de geometría (en el sentido de nuestra teoría de números y de nuestra geometría elemental plana y del espacio), descubriendo numerosas propiedades, entre las que se destaca el conocido teorema llamado por antonomasia de Pitágoras, que expresa la equivalencia del cuadrado construido sobre la hipotenusa de un triángulo rectángulo y de los cuadrados construidos sobre los catetos del mismo. Cualquiera que haya sido la demostración original, si es que había una única, (parece probado que era por equivalencia de áreas como hoy se hace en muchos textos y una de cuyas versiones TOPOLÓGICAS veremos más adelante), significa un paso gigantesco en la evolución de la matemática y de la ciencia entera a la que trazó su futuro camino. Es bueno recordar la aplicación que ya hacían los harpedonaptes en los procesos constructivos con el triángulo 3, 4, 5, método en vigencia en cualquier obra de construcción de la actualidad. La demostración del teorema para todos los triángulos rectángulos, que inicia según parece la geometría racional, constituyó un logro fundamental para la secta, aunque luego sirvió para mostrar una contradicción interna de la doctrina. Esta contradicción fue que, a través de ese teorema surgieron los números *irracionales*, que contribuyeron, junto con la crítica de los eleatas, a asestar un golpe de muerte a la doctrina, pues su descubrimiento implica enfrentarse al concepto de cantidades inconmensurables. Todo lo expresado previamente, demostró que en contra de la concepción pitagórica, había cosas que no podían expresarse por medio de números enteros o fraccionarlos. La matemática que el mismo pitagorismo había generado, se había vuelto como un *boomerang*, contra él.

Sin embargo, un legado que el pitagorismo lega a sucesivas generaciones, pasa a tener una importancia radical en el campo del diseño. Nos referimos a la una rama de la TOPOLOGÍA, que es la teoría de las proporciones, que surge de la unión entre la aritmética y la geometría. Eran los pitagóricos quienes estudiaron las tres proporciones: aritmética, geométrica y armónica, y por tanto las medias aritmética, geométrica y armónica. Los valores de estas tres medias, o lo que es lo mismo, las condiciones para que tres números **a, b, c** formen una progresión aritmética, geométrica y armónica, respectivamente, se obtienen igualando la razón (**a** − **b**) : (**b** − **e**) con las razones **a** : **a, a** : **b, a** : **e**, respectivamente; y es probable que tal fuera el origen de estos conceptos entre los pitagóricos, aunque con cierta probabilidad, sólo aplicado a números enteros.

Es interesante destacar que el término *armónico* está vinculado a los acordes musicales de uno de los instrumentos típicos de la época de la que se está hablando, y que era la lira. Las longitudes de las cuerdas de este acompañante de Nerón (entre otros), poseían la proporción armónica **6 : 8 : 12**.

$$(12 - 8) : (8 - 6) = 12 : 6.$$

Otra contribución en el campo de las proporciones que se atribuye a los pitagóricos, es el conocimiento que lo que hoy se conoce como *la media* geométrica entre dos números, que es también media geométrica entre sus medias aritmética y armónica, tema que se desarrollará en el próximo Capítulo 6, donde aparecen los Números Metálicos.

Entre las propiedades pitagóricas más destacadas que pueden mencionarse están:

- La propiedad de que sólo tres polígonos regulares: el triángulo, el cuadrado y el hexágono pueden "saturar" el plano, es decir ocuparlo sin dejar espacios vacíos intermedios, tema que con el nombre de *"teselados"* también se analizará más adelante, ya que es parte de la TOPOLOGÍA.

- La aplicación de la propiedad anterior al reconocimiento y construcción de los cinco únicos poliedros regulares que los pitagóricos llamaron *figuras cósmicas*, y que les hacían corresponder los "cuatro elementos" que consideraban que eran los componentes del mundo conocido: fuego (tetraedro), aire (octaedro), agua (icosaedro) y tierra (cubo). Se sumó como último cuerpo el dodecaedro, al que adoptaron para representar el universo en su integridad y que también mereció el nombre de "quinta esencia".

Puesto que las caras de los poliedros regulares están constituidas por triángulos, cuadrados o pentágonos, esto implicó para los pitagóricos el estudio detallado de estos polígonos regulares, lo que les habrá insumido minuciosos análisis, que pueden haberles resultado simples para el triángulo y el cuadrado, pero sin dudas más complejos para el pentágono. Es bueno recordar que este polígono posee la proporción áurea entre varias de sus partes componentes (lados, diagonales entre vértices, etc.) y que su construcción posee mayor dificultad que la de los polígonos regulares antes descriptos. Tanto debe haberle apasionado a la secta las proporciones y la forma del pentágono, que lo adoptaron como símbolo (hoy diríamos logo) y lo denominaron *pentagrama* o *pentalfa*.

Hay que recordar también que la construcción de los pentágonos regulares, convexo y estrellado, exige el conocimiento de la división de un segmento en *media* y *extrema razón*; esto es, dividir un segmento en dos partes tales que la mayor sea media proporcional entre la menor y el segmento total, división que más tarde se llamó "sección áurea" y que en el Renacimiento Luca Pacioli bautizó como "la divina proporción", tema analizado también en el Capítulo 6, Números Metálicos.

El ejemplo más conocido y reiterado en muchos textos que vinculan a la matemática con el diseño, es la fachada del Partenón, que repica innumerables veces la sección áurea en la totalidad y en casi todos sus elementos constitutivos (Figura MyT.9). Es dable recordar también, que en este edificio templo se recurrió a un artilugio geométrico para ver desde la posición del observador en el plano del terreno, a sus columnas rectilíneas; y ello se logró distorsionando su curvatura, de forma tal de lograr el efecto óptico.

Como será factible verificar en los capítulos siguientes, el Partenón es un muestrario superlativo de MECANISMOS TOPOLÓGICOS en su concepción, lo que sin dudas lo ha llevado a convertirse en una de las obras maestras de la arquitectura de todos los tiempos. Vale mencionar que todos

Figura MyT.9

estos conceptos previos van a aparecer en la arquitectura en los siglos subsiguientes, en casi toda la obra de los grandes diseñadores. Destacable en el campo de la arquitectura es el caso del arquitecto Le Corbusier, que se basa en esta temática para crear sus series llamadas *serie roja* y *serie azul*, que signaron gran parte de sus creaciones en el siglo XX.

Volviendo al problema de dividir un segmento en media y extrema razón puede analizarse este problema con un caso particular de un problema más general, cuyo estudio y solución ha sido atribuido expresamente a los pitagóricos: es el problema de la *aplicación de las áreas* que adopta tres formas: simple, por exceso y por defecto, y que consiste en lo siguiente: la aplicación *simple* (en griego "parábola"), consiste en construir sobre un segmento dado un rectángulo de área dada; la aplicación *por exceso* (en griego "hipérbola"), consiste en prolongar un segmento dado de un cierto segmento desconocido, de tal manera que el rectángulo que tenga por altura el segmento desconocido y por base el segmento prolongado tenga un área dada. Y la aplicación *por defecto* (en griego "elipse"), consiste en restar a un segmento dado un segmento desconocido, de tal manera que el rectángulo cuya altura es el segmento desconocido y cuya base es el segmento dado, tenga un área dada. Aparecen aquí estos nombres, que hoy definen a las conocidas y muy usadas en arquitectura, curvas cónicas. Y para agregar conocimientos que son directamente aplicables a la arquitectura, la construcción y el diseño en general, los pitagóricos generan el teorema que lleva el nombre del fundador de la secta. Parece interesante analizar en detalle este descubrimiento y su ecuación pitagórica asociada, dado su fundamental aplicación en el campo del hábitat construido.

Si se admite, como lo atestiguan numerosos comentaristas, que el teorema del cuadrado de la hipotenusa fue demostrado en la escuela pitagórica, no es fácil, en cambio, asegurar qué grado de generalidad tuvo ese teorema y cuál fue el método de demostración empleado. Existen numerosas hipótesis para esta cuestión. Por ejemplo hay quienes sostienen que ese teorema constituyó el origen de la geometría racional en la escuela pitagórica, y que las deducciones que paulatinamente fue realizando la escuela tuvieron por objeto lograr una demostración general del mismo, habiendo detectado su validez en algunos casos particulares, por ejemplo la terna numérica 3, 4, 5 o la que se usa en obras de construcción de pequeñas dimensiones y que usan los operarios del gremio y que es (en metros) 0,60; 0,80 y 1,00.

Pero también puede haber habido demostraciones basadas en otro tema que la secta conocía sobradamente, que era la proporcionalidad entre lados de triángulos semejantes, tema totalmente TOPOLÓGICO. Cualquiera haya sido esa demostración, está implícita en ella la hipótesis monádica de ser las líneas "sumas de puntos", y por tanto que los lados del triángulo son siempre conmensurables entre sí.

El reconocimiento de la imposibilidad de lograr con regla y compás la solución a algunos problemas métricos y la invención de curvas especiales para resolver los tres problemas clásicos, señalan un progreso importante en la evolución del pensamiento griego, que es posible asociar a la aparición muchos años después, de ramas matemáticas como la TOPOLOGÍA.

Se pasará en los siguientes parágrafos, a analizar los primeros siglos después de Cristo, cuando surge un pueblo que tiene una gran incidencia en la historia de la cultura, y que fijó normas de convivencia que sellaron los tiempos posteriores hasta nuestros días. Ese pueblo es el romano, que a partir de esas épocas se convertiría en un gran imperio, aunque no en una cultura que privilegiara los conocimientos matemáticos, en su valoración como conceptos válidos del pensamiento.

Así como esta cultura generó una de las obras más colosales en el terreno urbanístico, como fue la ciudad de Roma con sus sistemas de instalaciones sanitarias y de esparcimiento, sus magníficos edificios, su forma sofisticada de vida, también generó una infraestructura operativa sin igual para poder ejercer el control de sus colonias conquistadas. Pero también generó mecenas que dedicaron su fortuna a los estudios científicos y que fomentaron la investigación y la enseñanza. Un ejemplo de esta dedicación a las ciencias fue el desarrollo del gran puerto comercial de Alejandría, que devino en el centro más importante del mundo griego y que albergó a la famosa biblioteca, que en su época de mayor brillo fue dirigida por grandes pensadores como Eratóstenes.[10]

También fue un reducto de conocimientos el Museo, templo consagrado a las musas, que asimismo se constituyó en un instituto científico que desempeñaba funciones semejantes a las de nuestras academias y universidades, pues en él residían, sostenidos por el Estado, intelectuales, con la única obligación de dedicarse a tareas científicas y docentes, en las que colaboraban estudiosos y estudiantes que acudían de todos los rincones del mundo civilizado. Es en este ambiente científico de Alejandría donde nacen a la vida cultural, aunque sea indirectamente, las tres figuras máximas de la matemática antigua: Euclides, Arquímedes y Apolonio, que le dan a este período histórico la denominación de "edad de oro" de la matemática griega.

Para el campo del diseño parece interesante hacer algunas referencias al libro XIII de los *Elementos*, ya que éste está totalmente dedicado a los poliedros regulares y además en él se comprueba la escasa aplicación que en dicho texto se hace de los irracionales, ya que Euclides le ha dedicado a este otro tema, todo el extenso libro X. Como lema final de este texto se reproduce el teorema, que se atribuye a los pitagóricos, de que fuera de los cinco poliedros regulares, no existe otro regular.

---

[10] Eratóstenes (276-156 a.C.) fue un gran matemático y filósofo griego, que por sus méritos mereció el calificativo de Segundo Platón.

Esta temática está directamente vinculada con la TEORÍA DE GRAFOS, rama de la TOPOLOGÍA que también se verá en los capítulos finales de este libro en detalle, y en particular se relaciona con los grafos clasificados como *completamente regulares* y que tienen importantes aplicaciones en el caso de las estereoestructuras que cubren espacios arquitectónicos de grandes luces (distancia entre apoyos).

La demostración del teorema de que fuera de los cinco poliedros regulares, no existe otro regular, es muy simple y se basa en la existencia de ángulos poliedros de caras iguales. Si esa cara es el ángulo de un triángulo equilátero, el ángulo poliedro puede ser de tres ángulos (tetraedro), cuatro ángulos (octaedro) o cinco ángulos (icosaedro), pues seis triángulos ya llenan un plano y no pueden formar ángulo poliedro. Si esa cara es el ángulo de un cuadrado, el ángulo poliedro sólo puede ser de tres ángulos (cubo), pues cuatro cuadrados ya llenan el plano, y si esa cara es el ángulo de un pentágono también el ángulo poliedro ha de ser de tres ángulos (dodecaedro), pues cuatro ángulos del pentágono ya superan el ángulo de una vuelta. Por la misma razón no puede haber poliedros regulares con caras hexagonales, pues tres ángulos del hexágono ya saturan el plano. ¡¡TOPOLOGÍA PURA!!

Valorable recordar aquí lo que enunciaba Platón en la *República* y que parece un anticipo de la necesidad de resolver problemas matemáticos prácticos y teóricos con la aparición de la TOPOLOGÍA. Decía Platón:

> "... aún aquellos que tengan escasos conocimientos de geometría, no pondrán en duda que esta ciencia es todo lo contrario de lo que supondría la terminología de los

geómetras… es una terminología demasiado ridícula y pobre, pues como si se tratara de alguna finalidad práctica, ellos hablan siempre de cuadrar, de prolongar, de agregar, cuando en verdad la ciencia se cultiva con el único objeto de conocer".

Avanzando en el tiempo, se hablará a continuación de la matemática en Occidente hasta fines de la Alta Edad Media, época que se caracteriza por el olvido de la ciencia y especialmente de la matemática. Puede decirse que este período se destacó en varias de sus obras arquitectónicas, pero que los conocimientos matemáticos que se desarrollaron eran sólo aquellos que requerían el diseño edilicio y la agrimensura.

Como conocimiento, sin dudas necesario en las tareas constructivas, las enciclopedias romanas contenían reglas para la determinación exacta del área del cuadrado, del rectángulo y el triángulo rectángulo, una fórmula aproximada para el área del triángulo equilátero que supone tomar para $\sqrt{3}$, el valor bastante aproximado **26/15**, otra para los cuadriláteros no rectángulos, que no es sino la antigua fórmula de los egipcios que adopta como área de esas figuras el producto de las dos semisumas de los lados opuestos, y para el círculo solo aproximaciones del número π.

Puede mencionarse como texto significativo de esta época una enciclopedia escrita a mediados del siglo V, en la que se habla de las siete *Artes liberales*, es decir, del clásico *trivium*: gramática, dialéctica y retórica, y del *quadrivium*: geometría, aritmética, astronomía y música. En estos libros, de gran difusión durante la Edad Media, la geometría se reduce a las definiciones de los *Elementos* con el enunciado de su primer problema, y la aritmética a unas cuantas nociones de carácter neopitagórico.

A pesar de estas limitaciones en el saber y en los conocimientos matemáticos en particular, esta época medieval se destacó en el quehacer arquitectónico, fundamentalmente en las formidables catedrales y edificios góticos. Existen en ellos numerosos ejemplos de aplicaciones TOPOLÓGICAS, que se irán describiendo en particular en los capítulos sucesivos.

Una obra majestuosa, donde es posible visualizar *mecanismos topológicos tales como traslaciones, rotaciones, homotecias, etc.*, es la iglesia de Nôtre Dame, en París, ya que el arte de la transmisión de las cargas a través de la piedra, desde los pináculos en las alturas hasta el terreno, demostró una audacia y un saber empírico quizás, pero conocedor de las artes de la TOPOLOGÍA, para dominar el sistema constructivo utilizado (ver figura MyT.10).

Quizás la obra matemática fundamental que caracteriza a este período es el *Liber Abaci*, publicada originalmente en 1202 y que tuvo una nueva versión, ampliada y reelaborada, en 1228. Este texto relevante para la cultura en general y para la ciencia matemática en particular, es producto de Leonardo de Pisa o Leonardo Pisano, también apodado Fibonacci (hijo de Bonacci), nacido hacia 1170 y muerto después de 1240. La serie que lleva su nombre, famosa en muchas ramas de la cultura, se describe en detalle en el Capítulo 6.[11]

Se cuenta que durante su juventud residió en Argelia y algunos otros lugares de la cuenca mediterránea, donde es

---

[11] Fue usada incluso como algoritmo secreto en la película *El Código Da Vinci*, donde el actor Tom Hanks sigue sus pasos para descifrar un complejo problema policial.

Figura MyT.10

notorio que se ejercía en esos tiempos una gran influencia árabe, por lo que su contacto con esa cultura, le debe haber brindado sin dudas, una íntima relación con sus conocimientos científicos y en especial, con los matemáticos.

Las cifras arábigas presentan notables ventajas en los cálculos numéricos, en oposición a otros procedimientos entonces en uso, y Fibonacci debe haberse entusiasmado enormemente con ellas, al punto tal que, según las propias palabras, con el objeto de que "la raza latina no careciera más tiempo de ese conocimiento", al regresar a su patria publicó su obra principal. A pesar de la afinidad cacofónica del título del libro (*Liber Abaci*), en él no alude al ábaco como instrumento auxiliar para los cálculos, sino, por extensión, a los cálculos mismos, que Fibonacci enseña a realizar a la manera "algorítmica" con las cifras arábigas y no a la manera de los abacistas y con las cifras romanas.

En realidad, no fue este autor quien introdujo en la Europa cristiana esas cifras, pero sin duda fue él quien divulgó su uso y mostró sus ventajas, aunque no por eso quedaron desterradas las antiguas cifras romanas que continuaron utilizándose, con suerte variable en los cálculos comerciales, mucho después de su desaparición. Fibonacci acredita el mérito de tratar temas de indiscutible originalidad, pero asimismo es contribución destacable suya haber hecho conocer en su conjunto el saber aritmético y algebraico de los árabes. La obra de Fibonacci tuvo considerable influencia entre sus contemporáneos y sucesores inmediatos. Y es que en los siglos siguientes es cuando nacieron con su estructura subsistente hasta nuestros días, las universidades; se compilaron grandes enciclopedias, en las que se incluyeron los saberes teológico, filosófico y científico de los tiempos que llegan hasta el siglo XVIII.

Es durante los siglos, que van desde el XV hasta fines del XVI, en que se inicia para la matemática una nueva era, y la labor de los estudiosos especializados se concentra en completar y perfeccionar la aritmética, el álgebra y la trigonometría. Y por supuesto que acompañaron a este despertar de la matemática dos acontecimientos culturales, que tuvieron amplia y definitiva repercusión en su desarrollo. El primero fue la invención de la imprenta con tipos móviles, debida a Gutemberg y que facilitó extraordinariamente la transmisión y difusión de los escritos científicos, circunstancia que se alió con el "renacimiento de lo clásico", y puso al alcance de los estudiosos los grandes monumentos científicos de la antigüedad.

Pero el siglo XV presenta otro acontecimiento cultural que es trascendental para la arquitectura, la percepción del espacio de una manera diferente. Con la aparición paradigmática de la figura cumbre del Renacimiento, Leonardo da Vinci (1452-1519) y varios de sus contemporáneos, surge una inmemorable conjunción que aúna la arquitectura, la ciencia, la técnica y el arte bajo el signo común del humanismo. Es así que surge por obra de hombres *"universales"* (artistas, científicos, médicos, matemáticos) y sobre la base de las antiguas consideraciones griegas y árabes sobre la óptica geométrica, una nueva rama de la geometría: la perspectiva con sus puntos de fuga. Si bien todavía no se había generado el concepto que más adelante será la base de la TOPOLOGÍA en su versión moderna, ya se iniciaba la simiente de un nuevo sistema de proyecciones que constituirá la herramienta básica de esa rama del saber.[12]

Es justamente en los siglos XIV y XV, cuando la perspectiva va perdiendo su antiguo significado físico o físico geométrico, para convertirse en una rama de la geometría, cuyo problema capital es la intersección con un plano (el cuadro), de las rectas que partiendo de los distintos puntos del espacio llegan hasta el ojo o, en términos más geométricos, la intersección de un plano con un haz de rayos. La TOPOLOGÍA tomará esta idea, al equiparar el ojo de un observador, a los que se llamará el *centro de las homotecias*, transformaciones que estudiaremos con detalle más adelante. Y siendo como era Da Vinci un eximio arquitecto y matemático, que se dedicó entre otros aspectos, a diseñar no sólo edificios, sino trazados urbanísticos, tuvo como genial artista gráfico, muestras maravillosas de dibujos con rela-

---

[12] Ver más adelante la demostración del teorema de Pitágoras de Leonardo da Vinci en el Capítulo 6.

Figura MyT.11

ciones matemáticas complejas. Tal es el caso de sus dibujos de poliedros perspectivados, como el icosadodecaedro estelado (Figura MyT.11), y su famosa figura del hombre llamado *"vitruvian man"* (Figura MyT.12) y, usando ya en ambos casos, herramientas TOPOLÓGICAS, aunque era aun muy temprano para encuadrarlas como esa rama matemática, que recién se concretará formalmente tres siglos después.

Es dable mencionar asimismo a un renacentista destacado como lo fue Luca Pacioli (1445-1514), a quien se debe, entre otras obras, una *Summa de Arithmetica, Geometria, Proportioni et Proportionalita* (los dos últimos conceptos retomados por la TOPOLOGÍA como herramientas para las transformaciones en el plano y el espacio), impresa en el año 1494, de carácter enciclopédico y que resume todo el conocimiento matemático de la época. El objeto principal de su obra fue poner ese conocimiento a disposición de los

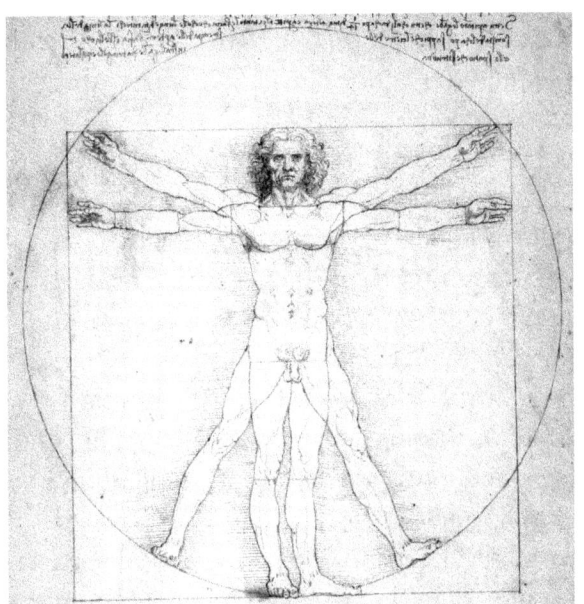

Figura MyT.12

técnicos, de los artistas y de los comerciantes, por lo cual la escribió en lengua vulgar, aunque con más precisión habría que decir en una mezcla de latín, de italiano, y de todos los dialectos de las numerosas regiones que Pacioli visitó o en las que enseñó.

Avanza el tiempo, y se genera una nueva forma de pensar en el siglo XVII, ya que en este período histórico, nace una de las herramientas más significativas para la representación gráfica de las obras de arquitectura, específicamente la geometría proyectiva, que sigue vigente aun hoy, en los más sofisticados programas de dibujo asistido por computadora. Pero también en este siglo XVII aparecen la teoría de los números y el cálculo de probabilidades en forma sistemática, temas que también se incorporarán al bagaje de la labor de los diseñadores.

En el caso de la teoría de números, dando lugar a extensiones de sus ideas básicas que se aplicarán al cálculo estructural y muchos otros problemas de cálculo y en el caso de la teoría probabilística, a la determinación de ordenamiento de tiempos de las tareas de obra y su probable ocurrencia en tiempos predeterminados, aplicación que se encuentra en métodos como CPM, PERT, etc. los cuales, apoyados en la TEORÍA DE GRAFOS, rama de la TOPOLOGÍA, serán luego modernizados a través de programas informáticos de uso hoy en día.

Y por supuesto que lo que podría considerarse el aporte más relevante a la graficación de conceptos matemáticos, surge también de la mano de ese gran filósofo y asimismo matemático, que fue Descartes,[13] creador de la geometría analítica, simbiosis del álgebra y la geometría, que genera una verdadera revolución del conocimiento. Por si ello fuera poco, también nace el análisis infinitesimal surgido de la mente de brillantes pensadores, entre quienes cabe mencionar como relevantes a Newton y Leibniz.

Renacen también en estas épocas, las grandes obras griegas de Euclides, de Arquímedes, de Apolonio, de Diofanto, y dos ramas matemáticas como el álgebra y la trigonometría se consolidan. En el caso de esta última, poniendo a disposición de los arquitectos innumerables herramientas de

---

[13] Descartes, René (1596-1650), fue uno de los más grandes filósofos de la historia, y asimismo se destacó como matemático y físico eminente.

apoyo para una de las disciplinas matemáticas más afines a la ubicación física de un proyecto, ello es la topografía.

Es importante señalar el lugar y el papel que Descartes atribuía a la matemática en el campo de los conocimientos. En ese aspecto, puede decirse que el pensamiento cartesiano reside en lo que podríamos llamar su *afán cósmico,* es decir, un anhelo de generalización y de absoluto que intenta, a través de una concepción física integral del universo, explicarlo en forma completa. Esta idea la centra Descartes en su obra literaria *Principios*, que sale a la luz en 1644, pocos años antes de consolidar sus magníficos descubrimientos matemáticos. Filosóficamente existe para Descartes una postura diferente de la tradicional para ver a la matemática, ya que no consideró a esta ciencia como un fin en sí misma, sino que la encuadró más como modelo de la ciencia, con sus propios preceptos lógicos, de los cuales surgirá su famoso método. Puede observarse esa particularidad en el uso que hace Descartes de los términos "matemática" y "matemáticas". Al referirse a "matemática", destaca el álgebra y la geometría, reconociendo en estas ramas cierta sencillez y prioridad respecto de las demás. Y cuando se refiere a "las matemáticas", dice que constituirán "la envoltura" de un todo. Ese todo es la "matemática universal" –ahora en singular, restituyendo al vocablo su valor etimológico– que ha de explicar "todo aquello que pueda preguntarse acerca del orden y de la medida; no importando que las medidas deban buscarse en números, figuras, astros, sonidos o cualquier otro objeto". ¡¡Qué anticipo de lo que luego será la TOPOLOGÍA como ciencia!!

Es esta tendencia hacia una ciencia universal la que lleva a Descartes e emitir juicios despectivos hacia la matemática pura y a su carácter formal. Refiriéndose a este último enfoque de la matemática, dice: es una disciplina "muy abstracta que no parece tener ningún uso", y en sus problemas "acostumbran a entretenerse geómetras y calculadores ociosos". Y continúa al referirse a las cuestiones de la teoría de los números: es "muy inútil" y a veces sus problemas, "pueden ser resueltos mejor por un hombre paciente que examine cuidadosamente la sucesión de los números".

Por el contrario, Descartes valora en la matemática, el método demostrativo y sus aplicaciones. Esta posición de Descartes es tan fuerte en sus pensamientos, que lo lleva a afirmar en su famoso libro *El Discurso del Método*: "las matemáticas tienen invenciones sutilísimas que pueden servir tanto para satisfacer a los curiosos como para facilitar todas las artes y disminuir el trabajo humano", concepto que tiene una directa vinculación con el uso de esta ciencia en el campo del diseño.

El Discurso del Método es sin dudas su obra más conocida, pero en un escrito previo ya decía: "en cuanto a los problemas, estoy tan cansado de las matemáticas y me ocupo tan poco de ellas que no sabría ya tomarme el trabajo de resolverlos por mi cuenta". No obstante esta desestimación hacia la matemática pura y hacia el carácter formal que el álgebra introducía en ella, es su ansia de unificación lo que lo lleva a realizar una revolución en esa ciencia abstracta que él desvalorizó y ello es la unificación del álgebra con la geometría. Este aporte genial a la matemática es, como en tantos otros casos de la ciencia, el resultado de un recurso de gran simplicidad. Al existir una diferencia esencial entre los elementos geométricos (segmentos) y los elementos algebraicos (letras) que impedía su comparación, diferencia que consistía en que mientras con las letras pueden realizarse las operaciones aritméticas en número ilimitado obteniéndose nuevas combinaciones de letras, con los segmentos tales combinaciones quedan limitadas al caso en que la "dimensión" del resultado sean números naturales. A partir del análisis de esta característica, Descartes recurre a la simple idea del segmento unitario, concepto de maravillosa sencillez y genio que resuelve esa limitación y crea una unión entre dos ramas de la matemática, antes divorciadas.

Unos pocos años antes del fallecimiento de Descartes en 1650, nació otro genio matemático, a quien se debe el análisis matemático al mismo nivel que a Isaac Newton; hablamos de Gottfried Leibniz,[14] un filósofo, matemático, lógico, teólogo, jurista, bibliotecario y político alemán, que fue uno de los grandes pensadores de los siglos XVII y XVIII, y al que se lo reconoce como el "último genio universal", esto es, la última persona que pudo formarse suficientemente en todos los campos del conocimiento –al igual que Da Vinci– ya que después de ellos, puede decirse que sólo hubo especialistas.

Realizó profundas e importantes contribuciones en las áreas de la metafísica, la epistemología, la lógica, la filosofía de la religión, así como en la matemática, la física, la geología, la jurisprudencia y la historia. Incluso Denis Diderot, el filósofo deísta francés del siglo XVIII, cuyas opiniones no podrían estar en mayor oposición a las de Leibniz, no

---

[14] Leibniz, Gottfried (1646-1716), alemán de nacimiento, fue al igual que Isaac Newton uno de los más grandes matemáticos de todos los tiempos, destacándose especialmente en el cálculo diferencial e integral.

podía evitar sentirse sobrecogido ante sus logros, y escribió en la *Encyclopédie*:

"Quizás nunca haya un hombre que haya leído tanto, estudiado tanto, meditado más y escrito más que Leibniz… lo que ha elaborado sobre el mundo, sobre Dios, la naturaleza y el alma es de la más sublime elocuencia. Si sus ideas hubiesen sido expresadas con el olfato de Platón, el filósofo de Leipzig no cedería en nada al filósofo de Atenas".

La obra matemática de Leibniz fue relevante en la historia de la matemática, así también como sustancial, pues además de sus contribuciones al análisis infinitesimal, su labor matemática se extendió a la teoría de los números, la teoría de los determinantes, el cálculo mecánico (perfeccionó las máquinas de calcular), al álgebra (eliminación, potencias de polinomios, etc.), el perfeccionamiento de la notación y del simbolismo, el análisis combinatorio, y a varias ramas más de las matemáticas, que también se relacionan directamente con el quehacer de los diseñadores, como el cálculo geométrico y la TOPOLOGÍA.

También en un tema que se asocia a las proporciones en arquitectura y diseño –ya se mencionó la pasión de Le Corbusier por las series numéricas– Leibniz dedujo varias series a través de procedimientos originales, dando además el criterio de convergencia de las series alternadas.

Es interesante señalar que en las teorías matemáticas de esa época, como en otros campos de la ciencia, numerosas investigaciones fueron originadas por problemas específicos, prácticos algunas de las veces o cuestiones que los matemáticos se dirigían en forma de propuestas o de desafíos, a veces públicos. Por ello muchas contribuciones científicas de la época figuran en la correspondencia de los sabios, correspondencia que se tramitaba mediante intermediarios científicos.

No es descartable que Leibniz haya intercambiado misivas con otro destacado científico de la época que fue Pascal,[15] un ejemplo más de pensador ecuménico, pues se dedicó a numerosas ramas de la ciencia, en todas las cuales se destacó por sus aportes novedosos. Pascal usó frecuentemente las propiedades de los hoy llamados números combinatorios, es decir, los coeficientes del desarrollo de las potencias de un binomio y que forman un triángulo numérico, llamado por Pascal "triángulo aritmético", y que a veces impropiamente se llama "triángulo de Pascal".

Es dable destacar que ese modelo matemático, que puede asociarse fácilmente a una imagen triangular (de ahí su nombre), es una herramienta que se vincula directamente con la sucesión de Fibonacci y el llamado "número de oro", que tan frecuentemente aparece en las obras arquitectónicas y que también en este libro trataremos en particular más adelante. Debe decirse que también Pascal fue niño precoz, y redescubrió sin libros ni ayuda alguna, los primeros teoremas de geometría, y con su pasión por el tema contribuyó al resurgimiento de la geometría pura mediante el teorema que hoy lleva su nombre, y que entonces fue llamado "el hexagrama místico".

---

[15] Pascal, Blaise (1623-1662), fue un insigne matemático francés, y se le deben entre muchos aportes, los principios de la estadística y la teoría de números combinatorios.

Pero, según confesión propia, ese teorema y otras propiedades de las cónicas que componían su *Essay pour les coniques*, escrito en 1640, le habían sido inspirados por otro científico, Girard Desargues,[16] a quien conoció en las reuniones científicas y que tuvo como particularidad que era ARQUITECTO.

A Desargues, no obstante su propia declaración de no interesarse en las investigaciones científicas sino en la medida "que puedan ofrecer al espíritu un medio de lograr algún conocimiento... de las cosas que puedan traducirse en actos para la conservación de la salud o en sus aplicaciones en la práctica de algún arte", se lo puede considerar como el primer estudioso de una de las ramas de la matemática vinculada asimismo a la representación gráfica, como lo es la hoy llamada geometría proyectiva, también herramienta de uso TOPOLÓGICO.

Abocado a problemas prácticos de la construcción, uno de los cuales era el corte de piedras, se ocupó de la perspectiva, sobre la cual publicó algunos trabajos breves y de las propiedades geométricas, sobre cuyos temas dio un curso de lecciones, que a pedido de sus discípulos se publicaron en 1639. Con el título de *Brouillon-Project d'une atteinte aux évenements des rencontres d'une cone avec un plan*, Desargues expuso un tratado sobre las cónicas con conceptos e ideas originales, que hoy forman parte de la geometría proyectiva. Se señala en ese texto un tema hoy bien conocido, que las tres cónicas: elipse, parábola e hipérbola, que se obtienen por proyección TOPOLÓGICA de una circunferencia desde un punto sobre un plano, deben tener las mismas

---

[16] Desargues, Girard (1593-1661), fue ingeniero militar y arquitecto.

propiedades que la circunferencia, e inversamente. A partir de ello desarrolló las propiedades que se mantienen en la proyección y las que no se mantienen.

Se ha dejado de lado la mención de numerosos científicos de este período, ya que su listado sería demasiado amplio para el propósito de este libro, pero se cree que al menos han sido valorizados los más representativos y aquéllos que generaron aportes relacionados básicamente, en forma tangencial o directa, para decirlo en términos matemáticos, con la TOPOLOGÍA y con el arte de diseñar y construir.

Los siglos XIX y XX continuaron los grandes aportes a la matemática que habían surgido en los cien años previos, y tuvieron como virtud el consolidar con mayor rigor científico los logros desarrollados por los matemáticos del siglo XVII. Paralelamente a ello, se produce ese fenómeno tecnológico y social que fue la Revolución Industrial y que por una parte desafió a los matemáticos a resolver cuestiones prácticas con teorías novedosas y por otra a los técnicos a avanzar en forma acelerada en sus descubrimientos, para acompañar el devenir de esa explosión de las máquinas, la tecnología y su consecuente impacto en lo económico y lo social.

En la matemática el rigor en los principios y los fundamentos ocupó un lugar destacado en su consolidación como ciencia precisa. Durante el devenir de ese análisis y de ese rigor, no sólo se constituyeron definitivamente todas las ramas nacidas y desarrolladas en los siglos XVII y XVIII, sino nacieron otras nuevas: teoría de los grupos, geometrías no euclidianas, teoría de las funciones, hasta que a mediados del siglo, ese análisis invade a toda la ciencia matemática, y nacen sucesivamente la lógica matemática, la teoría de los conjuntos y la TOPOLOGÍA ya con su estructura totalmente formalizada.

Si hubiera que elegir figuras paradigmáticas de esta concepción rigurosa de la matemática, se podría recurrir a un grupo destacado de matemáticos alemanes que pertenecen todos ellos al siglo XIX y del cual se podría citar a Gauss,[17] como una de sus personalidades más representativas. En su tesis de doctorado, Gauss aporta una contribución fundamental a la matemática, que es una demostración del llamado "teorema fundamental del álgebra", aporte genial a la matemática aunque no es un tema afín a los tratados en este libro.

Gauss fue asimismo uno de los descubridores de la geometría no euclidiana, y justamente a él se le debe originalmente esa denominación. Aunque muchas ideas que se refieren a esa geometría que ya abandona o supera los conceptos de Euclides ya habían sido estudiadas en tiempos pretéritos, es este matemático insigne quien le agrega nuevas ideas renovadoras al tema.

Discípulo y continuador de Gauss fue el matemático Riemann,[18] iniciador de la dirección métrico-diferencial en el desarrollo de las geometrías no euclidianas. Como uno de los resultados secundarios obtenidos por este científico, se cuenta el estudio de las geometrías elementales no euclidianas, donde se introducen la geometría elíptica

---

[17] Gauss, Karl Friedrich (1777-1855), científico alemán cuya labor se ha extendido a varios campos: astronomía, física y matemática, y en ésta, a casi todas sus ramas, con especialidad a la teoría de los números y a la geometría diferencial.

[18] Riemann, Georg Friedrich Bernhard (1826-1866), matemático alemán que se destacó por su contribución a los fundamentos de la geometría y por sus notables aportes a distintas ramas del análisis matemático.

y la esférica. A partir de allí, la geometría parabólica, que es la euclidiana, queda como una geometría intermedia, correspondiente a la hipótesis del ángulo recto, y en la cual la paralela desde un punto exterior a una recta es única. Riemann postula ideas fundamentales que permitieron encarar el problema de las nuevas geometrías desde un nuevo punto de vista muy superior. Las ideas sobre una multiplicidad de un número cualquiera de dimensiones, que desarrolla in extenso, es a su vez la base de su distinción entre "infinito" e "ilimitado", concepto que desempeñaría más tarde un papel central en la teoría física de la relatividad, la cual es sabido que estuvo notoriamente influenciada por las ideas de Riemann.

La idea de considerar en la matemática y consecuentemente en las aplicaciones al diseño y la arquitectura la "novedad" de elementos de múltiples dimensiones, superando la limitación de las tradicionales tres del espacio físico, es un aporte central a la TOPOLOGÍA en muchas de sus ramas.

Así como Gauss es la figura más representativa en matemática en el siglo XIX, el fenómeno tecnológico, y con sus connotaciones, también social que más representa a este período es, como se dijera previamente, la Revolución Industrial.

En diseño y arquitectura habría múltiples ejemplos que podrían seleccionarse como representativos de este período histórico, pero en aras de sintetizar en una obra destacada las características de esta época, es válido aceptar que la torre Eiffel constituye probablemente uno de los modelos más fidedignos de los avances tecnológicos y las nuevas audacias formales, que se instauraron en el Centenario de la Revolución Francesa (1889).

Figura MyT.13

Los cálculos avanzados para el momento en que se erigió y la geometría correlacionada con la forma y el tipo estructural, fueron sin dudas pautas de innovación, que permitieron alzar sus 300 metros sobre el nivel del terreno, logro sin par para ese siglo XIX (Figura MyT.13). No se ensamblan 18.038 piezas con 2.500.000 remaches, sin un acabado conocimiento de lo que es una estereoestructura proyectada sobre bases matemáticas sólidas. A ello se agrega que su diseño posee ya numerosas aplicaciones de transformaciones TOPOLÓGICAS, tales como isometrías y homotecias, que ya se irán explicando y viendo luego, en otros ejemplos arquitectónicos.

Siempre dentro del siglo XIX, es dable señalar, como fenómeno del conocimiento, que la ciencia aplicada se fue independizando de la matemática.

Como muestra, se analiza a continuación, un ejemplo clásico del nuevo abordaje de un tema paradigmático, como lo es el problema de la cuadratura del círculo. En el siglo XIX fue cuando se demostró que el número e y el número e^2 no podían ser raíces de ninguna ecuación cuadrática de coeficientes racionales, y se introdujo el concepto de "números trascendentes" (por oposición a "algebraicos"), como aquellos números cuya existencia, según se demostró más tarde, no podían ser raíces de ninguna ecuación algebraica de coeficientes racionales.

A partir de estos conceptos fue posible demostrar que el número e y que también el número π, son trascendentes. Geométricamente, este resultado implica que con regla y compás no puede cuadrarse un círculo de radio dado. No deja de tener cierto interés este hecho: la cuadratura del círculo, imposible con regla y compás en la geometría euclidiana, es posible en la geometría no euclidiana de tipo hiperbólico.

Pero a fines de ese siglo XVIII, la geometría pura vuelve por sus fueros, y mientras continúa siendo estudiada con los recursos del análisis, nacen nuevas ramas, en las que el análisis no tiene ya cabida. Tal es el caso de la Geometría Descriptiva, que nace ya con este nombre en 1795, gracias a los esfuerzos de Gaspard Monge[19] y con la que se da unidad y jerarquía científica a una serie de procedimientos, nacidos hacia fines del siglo XV para otorgar a los artistas: pintores y arquitectos, normas para la mejor realización de sus obras.

---

[19] Monge Gaspard (1746-1818), fue un célebre geómetra que trabajó a las órdenes de Napoleón Bonaparte. Su método de proyecciones es base, aun hoy, de la representación gráfica de las obras de arquitectura y diseño.

En su *Geométrie Descriptive*, Monge utiliza el método hoy designado con su nombre, con el cual pueden representarse en un plano las curvas, las superficies y sus relaciones mutuas, mediante dos proyecciones ortogonales de las mismas sobre dos planos perpendiculares entre sí. Con tal método, Monge estudia en su tratado los principales problemas gráficos concernientes a los puntos, rectas, planos, superficies cónicas, cilíndricas, de rotación, y regladas. Este matemático no se limitó a representar las curvas y superficies por su método de proyección, sino que utilizó los recursos del análisis para estudiar nuevas propiedades de las figuras geométricas, invirtiendo en cierto modo el proceso de la época, que consistía en tomar esas figuras como pretextos para estudios analíticos. Estos estudios, que inauguran la llamada "geometría diferencial", y en los que Monge se dedicó especialmente a las curvas alabeadas y a las superficies desarrollables, aparecieron en sus *Feuilles d'Analyse Appliquée á la Géométrie*, de 1809 (en ediciones posteriores se le cambió el título).

De esta misma época es otro matemático destacado: Möbius.[20] El nombre de Möbius está vinculado a dos cuestiones de interés TOPOLÓGICO, por un lado, fue el primero que mencionó, en 1840, el *problema de los cuatro colores*, que consiste en demostrar que cualquier mapa plano compuesto de un número finito de regiones de forma cualquiera,

---

[20] Möbius, August Ferdinand (1790-1868) fue un matemático alemán y astrónomo teórico. Es muy conocido por su descubrimiento de la banda de Möbius, una superficie de dos dimensiones no orientable con solamente un lado cuando está sumergido en el espacio euclidiano tridimensional.

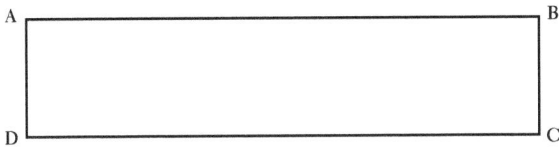

Figura MyT.14

se puede colorear con sólo cuatro colores distintos, de tal manera que no haya dos regiones con frontera común pintadas con el mismo color. La segunda cuestión data de 1858, año en que este matemático hizo conocer su superficie "unilátera" o *anillo de Möebius*, que puede construirse de la siguiente manera. Sea un rectángulo de vértices opuestos **A – B**, y **C – D**, y de lado **AB** suficientemente largo respecto de **AD** (Figura MyT.14).

Si se hacen coincidir los lados opuestos **AD** y **CB** de tal manera que cada vértice coincida con el opuesto, se obtiene una superficie de "una sola cara": mediante una línea continua sobre la nueva superficie se puede pasar, sin atravesar el contorno, de un punto **P** a un punto **Q**, situados primitivamente en las caras opuestas del rectángulo (ver Figura MyT.15).

La CINTA DE MÖEBIUS tiene la particularidad de ser una superficie con una sola cara y un solo borde. Tiene además la propiedad matemática de ser un objeto no orientable (no tiene extremos discernibles), y es también es una superficie reglada es decir que puede ser generada por rectas.

Esta última propiedad (que también poseen otras superficies en tres dimensiones, como los paraboloides hi-

Figura MyT.15

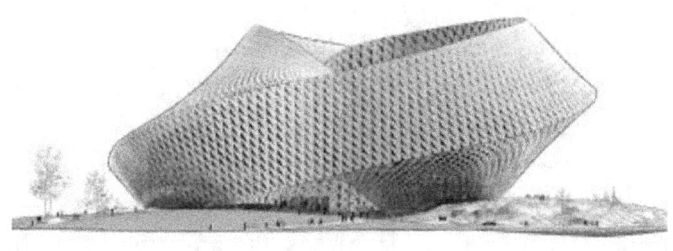

Figura MyT.16

perbólicos o los hiperboloides de una hoja), es una virtud tecnológica muy importante. Para la materialización de ciertas obras de arquitectura en hormigón, por ejemplo, los encofrados se pueden realizar con piezas rectilíneas, sin recurrir a los más sofisticados módulos curvos o alabeados.

En las Figuras MyT.16 se muestran: una imagen del proyecto ganador para la Biblioteca Nacional de Astaná, Kazajistán, y una rampa frente al edificio del Audemars Piguet Museum, en Suiza, ejemplos arquitectónicos de este tipo de superficie, que se deben al estudio de arquitectura Bjarke Ingels Group / BIG.[21]

Llegan entonces los siglos XX y XXI y con ellos las nuevas geometrías y sus aplicaciones en el diseño. Es indudable que con la aparición la geometría analítica, surgieron las bases de una de las ramas más significativas del saber matemático. Quedaron resueltos un sinfín de problemas clásicos, y gran cantidad de conocimientos, antes dispersos, fueron sistematizados. Pero al introducir coordenadas para estudiar una figura, resultaron fórmulas que no son propias de la figura misma, sino que dependen sustancialmente del sistema de coordenadas utilizado. Por ejemplo, si se analizan las siguientes fórmulas: por un lado $x^2 + y^2 = 1$ y por el otro $x^2 + y^2 - 2x - 4y + 4 = 0$, se puede ver claramente que son dos expresiones algebraicas distintas, pero que si se representan en un sistema cartesiano, resultan el mismo ente geométrico, en este caso una circunferencia de radio unitario.

---

[21] Bjarke Ingels (n.1974), creador del estudio que lleva su nombre, es un arquitecto danés. Fundó su empresa. en 2006. Bjarke destaca por la búsqueda del equilibrio entre la arquitectura tradicional y la arquitectura vanguardista.

La pregunta que surge entonces es: ¿Cuáles son las propiedades inherentes a la figura que se trata de estudiar y cuáles las accesorias? Aquí es donde las nuevas teorías indagan en el hecho de que los coeficientes de la ecuación de una curva o superficie algebraica carecen de significado intrínseco, pero ciertas combinaciones de ellos tienen carácter "invariante", un concepto que se asocia en forma directa con la TOPOLOGÍA.

Y otro tema que cobró importancia por los aportes que le generó la aparición de la informática, ya que esta nueva tecnología permitió realizar operaciones que antes eran casi imposibles de efectuar con sencillas máquinas de calcular, fue el de la geometría fractal. Se analizan a continuación las características generales más significativas de esta novedosa rama matemática.

La geometría fractal es fundamentalmente un nuevo lenguaje, que explicado en forma sencilla, puede describirse en base a su denominación de la siguiente manera: la palabra fractal viene del vocablo latino *fractus*, que significa interrumpido o irregular. Este nombre fue introducido en la década 1970-1980, por el matemático Mandelbrot.[22]

Una de las propiedades características de un fractal es su invariabilidad ante los cambios de escala, propiedad asociada a las operaciones TOPOLÓGICAS. Esta propiedad de autosemejanza se presenta de muy diferentes maneras: algu-

---

[22] Mandelbrot Benoit (1924-2010) nació en Varsovia, pero su familia emigró a Francia en 1936. Alrededor de 1954 estudió los trabajos del matemático Julia y en 1977 con la ayuda de gráficos computarizados en el centro IBM de Nueva York, elaboró sus investigaciones, que han sido fuente de esta nueva matemática, generadora de formas a partir de un modelo algorítmico.

nos casos de autosemejanza son matemáticamente exactos, mientras que otros casos, que son los que se pueden hallar en el mundo real, son sólo aproximadamente autosemejantes.

Si se analiza en primer lugar ese lenguaje desde un punto de vista estrictamente matemático, se verá que estas entidades constituyen un nuevo tipo de geometría. Mientras que los elementos de la geometría euclidiana son líneas, planos, círculos, etc., los elementos de la geometría fractal son algoritmos que pueden ser traducidos en forma de estructuras.

La autosemejanza está fuertemente conectada con el concepto intuitivo de dimensionalidad. Un objeto normalmente considerado como unidimensional, por ejemplo una línea, posee una propiedad escalar de autosemejanza: puede ser dividida en **N** partes idénticas, cada una de las cuales se reduce según una razón:

$$r = 1/N \text{ del total}$$

Un objeto bidimensional, como un cuadrado en un plano, puede dividirse en **N** partes autosemejantes, cada una de las cuales se reduce por un factor:

$$r = \frac{1}{\sqrt{N}}$$

Un objeto tridimensional, como un cubo, puede ser dividido en **N** pequeños cubos, cada uno de los cuales se reduce en una razón:

$$r = \frac{1}{\sqrt[3]{N}}$$

Del mismo modo un objeto **D**-dimensional autosemejante puede dividirse en **N** copias menores que están en la relación:

$$r = \frac{1}{N^{1/D}}$$

De donde se puede deducir la dimensionalidad fractal **D**, que resulta:

$$D = \frac{\log N}{\log \frac{1}{r}}$$

Evidentemente, Mandelbrot creó una disciplina, la fractal, que tanto puede ser tomada desde un punto de vista riguroso, con sus implicancias de matemática sofisticada y de alto nivel, como puede ser accesible para la gente que no quiere oír sobre números. Es éste un mundo donde la geometría fractal se presenta como sucesiones de imágenes que van surgiendo de un conjunto de Mandelbrot y donde se da una clave para indicar cómo cada imagen se deriva de otra previa. La computadora calcula un valor numérico para cada punto sobre la pantalla y el operador asigna un color al número, todos los puntos con un valor de tres son rosados, todos los puntos con un valor de cuatro son rojos, etc. Usando colores que cambian ligeramente de acuerdo al valor, el sistema se perfecciona, creando los sombreados que dan una impresión de tridimensionalidad.

El conjunto de Mandelbrot es el objeto matemático conocido más complejo. Pertenece a una clase de fórmulas que crean formas simples que crecen en forma más compleja, de acuerdo a como la forma se repite en la miniatura alrededor de los bordes de la forma inicial. Los siguientes son algunos ejemplos clásicos de subdivisión de un elemento geométrico según el criterio fractal (Figuras MyT.17):

CURVA DE VON KOCH

TRIÁNGULO DE SIERPINSKI

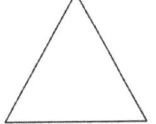 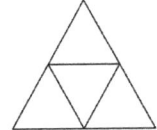 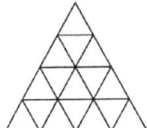

Figuras MyT.17

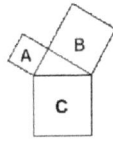 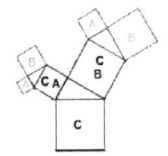 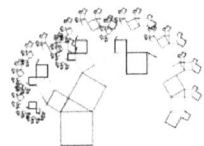

Figuras MyT.18

Más novedoso y relacionado con el teorema de Pitágoras es el modelo fractal llamado "árbol pitagórico" (ver Figura MyT.18).

Es interesante destacar en este último ejemplo, que en cada iteración, la suma de los cuadrados que se agregan es igual al área del cuadrado C original, lo cual es fácilmente demostrable aplicando el teorema pitagórico. Repitiendo esta operación "infinitas veces",[23] deberíamos tener una superficie infinita y sin embargo su tamaño no supera el de esta hoja de este libro. Una de las paradojas fractales.

Una parte de la fascinación de este tipo de matemáticas es el espectáculo de la simplicidad que redunda en complejidad, mediante la repetición simple de una forma propia.

Otra parte son las formas asombrosas en sí mismas (ver Figura MyT.19 generada por el matemático Javier Barrallo), y también la idea de que esta geometría puede explicar procesos de cómo opera la naturaleza.

Pueden aparecer toda clase de formas aparentemente orgánicas. Una rama, una hoja, una flor, un caracol, etc. así como visiones de la cambiante naturaleza tales como las nubes o el agua en movimiento. A diferencia de la geometría euclidiana, la geometría fractal parece ser capaz de describir los tipos de formas que realmente ocurren en nuestro mundo orgánico.

Esta nueva geometría fractal también explica el crecimiento en altura y la ampliación de ciertos desarrollos urbanos, sobre todo aquellos de generación no planificada

---

[23] Por supuesto que infinito no es un número y debe interpretarse esta afirmación como un valor muy grande que "tiende a infinito" desde el punto de vista matemático.

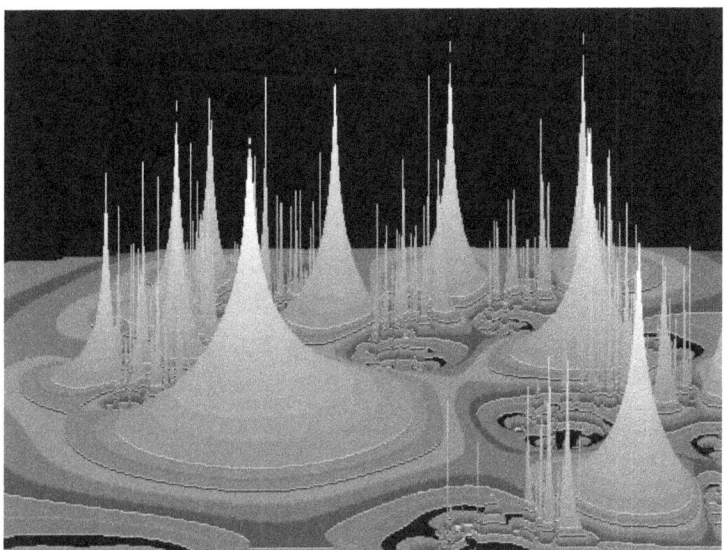

Figura MyT.19

o que responden a patrones o modelos condicionados por aspectos topográficos del emplazamiento. Asimismo las condicionantes históricas de la aparición de una ciudad o núcleo urbano, son muchas veces de una causalidad aleatoria, que generan un ordenamiento de los elementos constitutivos de la morfología urbana que también responde a este modelo fractal.

Un ejemplo vernáculo y hartamente conocido de este tipo de modelo lo representa el tradicional barrio porteño de La Boca.

"Este barrio presenta una estructura fractal y posee esa estructura de autosimilaridad en diferentes escalas espaciales. Su geometría visual es claramente no euclidiana".[24]

¿Y hablando de los cálculos que hoy pueden resolver las nuevas computadoras, cuál se podría decir que es en el diseño y la arquitectura en particular, la renovación más significativa que acompañó al siglo XX de la informática? También en este caso las respuestas son múltiples y depende del área específica en la que uno podría centrarse, la elección de un sesgo característico de las últimas tecnologías y aplicaciones matemáticas al proceso de diseñar.

Pero en esa búsqueda de imaginar quién o qué entidad creó nuevas líneas de pensamiento arquitectónico y también artístico, técnico y filosófico, es posible afirmar que una de las respuestas más válidas la da una institución pedagógica, que orientó el pensamiento de toda una generación de profesionales del diseño: la Bauhaus. Desde que en abril de 1919 abrió sus puertas, esta escuela institucionalizó una nueva forma de pensar y de ver el mundo. La arquitectura de la Bauhaus sobresalió por su funcionalidad, destacándose por sobre todo, el uso intensivo de los nuevos materiales y sus tecnologías asociadas. Además, los cursos que se impartían en sus aulas, trataban temas relacionados con la estática, la construcción, las instalaciones, la tecnología de esos nuevos materiales que se incorporaban a la materialización de la obra o el objeto de diseño y como dato des-

---

[24] Cita traducida por el autor de este libro, del artículo "Urban Morphology and Complex Systems", de Myriam Mahiques, miembro del Centro de Matemática y Diseño FADU-UBA, publicado en *Journal of Mathematics and Design*, Volumen 2, Number 1, 2002.

tacable, se impartían como conocimientos fundamentales, aquéllos relacionados con física y matemática, disciplinas básicas que se impusieron como imprescindibles para un correcto ejercicio profesional. La nueva estética que surge de estas ideas renovadoras es carente de ornamentos y buscó por sobre todo sencillez, utilidad y difusión. Esta ideología, al enfocarse en todas las clases sociales, evitaba que la arquitectura se siguiera desarrollando para una clase elitista de la comunidad. También la Bauhaus introdujo la idea, concordante con la problemática social y económica de la época, de tratar de crear productos que fueran funcionales, pero que a la vez presentaran un diseño atractivo para el mercado, manteniendo bajos los costos de producción. Para lograrlo se trabajó con materiales comunes y baratos como el metal, el vidrio, el cristal y la madera, entre otros. Se agregó a ello la idea rectora de que las formas y los colores básicos representaban un componente elemental de economía de diseño. Por lo tanto se recurrió a elementos geométricos de gran simplicidad, como el círculo, el cuadrado y el triángulo, como punto de partida para lo morfológico. A cada forma se le asignó un carácter determinado. Así el círculo era *fluido* y *central*, el cuadrado resultaba *sereno* y el triángulo *diagonal*. Un claro ejemplo de diseño con estos materiales y formas básicas a que se aludía precedentemente es la lámpara Wilhem Wagenfeld, que conjuga en su materialización esa armonía de cuerpos básicos simples y la ejecución con materiales sin ninguna sofisticación (ver figura MyT.20).

Si bien fueron muchos los creadores que pasaron por la Bauhaus, es posible afirmar que sus tres arquitectos más destacados fueron Walter Gropius, Marcel Breuer y Mies van der Rohe. Es este último, quizás el más trascendente

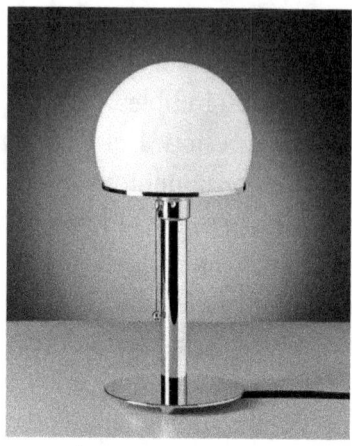

Figura MyT.20

de ellos, y quien traslada a su obra los rasgos y la filosofía de esta nueva forma de ver la arquitectura. Esa nueva manera de proyectar se consolida en un edificio emblemático diseñado por Mies, el Pabellón de Alemania en la Exposición Internacional de Barcelona de 1929. Su sistema constructivo, con pilares de hierro que muestran la estructura, y los espacios continuos de su interior, conformados por muros de mármol independientes entre sí, fueron un alarde de imaginación y de renovación de la creación de espacios en el hábitat. De esa obra hablaremos puntualmente más adelante. Si a la gran labor pedagógica de Mies en la Bauhaus, le sumáramos los rascacielos de muro cortina que levantará en su etapa de trabajo en Estados Unidos, luego de emigrar a dicho país, nos encontraremos con algunos de los edificios más revolucionarios del siglo XX.

Por supuesto que a Mies van der Rohe le se sumaron con obras trascendentes muchos otros arquitectos geniales e innovadores, como el mismo Gropius, Frank Lloyd Wright, Philip Johnson, Alvar Aalto... y más cerca en el tiempo, Santiago Calatrava, Norman Foster, Richard Rogers, Renzo Piano, Frank Gehry... y muchos más que harían la lista interminable y con seguridad con muchísimas ausencias imperdonables. Pero en esta mención por cierto incompleta, sería injusto no volver a nombrar a Le Corbusier, en primer lugar por la vocación didáctica que sumó a su genio proyectivo, pero además por su intento de sistematizar con un modelo matemático, el MODULOR, ciertas reglas de diseño, que si bien no tuvieron luego el eco que su autor esperaba, constituyeron sin dudas un concepto revolucionario en el arte de crear arquitectura. Si a ello se suma la afinidad de Le Corbusier por las formas geométricas puras de sus obras y la permanente recurrencia a las proporciones (incluida la sección áurea), que regían sus proyectos, su figura resulta de una magnitud sin parangón en el uso de la matemática e inclusive la TOPOLOGÍA, ya no como herramientas, sino como componentes ineludibles del proyecto desde su misma génesis inicial.

Pero que la historia tiene ciclos repetitivos y que la matemática en sus conceptos más esenciales se mantiene inmanente con la vida del hombre, puede verse en el siguiente ejemplo gráfico, con el que cerramos esta reseña a lo largo de los tiempos.

La figura MyT.21 podría suponerse que es una recreación enriquecida del Triángulo de Sierpinski,[25] el modelo

---

[25] Sierpinsky, Waclaw (1882-1969), fue uno de los más destacados matemáticos polacos. Se consideran valiosos sus aportes a la matemática topológica.

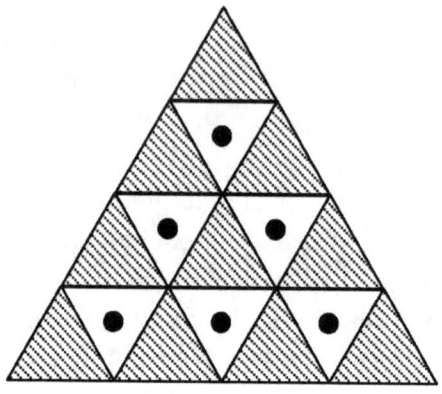

Figura MyT.21

de geometría fractal que se mostró unas páginas antes, que pertenece al siglo XX y que fuera generado con patrones no euclidianos. Sin embargo es una representación gráfica hallada en unas cuevas cerca de la ciudad de Sofron, en Hungría, y que perteneció probablemente a la cultura neolítica, con una antigüedad aproximada de 15.000 años respecto de nuestra era.

Se mostrarán a continuación, para cerrar esta primera parte, algunos ejemplos arquitectónicos, casi todos pertenecientes al recientemente finalizado siglo XX, que poseen una clara impronta matemática en su concepción morfológica. Se citan, brevemente, las posibles aplicaciones que pueden hacerse para analizar esos aspectos matemáticos y en particular TOPOLÓGICOS a partir de sus características primordiales.

SHOWROOM "OXFORD VALLEY ROOM", PENNSYLVANIA, EEUU - ARQTOS. VENTURI, CASE E IZENOUR

Aplicación matemático-topológica:
Estudio de formas básicas en arquitectura y determinación de puntos de replanteo para implantación de un toro de revolución estructural, que conforma una transformación volumétrica de círculos.

PARC DE LA VILLETTE,
PARIS, FRANCIA, 1982-1990
ARQ. TSCHUMI

Aplicación matemático-topológica:
Análisis de estructuras geométricas,
traslaciones y cubos desplazados en
espacios abiertos combinando hábitat y
máquinas simples.

PALACIO DE CONGRESOS
BENJAMIN FRANKLIN, BERLÍN,
ARQTOS. STUBBINS, DÜTTMANN
Y MOCKEN, 1957.

Aplicación matemático-topológica:
Análisis del uso en estereoestructuras de superficies cuádricas regladas de doble curvatura y **simetría axial** en el edificio.

COLEGIO TERESIANO, BARCELONA, ESPAÑA, ARQ. GAUDÍ, 1888-1889.

Aplicación matemático-topológica: Estudio de curvas catenarias como funicular de cargas invertido (simetría especular), a través de su implementación en arcos estructurales y un ejemplo de **traslación** de un módulo de arco.

capítulo 2

LA TOPOLOGÍA

La TOPOLOGÍA (del griego *topo* = lugar y *logo* = estudio) es la rama de las matemáticas dedicada al estudio de los espacios topológicos y de aquellas propiedades de los cuerpos geométricos que permanecen inalteradas por transformaciones continuas. La topología se interesa por conceptos como: *proximidad*, *número de agujeros*, el *tipo de consistencia* o *textura* que presentan los objetos, los compara y clasifica sus múltiples atributos, entre otros: conectividad, compacidad y metrizabilidad (concepto que vincula lo métrico con los espacios homeomorfos, a lo cual se hará una referencia práctica en el Capítulo 5 referido a la Teoría de Grafos). Los matemáticos usan la palabra *topología* con dos sentidos: informalmente es el sentido arriba especificado, y de manera formal es la referencia a una cierta familia de subconjuntos de un conjunto dado, familia que cumple unas reglas sobre la unión y la intersección, operaciones matemáticas que no se analizarán demasiado en este texto, ya que fundamentalmente se tratará en las siguientes líneas, de abordar aspectos relativos al diseño.

Pero veamos primero una reseña de los orígenes de la topología, disciplina que históricamente, en sus comienzos conformó ideas topológicas concernientes al concepto de límite y al de completitud de un espacio métrico. Asimismo,

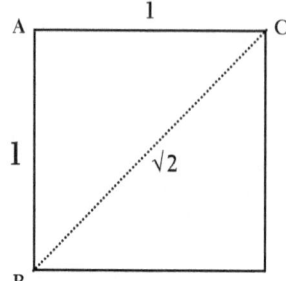

Obviamente en el triángulo **ABC** el teorema pitagórico $BC^2 = AB^2 + AC^2$ resulta:

$BC^2 = 1^2 + 1^2 = 2 \Rightarrow BC^2 = 2 \Rightarrow BC = \sqrt{2}$

Figura T.1

se vinculó principalmente con la crisis de los llamados números inconmesurables de los pitagóricos, ante la aparición de números reales no racionales, como es el caso de π o $\sqrt{2}$, por citar un par de ejemplos.

El caso de $\sqrt{2}$ es paradigmático cuando se produce su aparición en la escuela pitagórica, ya que surge inmediatamente al calcular la diagonal de un cuadrado de lado unitario (ver figura T.1). Dicho número no se logró calcular en aquella época, y sorprendió a los matemáticos de entonces, por cuanto como se determinará con el tiempo, su valor no está constituido por un número finito de cifras, sino que como todo número al que llamaron "irracional" por su dificultad para entenderlo, posee infinitas cifras decimales no periódicas.

Los valores de los números irracionales se obtendrán varios siglos después de la época de la escuela pitagórica, merced a la aparición del concepto de límite y el análisis matemático.

Vale acá mencionar que el primer acercamiento concreto al concepto de límite y también al de integral aparece en el método de exhaución de Arquímedes.[1] Dicho método, recordemos, es un procedimiento geométrico de aproximación a un resultado, con el cual el grado de aproximación aumenta en la medida que avanza el cálculo.

Los ejemplos más famosos son los cálculos de la longitud de la circunferencia y el área del círculo, efectuados por Arquímedes y basados en la inscripción de polígonos regulares en una circunferencia de radio unitario. Ese método, también llamado de compresión, se apoya en la idea de que al aumentar el número de lados de los polígonos, las figuras tenderán a acercarse cada vez más a la forma de la circunferencia. Arquímedes logró con ello obtener una medida bastante aproximada del número π.

Cuando surge el análisis matemático y el concepto de límite inmerso en él, se obtiene con la idea del método de exhaución, una definición más rigurosa y un cálculo de mayor exactitud de todos aquellos elementos geométricos en los que interviene el número π. Cabe aquí aclarar que este número por ser un irracional y poseer infinitas cifras decimales no periódicas, como consecuencia, para cualquier caso en que se efectúe con él un cálculo, lo cual es sumamente habitual en arquitectura y diseño, se debe tener conciencia que el resultado no es exactísimo, sino que en

---

[1] Arquímedes de Siracusa (287-212 a.C.) fue un físico, ingeniero, inventor, astrónomo y matemático griego considerado uno de los científicos más importantes de la antigüedad clásica. Es reconocido también por haber diseñado innovadoras máquinas, entre las que se cuentan armas y el llamado en su nombre tornillo de Arquímedes, aparato que entre sus variados usos permite elevar, con mecanismos actualizados y hoy en día, agua desde lugares bajos a alturas considerables.

esa operación se debe intentar obtener el menor error en el valor logrado. Según el tipo de medición, se conoce a esta aproximación como *tolerancia* o *error aceptable*.

Estas ideas las concretarán unos siglos más tarde, matemáticos ilustres como Newton y Leibniz en el siglo XVII. La aparición del análisis matemático puso en evidencia la necesidad de formalizar los conceptos de proximidad y continuidad, y la incapacidad de ciertas ramas matemáticas más clásicas para tratar estos temas. Fue precisamente la fundamentación del cálculo infinitesimal, así como los intentos de formalizar el concepto de variedad, los que impulsaron la aparición de la topología a finales del siglo XIX y principios del XX.

Se suele fechar el origen de la topología, junto con la Teoría de Grafos, con la resolución por parte de Euler del problema de los puentes de Königsberg, en 1735. Ciertamente, la resolución de Euler del problema utiliza una forma de pensar totalmente topológica, y la solución del problema nos lleva a la característica de Euler,[2] el primer invariante de la topología algebraica. Es una situación exactamente análoga a la del cálculo del área de la elipse por Arquímedes.

El término *topología* fue usado por primera vez por Johann Benedict Listing en 1836 en una carta a su antiguo profesor de la escuela primaria, Müller, y posteriormente en su libro *Vorstudien zur Topologie* ('Estudios previos sobre topología'), publicado en 1847. Anteriormente se la denominaba *analisis situs*. Maurice Fréchet introdujo el concepto de espacio métrico en 1906.

---

[2] Esta propiedad se definirá y se analizará con detalle en el capítulo Teoría de Grafos, ya que se relaciona con la fórmula de Euler que vincula caras, vértices y aristas de un poliedro.

Cronología

Año	Acontecimiento
300 a.C.	Euclides define las secciones cónicas y estudia los poliedros regulares, una de las formas más básicas estudiadas por los topólogos.
250 a.C.	Arquímedes investiga las curvas espirales y los poliedros truncados.
1735 d.C.	Leonhard Euler resuelve el problema de los puentes de Königsberg.
1858	Los alemanes August Möbius y Johann Benedict Listing descubren en forma independiente la hoy llamada banda de Möbius.
1890	Giuseppe Peano aplicando la definición de Jordán demuestra que un cuadrado relleno también es una curva.
Década de 1920	Pável Urysón y Karl Menger definen el concepto de curva a partir de la topología.

Coloquialmente, se presenta a la topología como la "geometría de la lámina de goma (chicle)". Esto hace referencia a que, en la geometría euclídea, dos objetos serán equivalentes mientras podamos transformar uno en otro mediante isometrías (rotaciones, traslaciones, reflexiones, etc.), es decir, mediante transformaciones que conservan las medidas de ángulo, área, longitud, volumen y otras.

En topología, dos objetos son equivalentes en un sentido mucho más amplio. Han de tener el mismo número de *trozos, huecos, intersecciones*, etc. En topología está permitido doblar, estirar, encoger, retorcer, etc., los objetos, pero

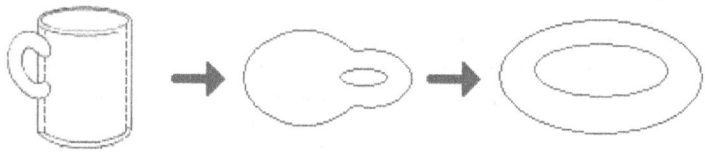

Figura T.2

siempre que se haga sin romper ni separar lo que estaba unido, ni pegar lo que estaba separado. Por ejemplo, un triángulo es topológicamente lo mismo que una circunferencia, ya que podemos transformar uno en otra de forma continua, sin romper ni pegar. Pero una circunferencia no es lo mismo que un segmento, ya que habría que partirla (o pegarla) por algún punto.

Esta es la razón de que se la llame la "geometría de la lámina de goma", porque es como si estuviéramos estudiando geometría sobre un papel de goma que pudiera contraerse, estirarse, etc.

El ejemplo clásico que se usa para simplificar la definición y las propiedades, es el que se muestra previamente (figura T.2), una taza transformándose en una cámara de una rueda de un vehículo (toro de revolución).

Es una buena oportunidad de dejar planteado un desafío de razonamiento para el lector: ¿si se hace un agujero en cualquier parte de la superficie de una cámara de una rueda de automóvil por ejemplo, se podrá por dicho agujero dar vuelta la cámara como se haría con un guante (prenda para las manos, que sí acepta con seguridad la propuesta desde la abertura por donde se introducen los dedos?). ¡La respuesta a verificar!

Una broma frecuente entre los especialistas en topología es que "un topólogo es una persona incapaz de distinguir una taza de una cámara de neumático". Esta forma de considerar a la topología, aunque un poco sarcástica es sin embargo muy parcial. Por un lado, porque puede llevar a pensar que la topología trata sólo de objetos y conceptos geométricos, cuando por el contrario, es la geometría la que trata con un cierto tipo de objetos topológicos.

Es habitual entre los estudiantes, en particular aquellos que no sienten demasiado apego por la matemática (y los de escuelas de arquitectura son muchos de ellos), escuchar que "no entienden la topología" y que no les gusta esa rama. Sin embargo, cuando descubren sus interrelaciones con el proceso de crear espacios arquitectónicos, pasan a ser devotos seguidores de esta rama matemática, que además posee para ellos la "virtud" de alejarlos un poco de cálculos algebraicos, que suelen provocarles mayor rechazo.

Un ejemplo clarificador
Plano del subterráneo de la ciudad de Buenos Aires (Figura T.3)

Observemos un plano del subterráneo de Buenos Aires. En él están representadas las estaciones y las líneas de metro que las unen, pero no es *geométricamente* exacto. La curvatura de las líneas del subte no coincide con la realidad, ni su longitud responde a una escala métrica, la posición relativa de las estaciones es simplemente referencial a

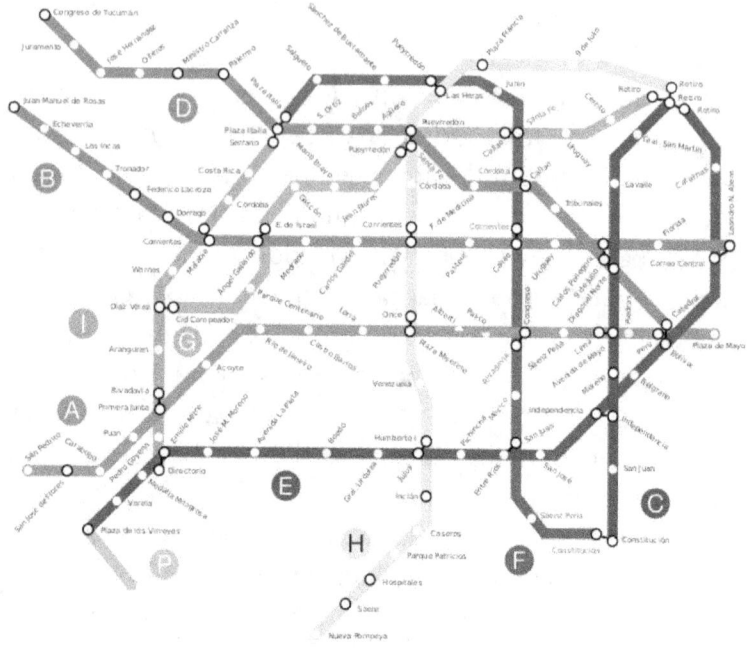

Figura T.3

la secuencia a la que se encuentran, pero tampoco indica lugares precisos en una proyección sobre la trama urbana, pero aun así es un plano perfectamente útil.

Sin embargo, este plano es exacto en cierto sentido, pues representa fielmente cierto tipo de información, la única que necesitamos para decidir nuestro camino por la red, es claramente una *información topológica*.

Desarrollemos ahora algunas nociones básicas.

Como se ha dicho, el concepto fundamental de la topología es la "relación de proximidad", que puede parecer ambigua y subjetiva. El gran logro de la topología es dar una formulación precisa, objetiva y útil de este concepto.

Si nos atenemos a la definición rigurosa en términos matemáticos, diríamos que si tomamos un conjunto de referencia **X**, que será el ambiente en el que nos moveremos, y al que llamaremos espacio y tomamos un elemento cualquiera x de **X**, a los elementos x del espacio los llamaremos puntos, así que x será llamado punto, independientemente de que sea una función, un vector, un conjunto, un lugar determinado en un espacio bi o tridimensional (incluso en uno multidimensional como se verá en algún ejemplo más adelante).

Un subconjunto **V** de **X** será un *entorno* de x si **V** incluye un conjunto abierto **G** de manera que x es elemento de **G**. ¿Qué entenderemos por conjunto abierto? Aquí está el quid de la cuestión: una colección **T** de subconjuntos de **X** se dirá que es una topología sobre **X** si **X** es uno de los elementos de esa colección, si Ø es un elemento de la colección, si la unión de elementos de la colección da como resultado un elemento de la colección y si la intersección finita de elementos de la colección también es un elemento de la colección. A los elementos de la colección se los denomina abiertos de la topología **T**, y al par se lo denomina espacio topológico.

Puede parecer extraño que de una definición tan altamente formal y conjuntista se obtenga una formulación precisa del concepto de proximidad. Lo primero que se observa es que sobre un mismo espacio **X** se pueden definir distintas topologías, generando entonces distintos espacios topológicos. Por otra parte, precisamente la manera en que quede determinada una topología sobre un conjunto de elementos es lo que va a dar carácter "visualizable" o no a ese espacio topológico.

Una de las maneras más sencillas de determinar una topología es mediante una distancia o métrica, método que sólo es aplicable en algunos casos. Es válido mencionar que muchos de los casos más interesantes de topologías pueden determinarse mediante alguna distancia, que fundamentalmente serán los que desarrollarán los siguientes capítulos de este libro, por ser los más aplicables a la arquitectura y el diseño.

Cabe aclarar que lamentablemente no toda topología proviene de una distancia, es decir, existen espacios topológicos que no son espacios métricos. Pero, cuando un espacio topológico es además espacio métrico (esto es, cuando dada una topología sobre un conjunto, puede definirse en ese conjunto una distancia de manera que la topología generada por la distancia coincida con la topología dada), se dice que el espacio topológico es metrizable.

Un problema clásico en topología es el de determinar qué condiciones debe satisfacer un *espacio topológico* para que sea metrizable. En topología y áreas relacionadas de las matemáticas, un espacio metrizable es un espacio topológico que es homeomorfo a un espacio métrico. Cabe aclarar que en topología, un HOMEOMORFISMO (del griego *homoios* = misma y *morphē* = forma) es una función de un espacio topológico a otro, que cumple con ser una función biyectiva continua y cuya inversa es continua. En este caso, los dos espacios topológicos se dicen homeomorfos.

Para aclarar estos conceptos, observemos los siguientes gráficos, que pueden asimilarse a la representación esquemática de una red de subterráneos como la que se mostró como ejemplo unas páginas atrás.

En los dibujos siguientes (Figuras T.4) los puntos indican las estaciones del subterráneo (**C**; **D**; **E**; **F**; **G**; **H**; **J** y **K**) y las

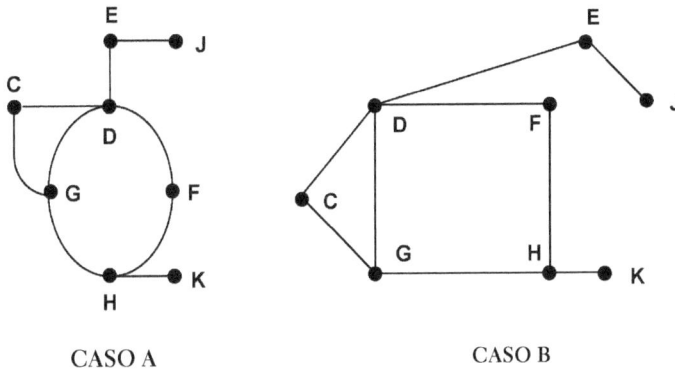

Figuras T.4

líneas las vinculaciones entre dichas estaciones. En particular existe una red que podríamos denominar "circular" dentro del esquema del llamado Caso A (la red **D; F; H; G**).

De la comparación de ambos diagramas, parecería ser que se trata de redes muy distintas, pero si se observa con atención se verá que ambas poseen iguales atributos. Las dos están conformadas por 8 estaciones y dichas estaciones están igualmente vinculadas entre sí. Estas representaciones son ejemplos de los llamados GRAFOS, tema que se desarrollará con mayor profundidad en capítulos posteriores.

En este caso se dice que ambas redes son "isomorfas", pues si bien no son dibujos de formas iguales, poseen iguales características topológicas de relación entre sus elementos.

Ampliando esta descripción, pensemos en la posibilidad de que la red del ejemplo llamado Caso B, incorporara otra estación de subterráneos intermedia entre un par de las ya existentes, por ejemplo la estación **L**.

Nos encontraríamos con una red que se puede esquematizar según el gráfico que sigue (Figura T.5):

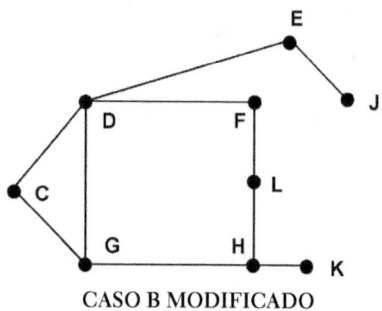

CASO B MODIFICADO

Figuras T.5

Y en este caso el diagrama del Caso B y el del Caso B modificado, se dice que son "homeomorfos", denominación que se aplica cuando no se han modificado las relaciones de la red original, pero se le ha agregado una nueva componente de interrelación. Estos ejemplos son los que permiten decir que las propiedades de estos planos o espacios que se conservan bajo homeomorfismos reciban el nombre de propiedades topológicas.

De modo intuitivo, el concepto de homeomorfismo refleja cómo dos espacios topológicos son "los mismos" vistos de otra manera: permitiendo estirar, doblar o cortar y pegar. Sin embargo, los criterios intuitivos de "estirar", "doblar", "cortar" y "pegar" requieren de cierta práctica para aplicarlos correctamente. Tratar de deformar un segmento de línea hasta que pase a ser un punto por ejemplo, es una topología incorrecta (aunque hay casos en la geometría fractal donde ello puede generarse).

Veamos un ejemplo de geometría fractal en que se produciría una transformación de un segmento en una sucesión infinita de puntos, en ¡¡un espacio finito!!

Tomemos un segmento de módulo finito (no es una recta infinita), en un espacio también finito. El mecanismo fractal que se le va a aplicar es "restarle un tercio" de su módulo en la parte intermedia y luego repetir el procedimiento en forma sucesiva con los subsegmentos obtenidos (Figura T.6).

Tendríamos así lo siguiente:

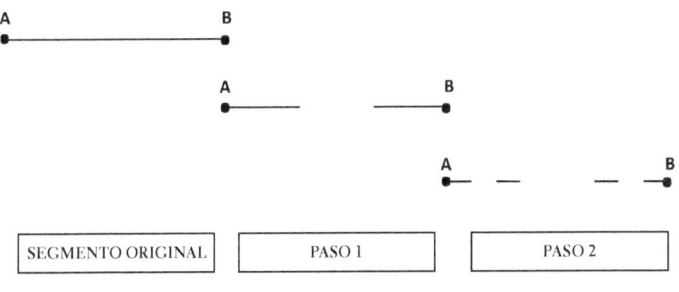

Figuras T.6

Y si el lector imagina los siguientes pasos aplicando el mismo mecanismo tal cual lo plantea la geometría fractal y llevara ese procedimiento a valores tendiendo a infinito, es fácil deducir que el segmento tendería a desaparecer aunque siempre quedarían los puntos extremos **A** y **B** junto a puntos intermedios cuyo número tendería a ser infinito, aunque en un espacio finito que no excedería el tamaño del segmento original. Una de las tantas paradojas que pose esta novedosa, (en el tiempo matemático de los siglos), geometría fractal.

Luego del anterior escolio, volvamos al tema específico de la topología, para analizar, ahora sí, sus principales clasificaciones y hablar acerca de sus particularidades. En primer lugar vale considerar a esta rama matemática como integrada principalmente por tres ramas:

- La topología general o conjuntista,
- La topología algebraica
- La topología diferencial.

Además de estas tres ramas, que podríamos decir propiamente topológicas, la implicación en mayor o menor medida en otras disciplinas matemáticas hacen que muchos consideren parte de la topología al análisis funcional, la teoría de la medida, la teoría de nudos, etc. Es fundamental su contribución al análisis matemático, a las ecuaciones diferenciales y funcionales, a las variables complejas, a las geometrías diferencial y algebraica, a la estadística, a la Teoría del Caos, etc. Incluso tiene aplicaciones directas en biología, sociología, etc. Pero también es de importancia en la Teoría de Grafos y en la Geometría Fractal, por lo que este libro está pensado para apuntar hacia esas aplicaciones que son las que pueden darse en relación al diseño.

Es importante observar que la topología no trabaja con errores ni con aproximaciones. Eso entra en el ámbito del Análisis Numérico e incluso del Análisis Matemático. Lo que la topología hace en un problema es aportar las herramientas básicas y los conceptos teóricos para encontrar una solución correcta, siempre desde un punto de vista conceptual y cualitativo. Estudia qué es lo que debe entenderse cuando decimos que un conjunto (como puede ser un espacio métrico), se vincula con un objeto (que puede ser un punto, un elemento dentro de ese espacio, etcétera).

También es interesante referirse en esta introducción a los conjuntos conexos: conexos por caminos y arco-conexos. Todo lo que sigue y se enuncia en forma general y formal, se verá más en detalle en el Capítulo 5, que desarrolla la Teoría de Grafos en este mismo libro.

Un conjunto se dice que es *conexo por caminos*, si todo par de puntos puede unirse mediante un camino. Todo conjunto conexo por caminos es conexo, pero no todo conjunto conexo es conexo por caminos. La anterior expresión que parecería un trabalenguas, no es tal y con ejemplos gráficos se ampliará y se verá, como fue dicho, en el Capítulo 5. Estos conjuntos están "hechos de una pieza" (los conexos) o "hechos de manera que no tienen piezas totalmente sueltas" (los conexos por caminos). Naturalmente esto es sólo una manera de interpretarlos. Las piezas de un conjunto, (los mayores subconjuntos conexos que contiene el conjunto), se denominan "componentes conexas". Por ejemplo, un puñado de arena sería un conjunto en el que las componentes conexas son cada granito de arena. Un espejo roto sería un conjunto en el que cada trozo de espejo es una componente conexa. Una bola de hierro es un conjunto con una sola componente conexa, es decir, un conjunto conexo. Una rejilla también es un conjunto conexo, formado por una sola componente conexa.

Existe otra noción de conexión, la conexión por arcos o arco-conexión ligeramente más restrictiva que la conexión por caminos. Se exige que el camino sea un homeomorfismo sobre su imagen. Para comprender sucintamente estas cuestiones, volvamos a los ejemplos de conjuntos conexos. Según hemos dicho, una rejilla, una bola de hierro o una esponja son conjuntos conexos. Sin embargo todos entendemos que parece que no tienen el mismo "grado de conexión", por expresarlo de alguna manera. Mientras que una bola de hierro es maciza, una esponja y una rejilla tienen agujeros, e incluso parece claro que entre estos hay también una cierta diferencia.

Veamos algunos ejemplos topológicos interesantes que se han usado en el campo del diseño.

Botella de Klein

En topología, una botella de Klein (Figura T.7) es una superficie no orientable abierta cuya característica de Euler es igual a 0; no tiene interior ni exterior. Mientras que una banda de Möbius es una superficie con borde, una botella de Klein no tiene borde. Tampoco lo tiene una esfera, aunque ésta sí es orientable. La botella de Klein fue descripta por primera vez en 1882 por el matemático alemán Felix Klein. El nombre original del objeto no fue el de BOTELLA DE KLEIN (en alemán *Kleinsche Flasche*), sino el de SUPERFICIE DE KLEIN (en alemán *Kleinsche Fläche*). El traductor de la primera referencia al objeto del alemán al inglés confundió las palabras. Como la apariencia de la representación tridimensional recuerda a una botella, casi nadie se dio cuenta del error.

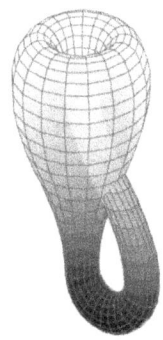

Figura T.7

Nudo borromeo

Se llama NUDO BORROMEO o NUDO BORROMI (Figura T.8) al constituido por tres aros enlazados de tal forma que, al separar uno cualquiera de los tres, se liberan los otros dos. Pero estrictamente hablando es un enlace.

Por esta característica resulta interesante para la topología combinatoria y para la teoría de nudos. La denominación tiene origen en que la familia nobiliaria italiana apellidada *Borromi* adoptó los tres círculos unidos en un nudo como principal emblema heráldico de su blasón.

Suele representárselo como tres aros o anillos (flexibles no rígidos), parcialmente entrelazados que se intersecan de tal manera, que al separar uno de los anillos quedan libres los otros dos, es decir los anillos no están enlazados por pares. Las superficies que describen estos anillos forman una zona central de intersección, tal como si se tratara de un diagrama de Venn.

La propiedad de que al cortar uno de los anillos se liberan los restantes permite crear nudos borromeos de cuatro o

Figura T.8

más anillos. En psicoanálisis, a partir de las enseñanzas de Lacan se utiliza el nudo borromeo para indicar la estructura que forman los tres registros del ser hablante, tal como se presentan en la experiencia analítica: el *registro de Lo Real*, el *registro de Lo Imaginario* y el *registro de Lo Simbólico*, cuyo triple enlace define el objeto "causa del deseo". Introducido con otra función en el Seminario 19 de Lacan (1971-1972), el nudo borromeo pasa a ocupar un lugar central en la formalización de la estructura dos años después.

Representado con tres lazos circulares de iguales dimensiones ha sido utilizado por la cristiandad –al igual que el triángulo equilátero– como alegoría de la Santísima Trinidad. Y con cinco anillos es la conocida imagen de los Juegos Olímpicos del mundo. Veamos algunos ejemplos arquitectónicos.

GRÁFICO DE UNA INSTALACIÓN ELÉCTRICA EN
VIVIENDA UNIFAMILIAR

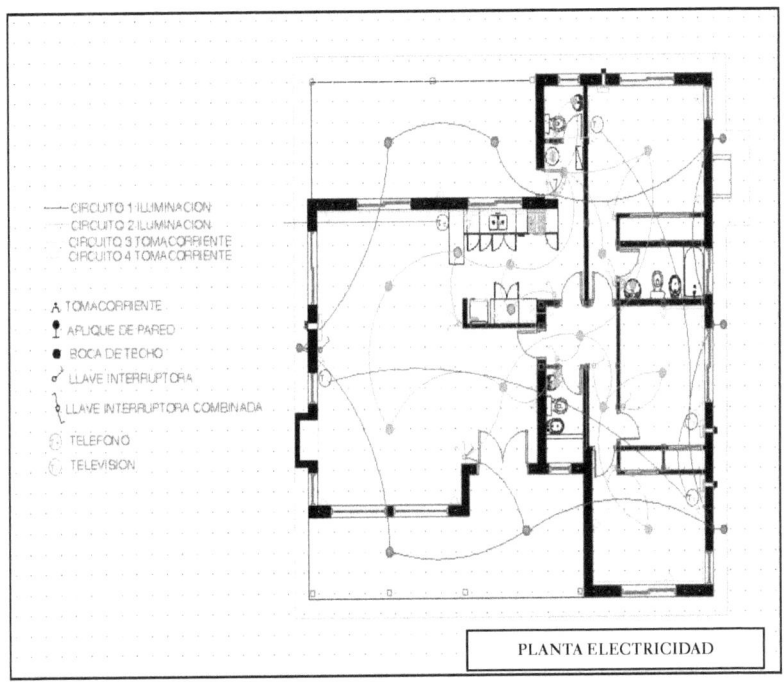

Figura T.9

Otro ejemplo también del campo de las instalaciones, sin necesidad de mostrar edificios de alta complejidad, aunque por supuesto en todos los casos, son sin dudas elementos necesarios para su materialización y sus posteriores tareas de mantenimiento, es el siguiente (Figura T.10):

GRÁFICO DE UNA INSTALACIÓN SANITARIA
EN UNA VIVIENDA UNIFAMILIAR

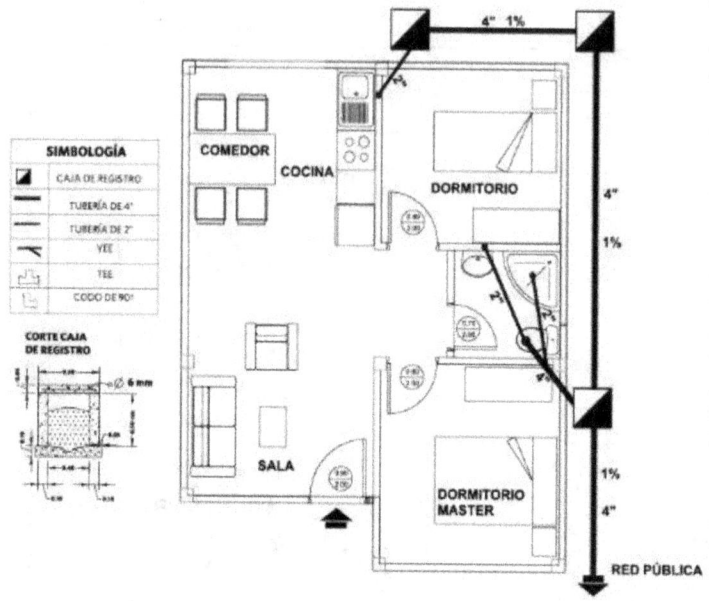

Figura T.10

Topología geoespacial

La TOPOLOGÍA GEOESPACIAL estudia las relaciones espaciales entre los diferentes elementos gráficos (topología de nodo/punto, topología de red/arco/línea, topología de polígono) que representan las características geográficas y su posición en el mapa (*cerca de, entre, adyacente a*, etc.).

Estas relaciones, que para el ser humano pueden ser obvias a simple vista, el programa informático las debe establecer mediante un lenguaje y unas reglas de geometría matemática. Es la capacidad de crear topología lo que diferencia a un Sistema de Posición Geográfica (GPS), de otros sistemas de gestión de la información.

Así, cuando dos polígonos representan elementos geográficos adyacentes en un mapa, las reglas topológicas típicas exigen que estos polígonos compartan una frontera común sin huecos ni superposiciones entre ellos, del mismo modo que sería incoherente permitir que dos polígonos que representan lagos se superpongan.

En el análisis espacial las relaciones espaciales topológicas se derivan del modelo DE9IM (*Dimension-Extended Nine Intersection Model*), que se fundamenta en determinar si el borde interior y exterior de dos figuras tiene puntos en común teniendo en cuenta la dimensión de las intersecciones. Los cinco predicados primitivos estandarizados e implementados en la mayoría de los GPS espaciales actuales son: *disjunto toca, dentro, cruza* y *solapa*. A ellos debemos añadir los predicados derivados: *contiene, interseca* e *igual*.

Las operaciones topológicas permiten gestionar geometrías compartidas, definen y hacen cumplir las reglas de integridad de los datos, permiten realizar consultas topológicas y de navegación y construir elementos más complejos, como puede ser el caso de polígonos a partir de primitivas como líneas. De igual manera facilitan además la detección y corrección de errores involuntarios, inherentes a la digitalización de elementos geográficos y la realización de análisis de redes. Dentro del ámbito de los GPS es esencial crear topología, si el análisis que se vaya a realizar depende de relaciones espaciales. Por ejemplo, si necesitamos modelar con un GPS una red que represente la red de abastecimiento de aguas y ver cómo afecta a los usuarios un posible corte de suministro en un punto de ésta, es necesario que exista topología de línea que asegure que todos los arcos se encuentren conectados. Del mismo modo si queremos conocer cuántas parcelas catastrales son colindantes a otra deberá existir una topología de polígonos. Las reglas topológicas permanecen invariables frente a transformaciones afines, como pueden ser el cambio de escala, la reproyección o la rotación de un mapa.

Aunque no suele ser una rama clásica de la topología matemática, decidimos incluir en este capítulo al arte milenario de Japón de trabajar con papel para crear objetos artísticos, ya que también incluye movimientos geométricos y relaciones de posición. Hablemos entonces del origami.

Origami

El ORIGAMI o papiroflexia es un arte que consiste en el plegado de papel sin usar tijeras ni pegamento para obtener figuras de formas variadas, muchas de las cuales podrían considerarse como esculturas de papel. En un sentido estricto, el origami es un tipo de papiroflexia de origen japonés que incluye ciertas restricciones (por ejemplo, no admite cortes en el papel, y se parte desde ciertas bases), con lo que el origami es papiroflexia pero no toda la papiroflexia es origami.

La particularidad de esta técnica es la transformación del papel en formas de distintos tamaños partiendo de una base inicial cuadrada o rectangular, que pueden ir desde sencillos modelos hasta plegados de gran complejidad

Figuras T.11

(Figuras T.11). En el origami se modela el medio que nos rodea y en el cual vivimos: fauna y flora de todos los continentes, la vida urbana, herramientas de nuestra cotidianidad, animales mitológicos y un sinfín de otras figuras.

El origami se inició con el papel y se ha ido desarrollando con mucha rapidez desde finales de los años '60 hasta nuestros días. Se han descubierto y popularizado nuevas técnicas de diseño, que se han difundido gracias al Internet y las asociaciones de origami alrededor del mundo. La incorporación de las matemáticas es un tema nuevo, que antiguamente no se consideraba, y que ha adquirido fuerza en los últimos 30 años. Con la llegada de la informática a partir de la década de 1990 se han podido realizar optimizaciones del uso del papel y bases nuevas para figuras complejas, como los insectos.

A partir de estas consideraciones iniciales sobre la topología, nos introduciremos en los Capítulos que siguen, en sus particulares mecanismos que permiten un mayor acercamiento a las aplicaciones en los campos de la arquitectura y el diseño.

capítulo 3

HOMOTECIAS

Uno de los conceptos geométricos que resulta una herramienta de suma utilidad en arquitectura y diseño es el de "semejanza". Aunque en el lenguaje cotidiano utilizamos el término *"semejante"* como sinónimo de *"parecido"*, es conveniente diferenciar en qué: ¿en tamaño?, ¿en forma? Matemáticamente, sin embargo, puede acotarse la definición a señalar que: "dos figuras son semejantes cuando tienen la misma forma pero distinto tamaño" (ver Figura H.1).

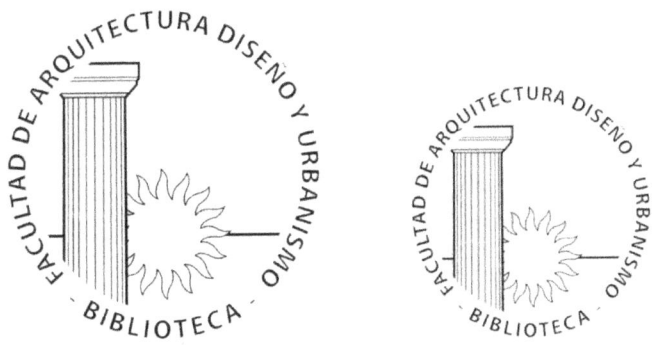

Figuras H.1

E1: De izquierda a derecha ejemplo de $k > 1$

E2: De izquierda a derecha ejemplo de $k < 1$

Figuras H.2

Además, el estudio de la semejanza o igualdad de figuras o cuerpos geométricos está estrechamente relacionado con el concepto de movimiento. Si se aplica a una figura geométrica o a un cuerpo un movimiento se puede obtener otra figura o cuerpo que sea de igual formato que el modelo original. A esto es a lo que en términos sencillos se lo llama HOMOTECIA.

Para crear una transformación homotética que provoque un aumento o disminución del tamaño original de la figura o cuerpo de los que se parte, se necesita un punto al que se le denomina CENTRO DE HOMOTECIA y una razón que denominaremos **k** que es un número con el cual se realiza esta Transformación Geométrica: si $k > 1$ se produce un aumento en la figura o cuerpo originales e inversamente si $k < 1$ el resultado será una reducción del tamaño original (ver Figuras H.2: ejemplos E1 y E2).

Más precisamente, la homotecia puede definirse también como una transformación geométrica plana (R2) o tridimensional (R3), en la cual los puntos relacionados o transformados, que se denominan homotéticos, cumplen las siguientes condiciones: los puntos homotéticos están alineados con un tercero fijo, que como se dijo es el llamado centro de la homotecia (**O**).

De tal forma, a partir de realizar una homotecia, lo que se está realizando es una transformación geométrica en la que a partir de una imagen o cuerpo dados, se obtienen una o varias figuras o cuerpos de tamaño mayor o menor a los dados originalmente.

Para obtener los elementos geométricos transformados, se parte del punto escogido arbitrariamente, que es el centro de homotecia, del cual parten segmentos de recta, que definirán la imagen o cuerpos modificados.

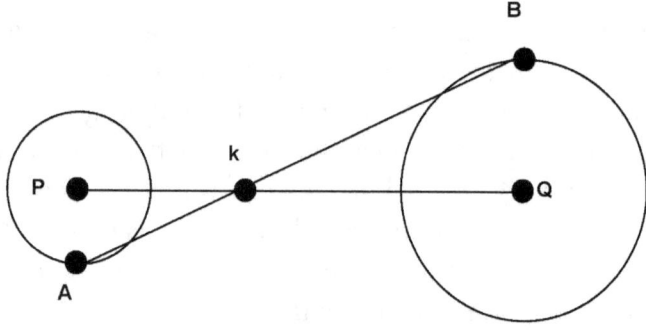

Figura H.3

Ampliemos los conceptos generales antes descriptos, en primer lugar respecto a dos dimensiones, es decir al plano (R2). Como se indicó, si el valor absoluto de la constante **k** es menor que 1, la homotecia produce una disminución de tamaño (la figura final es menor que la original). En cambio si el valor absoluto de la constante **k** es mayor que 1, la homotecia produce un aumento de tamaño (la figura final es mayor que la original).

Una figura homotética es entonces, la transformación geométrica que no genera una imagen congruente (que pueda superponerse en el plano resultando igual a la original, salvo que **k** sea igual a 1), ya que en los casos generales, a partir de una figura dada se obtienen una o varias figuras en tamaño mayor o menor que la figura dada. En otras palabras, el tamaño de la figura transformada depende del valor de la constante **k**.

Veamos el caso de dos figuras curvas básicas. El centro de una homotecia entre dos circunferencias de diverso tamaño, se encuentra trazando una recta que contenga dos puntos **A** y **B** de cada una de las circunferencias, y otra recta que contenga los centros **P** y **Q**.

En la intersección de dichas rectas, es decir, **AB** y **PQ** es donde se obtiene el punto **k**, que es el centro de homotecia externo de las dos circunferencias (Figura H.3).

Homotecia Directa o Positiva

Homotecia Directa o Positiva, es aquella en la cual el punto de homotecia (**O**) o centro de homotecia se encuentra después o antes de la figura trazada. La característica principal es que los segmentos entre las figuras son paralelos. **A** y **A'** puntos referentes de dicha homotecia (para el caso general), están al mismo lado de **O**.

Veamos algunos otros ejemplos de este tipo con imágenes (Figuras H.4 y H.5).

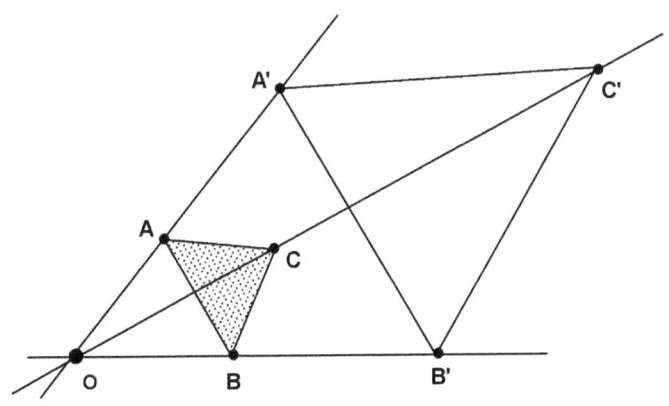

Figura H.4

En el ejemplo anterior la figura homotética original es el triángulo **ABC** y se la ha transformado en el triángulo **A'B'C'**. La razón o valor de la transformación es **k = 3**, ya que la figura obtenida luego de la homotecia es tres veces mayor que la original.

Veamos otro ejemplo, donde el centro de la homotecia está en el interior de las dos figuras, la original y la transformada. Obsérvese que igualmente en ese caso, se cumple que todos los puntos de ambas figuras están del mismo lado respecto al centro **O**.

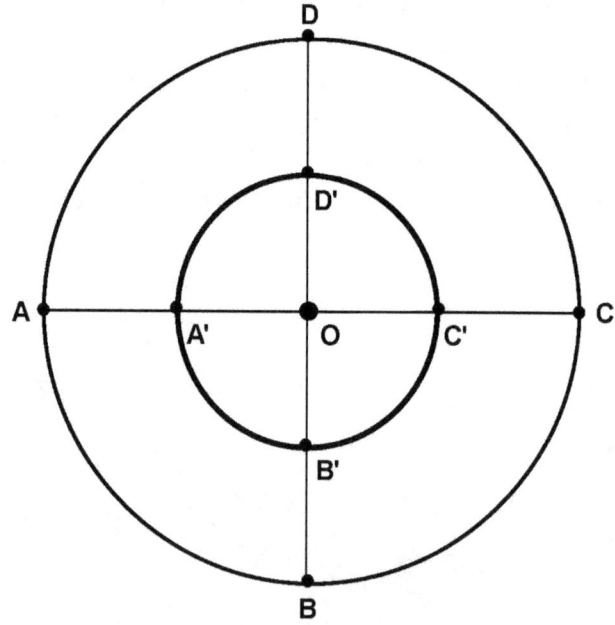

Homotecia positiva de razón ½

Figura H.5

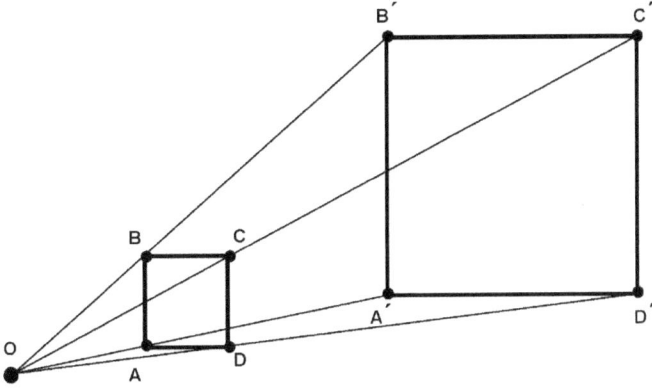

Homotecia positiva de razón k = 3

Figura H.6

Y agregamos como ejemplo adicional de este tipo de homotecias, una más que toma como elemento geométrico la tercera de las formas básicas de la geometría, el cuadrado (Figura H.6).

Pasemos ahora a definir la otra variante de las homotecias planas, diferente de la anterior, ya que cambia la posición del centro de homotecia respecto de las figuras que sufren la transformación.

Homotecia Inversa

La homotecia inversa o negativa es aquélla en la que los puntos iniciales y sus homotéticos quedan en lados distintos del centro de homotecia.

Ejemplos (Figuras H.7 y H.8)

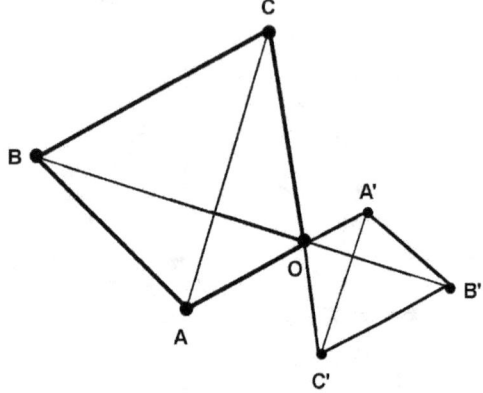

Homotecia inversa de centro O y razón −1/2

Figura H.7

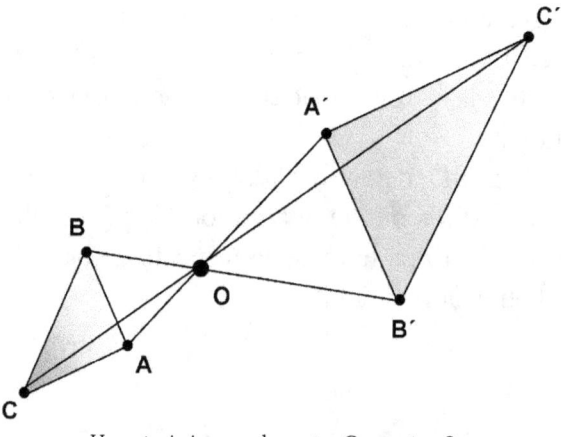

Homotecia inversa de centro O y razón +2

Figura H.8

Veamos un ejemplo que señala la diferencia entre las homotecias antes descriptas (Figura H.9).

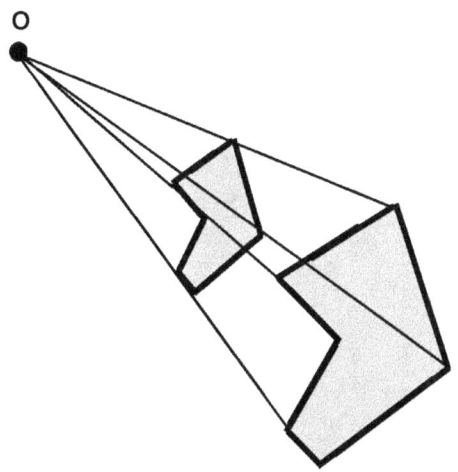

HOMOTECIA DIRECTA k = 2

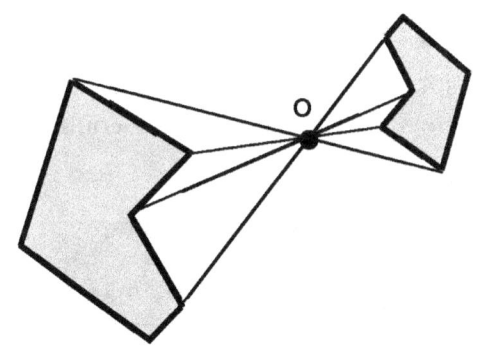

HOMOTECIA INVERSA k = –2

Figura H.9

Veamos a continuación algunos diseños que muestran aplicaciones de este tipo de transformaciones en el plano (Figuras H.10 y H.11).

Figura H.10

La figura anterior es un mosaico morisco cuya idea generadora es posible encontrar en muchos ejemplos de arquitectura árabe, en particular en los edificios erigidos durante la ocupación por esa cultura de la península ibérica.

Otro ejemplo similar se muestra a continuación:

Figura H.11

Figura H.12

Y agregamos seguidamente la fachada del Duomo de Milán (Figura H.12). La Catedral de Milán (*Duomo di Milano*), es una catedral gótica emplazada en la ciudad homónima. Es la sede episcopal de la Arquidiócesis de Milán. Es una de las iglesias de culto católico más grandes del mundo (tiene 157 metros de largo y puede albergar 40.000 personas en su interior) y las ventanas del coro tienen la reputación de ser las mayores que se conocen.

La *Fabbrica del Duomo*, fue una institución conformada por 300 empleados vinculados a la obra del templo, liderados por el arquitecto jefe Simone da Orsenigo. El arzobispo de la época de la construcción, otorgó a la *Fabbrica* el uso exclusivo del mármol de la cantera de Candoglia.

En 1389 se designó como arquitecto jefe al francés Nicolas de Bonaventure, que dio a la catedral su fuerte impronta gótica. Diez años más tarde, otro francés, Jean Mignot, fue llamado desde París para evaluar y mejorar el trabajo realizado, ya que los constructores necesitaban ayuda técnica para levantar las piedras hasta una altura sin precedentes.

Como es dable observar en la fachada, se pueden advertir las transformaciones homotéticas que corresponden a las ideas generatrices de los arquitectos, aplicadas a los aventanamientos y a las puertas de acceso del nivel inferior.

Esas ideas son también aplicables a las pilastras que rematan en pináculos que adornan la fachada, y a los cerramientos trapezoidales que adornan y sostienen el frente y que rematan, como un típico triángulo isósceles, en el frontón superior que corona la obra.

Homotecias que toman como idea central la forma circular son habituales en la arquitectura y el diseño. Las hay desde las más primitivas desde el punto de vista de las culturas que las generaron, hasta las que adoptan ese formato en edificios o complejos urbanísticos sofisticados, con tecnologías de vanguardia.

Transcribimos algunas imágenes que ilustran al respecto a continuación.

Las primeras construcciones que se muestran, corresponden a las MUSGUM MUD HUTS, que son estructuras familiares construidas por el pueblo del mismo nombre en Maga, un distrito de la lejana provincia norteña de Camerún, en África. Las viviendas y edificios anexos, se construyeron con estrictos diseños geométricos que poseen un esquema homotético totalmente topológico. Son un ejemplo de la "arquitectura de la tierra", equivalente al llamado "suelo cemento"

Figuras H.13

muy usual en pueblos de la Argentina. Ello es por cuanto los materiales básicos usados en su ejecución son el barro secado al sol, la paja y cañas que constituyen los elementos lineales que definen el formato inicial de la estructura.

Son un claro ejemplo de diseño espontáneo de pueblos antiquísimos, que construyeron siempre con técnicas simples que requieran escasas herramientas. También se asemeja la tecnología empleada, a la denominada arquitectura de adobe de los ranchos sudamericanos, con la variante de que en el caso de las casas MUSGUM el formato de cada unidad responde a un volumen generado por una curva catenaria rotando 360°, lo cual le agrega estabilidad y resistencia a la construcción (ver Figuras H.13).

Otros ejemplos ya más contemporáneos y ejecutados con tecnologías constructivas de vanguardia, pero que también basan las ideas centrales de su diseño en formas

Figuras H.14

circulares que se van repitiendo en el plano y el espacio siguiendo modelos topológicos, son las que se detallan con imágenes a continuación

El anterior es un complejo hotelero situado en la Provincia de Antalya, Turquía, de categoría de gran nivel y que adoptó un diseño para sus unidades de diversos usos, una distribución en el terreno que verifica numerosas homotecias, que según la elección del centro que se elija, resultan directas o inversas (ver Figuras H.14).

Otro ejemplo es la homotecia múltiple (Figura H.15) en que se basaron los arquitectos Pezzo y Von Ellrichshausen para diseñar el Pabellón Vara en la Exposición Bienal de Diseño de Venecia, Italia, de 2016, cuya imagen se muestra seguidamente.

Mauricio Pezzo es Magíster en Arquitectura de la Universidad Católica de Chile y Arquitecto de la Univer-

Figura H.15

sidad del Bío-Bío; fue distinguido con el Premio Promoción Joven del Colegio de Arquitectos de Chile (2006). Sofía von Ellrichshausen es Arquitecta de la Universidad de Buenos Aires; fue distinguida con el Diploma de Honor FADU-UBA (2002). El estudio ha obtenido el *Commended* AR *Awards for Emerging Architecture* (Londres, 2005), el Premio *Calidad Arquitectónica* de la XV Bienal de Arquitectura de Chile (Santiago, 2006) y numerosos Premios *Fondart* del Consejo de Arte y Cultura del Gobierno de Chile. Sus obras han sido seleccionadas para la Bienal Iberoamericana de Arquitectura (Lima, 2004 y Montevideo, 2006), la Bienal de Arquitectura de Chile (Santiago, 2004 y 2006), la muestra chilena *Frontis* para

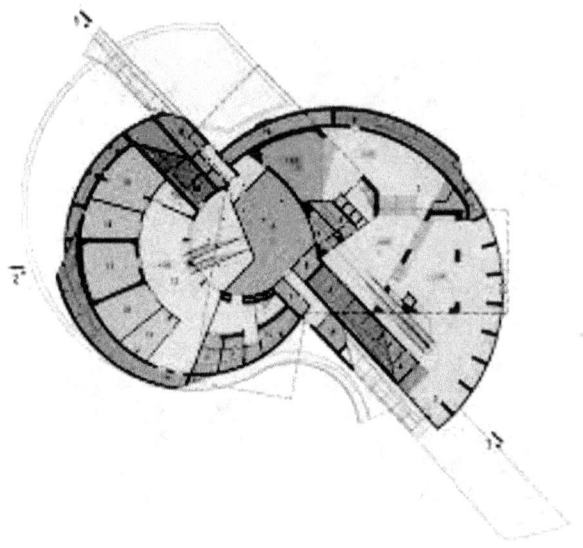

Figura H.16

la *Biennale di Venezia* (Venecia, 2004), la exposición *20 Jóvenes Arquitectos Chilenos* en la Maison de l'Architecture (París, 2005) y la exposición *Casa Granturismo* de Portugal (Silves, 2005).

Y el que se muestra en esta página es el proyecto denominado "Thyssen Krupp Elevator" para el edificio del Istambul Disaster, Prevention and Eduction Center, cuya ubicación estaba prevista en la ciudad de Estambul en Turquía (Figura H.16). El diseño del año 2011, es obra de los arquitectos Sergey Prokofyev, Olga Prokofyeva, arquitectos ucranianos y artistas, que dedicaron una gran parte de su existencia a la promoción de la vida y el trabajo de sus padres.

El diseño se basa en dos semicírculos, que se entrelazan en espiral y una rampa que los cruza en una de las esquinas. El componente principal de la disposición estructural del edificio es un sistema de aproximaciones externas e internas en rampa, que rodean todas las instalaciones. Estos accesos internos en rampa y escaleras externas dan la posibilidad de movilizar un flujo generoso de personas. Por lo tanto, los grupos de visitantes pueden subir utilizando el sistema del elevador interno o las escaleras mecánicas, y pueden bajar por la rampa, desplazándose desde los niveles superiores del edificio a través del área del techo accesible hasta el nivel del suelo.

Homotecias tridimensionales

Como fue dicho al comienzo de este Capítulo, se puede a su vez ampliar el concepto de homotecia pasando del plano R2 al espacio R3, y de esa forma se podrían definir como poliedros homotéticos, a dos poliedros, cuando se corresponden de tal manera que los vértices correspondientes pasan por un punto fijo, llamado centro de homotecia, y los lados son paralelos. Básicamente es la misma idea, si se parte de considerar como primera simplificación que los puntos homotéticos en el espacio, están alineados con un tercero fijo llamado centro de la homotecia (**O**).

A continuación se muestran ejemplos de translaciones, que podrían considerarse, ampliando su lectura convencional, como "homotecias tridimensionales" o en forma más perceptible por su imagen, como simples translaciones con

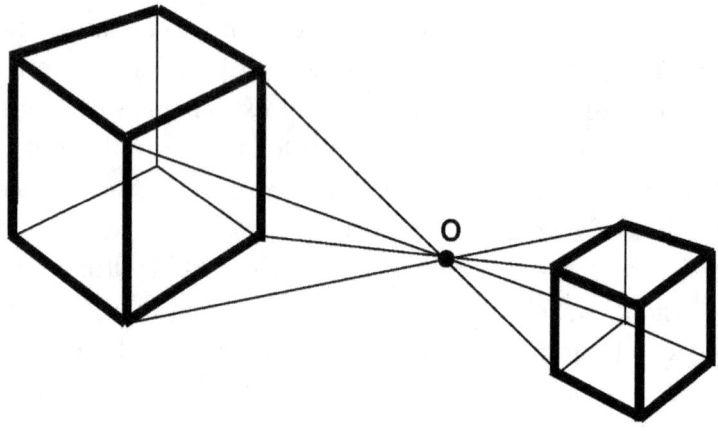

Figura H.17

aumento o reducción del tamaño del cuerpo original a otra posición, habiéndole modificado sus dimensiones, pero manteniendo sus proporciones.

En el primer caso se podría considerar que se ha hecho una homotecia de una cara del cubo poliédrico que se muestra, obviamente en perspectiva, y luego de la translación se completaron la totalidad de sus caras a la nueva posición.

Dado que el centro de traslado **O** se halla entre el poliedro original y el trasladado, se puede calificar como en el caso de dos dimensiones, de una "homotecia inversa" y donde la constante **k** del ejemplo resulta menor que 1, si se considera el poliedro original el situado a la izquierda, ya que el cuerpo transformado es menor que el original. Obviamente si el cuerpo original fuera el de la derecha, **k** sería mayor que la unidad (Figura H.17).

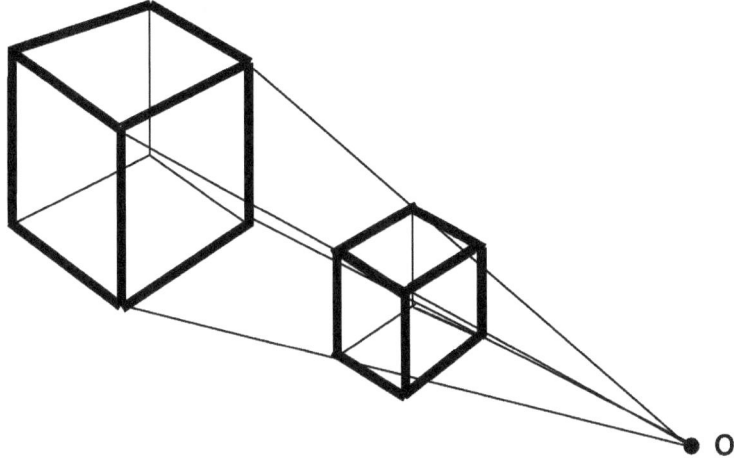

Figura H.18

De forma similar se puede analizar en la siguiente figura H.18, una homotecia tridimensional o traslado en el espacio (R3), diferenciándose de la anterior en que resultaría una homotecia clasificada como directa, ya que el centro **O** está en un espacio situado en una región distinta y no intermedia a los dos cuerpos trasformados. Valen las consideraciones antes hechas respecto a la constante **k**, si se considera poliedro original el de menor tamaño o el de mayor tamaño.

ESCOLIO SOBRE HOMOTECIAS EN EL PLANO
Y EN EL ESPACIO

Paradoja:
Como ejemplo que puede darse en el campo de la tecnología constructiva, pensemos qué sucede cuando se cambian

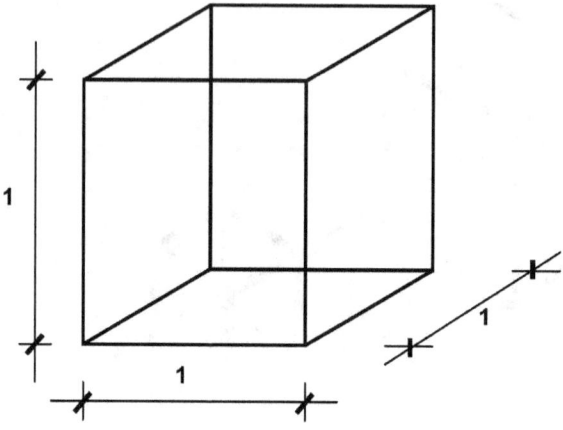

Figura H.19

las relaciones de superficie, área lateral y volumen, en un sólido que modifica su tamaño, como sucede en el caso de las homotecias tridimensionales en R3.

Para simplificar el razonamiento que nos lleve a una conclusión general, tomemos el ejemplo de un cubo de arista unitaria (1m) (Figura H.19).

Con cálculos elementales podemos obtener los siguientes valores respecto al cubo considerado:

Volumen = $1m^3$
Área lateral de todas sus caras = $6m^2$
Si está apoyado en una superficie plana, ocupa $1m^2$

Consideremos ahora que ese cubo es un elemento material (hormigón, mampostería, etc.) por lo que produce en su base y sujeto a la fuerza de gravedad en un terreno, por ejemplo, una determinada presión. Asignemos a ese material ideal una densidad de 1000Kg/m³ (podría atribuirse ese valor a una mampostería ejecutada con componentes livianos como por ejemplo poliestireno expandido mezclado con aglomerantes clásicos en la construcción, tales como cemento, cal, etc. o incluso un tanque de agua lleno hasta el borde y despreciando el peso propio del recipiente).

En ese caso resultaría que ese sólido estaría ejerciendo en la base una presión de 1000Kg/m².

Con un poco de imaginación, pensemos ahora que duplicamos la medida de las aristas del cubo, es decir que el nuevo sólido tiene 2m por arista. Volvamos a calcular sus dimensiones, su peso y la presión que ejercería en su base, si estuviera apoyado en una superficie cualquiera de un terreno.

Nuevos valores con 2m por arista del cubo:

Volumen = 8m³ ⇒ Su volumen se multiplicó por 8.
Área lateral de todas sus caras = 24m² ⇒ Su área lateral se multiplicó por 4.
Si está apoyado en una superficie plana, ésta ocupa 4m².

Pero lo interesante desde el punto de vista constructivo, es considerar su nueva presión en la base. Dado que esa presión es el resultado del peso del sólido dividido por la superficie en la que se apoya resulta:

ρ (presión) = 8.000Kg/4m² = 2.000Kg/ m²

TOPOLOGÍA | 135

Conclusión:

Incorporamos este razonamiento en esta etapa de las transformaciones homotéticas en el espacio, para verificar ciertos comportamientos de un elemento constructivo, frente a la modificación de sus dimensiones con respecto a aspectos tecnológicos y medio-ambientales del hábitat. Como resulta de los cálculos básicos antes efectuados, pueden verificarse las siguientes consideraciones:

- Si se modificaran las dimensiones de un ámbito en un edificio en medidas lineales, desde el punto de vista térmico, hay que tener presente que los volúmenes a dotar de confort se modifican en función del cubo de las nuevas dimensiones lineales adoptadas.
- Las superficies de cualquier ámbito de un hábitat modificado en sus dimensiones lineales, deberán conformarse con aislaciones térmicas y acústicas con los espacios colindantes, en razón del cuadrado de las nuevas dimensiones lineales adoptadas.
- Los elementos materiales del hábitat que estén asentados en el terreno o transmitan sus cargas al mismo a través de elementos estructurales, deberán cumplir con la condición de que resistan el incremento de las presiones ejercidas en relación directa al cambio de nuevas dimensiones lineales adoptadas.[1]

---

[1] Con respecto a esta consideración debe recordarse que los suelos mantienen según su composición, siempre las mismas tensiones admisibles. Al incrementar las presiones ejercidas por elementos constructivos, también se deberán aumentar en proporción las dimensiones o las técnicas de los apoyos. Valgan como datos reales

Estas operaciones antes descriptas, son por supuesto ampliables a todo cuerpo en tres dimensiones. Se muestra el ejemplo (Figura H.20) de cómo funciona el mecanismo en el caso de un cuerpo generado por curvas (circunferencias rotando en el espacio) como es el caso de la esfera.

Se considera interesante para el campo de las representaciones gráficas en arquitectura y diseño, mencionar ejemplos que sintetizan las habituales representaciones en dos dimensiones, impresas en papel o visualizadas de manera informática, de elementos tridimensionales: desde un edificio; hasta un objeto de diseño industrial; una familia de señales creadas por diseñadores gráficos; un vestido resultado del diseño de indumentaria y textil; una secuencia cinematográfica generada por diseñadores de imagen y sonido o un espacio abierto tratado como los que proyectan los paisajistas en diseño del paisaje.

Con las referencias de cada tipo que antes se mencionaron, y que son multiplicables con otros numerosos ejemplos, se han listado además las actuales carreras de grado que existen en la Facultad de Arquitectura, Diseño y Urbanismo de la Universidad de Buenos Aires, donde al día de hoy revista como Profesor Titular Consulto el autor de este libro.

La imagen en dos dimensiones que resulta de proyectar una porción de superficie esférica en forma plana, es al fin

---

a tener en cuenta, que en la ciudad de Buenos Aires los valores de tensión admisible en el terreno varían en general desde los 2Kg/cm², hasta 0,2 Kg/cm² en zonas próximas a corrientes de agua o que han sido resultado de relleno.

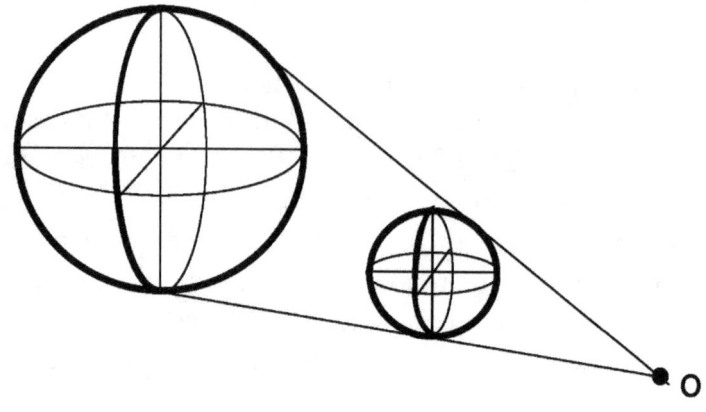

Figura H.20

y al cabo, un mapa de los que estamos acostumbrados a ver en hojas de papel o incluso en las dos dimensiones más modernas de una pantalla informática (recordar al genial Gaspard Monge que aún está muy vigente en el campo de las representaciones gráficas).

Por supuesto que todas las referencias que se han citado en el párrafo anterior, son herramientas básicas y sumamente usuales en la arquitectura y el diseño

Repasemos ahora un par de homotecias sencillas de polígonos regulares, para arribar a ejemplos de arquitectura vinculados (Figuras H.21 y H.22).

Si, como se hizo en los parágrafos previos pasamos estas ideas al espacio tridimensional, y consideramos las posibles "homotecias tridimensionales" de los ejemplos en dos dimensiones anteriores, podemos mostrar algunos ejemplos arquitectónicos y de diseños varios, que aplican las ideas expuestas y desarrolladas previamente.

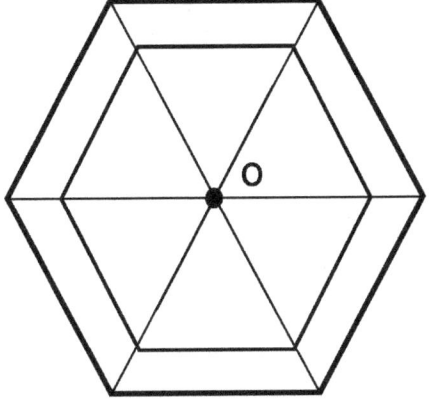

Homotecia positiva de un hexágono de razón 4/3.
El hexágono original es el interior.

Figura H.21

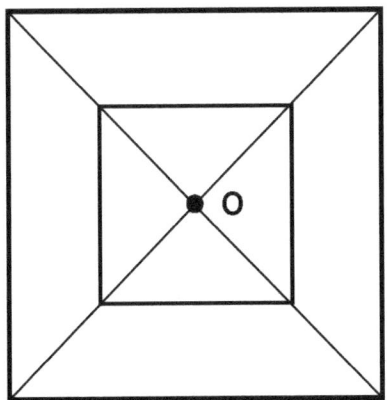

Homotecia positiva de un cuadrado de razón –½.
El cuadrado original es el exterior.

Figura H.22

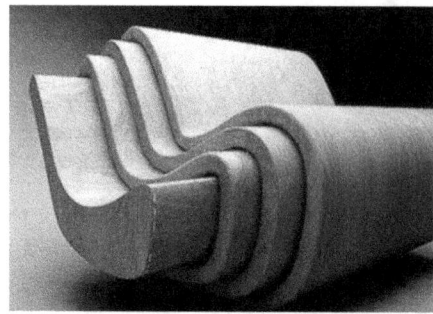

Figura H.23

Sillones en madera laminada, que permiten su agrupamiento al estar fuera de uso e inclusive poseen distintos tamaños para su adaptación a usuarios de variadas contexturas físicas.

Figura H.24

Mesas de madera, que igual que en el caso anterior, permiten su agrupamiento al estar fuera de uso y poseen diversos tamaños para su adaptación a funciones variadas.

Como aplicaciones de las traslaciones en otros campos del diseño industrial y asimismo pertenecientes al espacio tridimensional, vemos de la prestigiosa escuela a la cual ya nos hemos referido, que es la Bauhaus de Alemania del siglo XX, algunos ejemplos mostrados previamente (Figuras H.23 y H.24).

El que sigue es un proyecto de cúpulas geodésicas diseñadas con un módulo hexagonal que se repite y se traslada espacialmente conformando una serie de semiesferas, que se pensaron como microciudades autosuficientes, inspiradas

Figura H.25 y Figura H.26

en la naturaleza y el desarrollo sostenible. Este proyecto, construido en Inglaterra en el año 2001, en un complejo de cinco cúpulas que están organizadas como dos invernaderos. Uno reproduce climas tropicales húmedos y el otro, climas calientes y secos. La obra recibió el nombre de Eden Project (Figuras H.25 y H.26), y fue concebida por el arquitecto Grimshaw.[2]

---

[2] Grimshaw, Nicholas (n. 1939), es un arquitecto británico, miembro de la Real Academy y del American Institute of Architecture. Ha realizado numerosas obras prestigiosas y entre ellas el proyecto de la estación ferroviaria de Waterloo, en Londres, Inglaterra, trabajo por el que se le otorgó el "Premio Mies van der Rohe".

Técnicamente está constituida por hexágonos hechos de copolímero de etileno, material que permite el paso de los rayos UV, que no se adhiere y se autolimpia. Una capa interna repite hexágonos y se combina con triángulos de acero atornillados, permitiendo una estructura que por forma, está libre de apoyos intermedios.

Otro ejemplo surgido del hexágono es el que se muestra a continuación, y resulta simplemente de transformarlo en un dodecágono con el agregado de los lados correspondientes (Figura H.27). Así tendríamos:

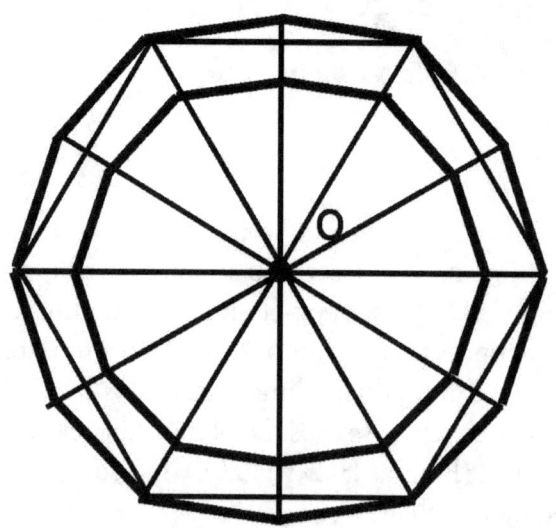

Homotecia positiva de un dodecágono de razón 1/3

Figura H.27

Figura H.28

Y existe un ejemplo histórico que se basa en esta forma para el diseño de las plantas, aplicando además en el mismo, reducciones como la considerada en la homotecia espacial mostrada anteriormente.

Se trata de la Torre del Oro de Sevilla, que es una construcción situada en la margen izquierda del río Guadalquivir, en la ciudad de Sevilla, comunidad autónoma de Andalucía, España, junto a la plaza de toros de la Maestranza. Su altura es de 36 metros. Presenta un brillo dorado que le da su nombre y que se refleja sobre el río. Durante las obras de restauración de 2005, se demostró que este brillo, que hasta entonces una falsa leyenda atribuía a un revestimiento de azulejos, era debido a una mezcla de mortero de cal y paja prensada. Se encuentra hoy en buen estado de conservación y alberga el Museo Naval de Sevilla. (ver Figura H.28)

El otro ejemplo conteniendo numerosas homotecias es el templo de la Sagrada Familia (ver Figuras H.29 y H.30) de la Ciudad de Barcelona, España, obra del célebre Arq. Gaudí,[3] que trabajó todas sus obras imponiéndoles sofisticados e ingeniosos recursos matemáticos, totalmente asociados a la tecnología constructiva en diseño arquitectónico.

Si bien este afamado arquitecto trabajó en la definición de sus espacios habitualmente con cuádricas regladas y conoides, que permiten su ejecución técnica con encofrados de módulos lineales –aunque Gaudí nunca construyó ni pensó sus obras para ser realizadas en hormigón armado– también concibió sus obras con otras superficies cuádricas tales como paraboloides de revolución y elipsoides, que utilizó de forma más puntual, sobre todo en los nudos y en los capiteles de columnas y techos de varias de sus concepciones más audaces.

El templo de la Sagrada Familia, del cual se mostrarán a continuación algunas imágenes demostrativas, es la obra cumbre de Gaudí, donde el hiperboloide de una hoja constituye una pieza fundamental de los techos de las naves.

En la solución de esos techos es posible observar que los capiteles de las columnas que soportan los esfuerzos de esa cubierta están conformados por medio hiperboloide pleno

---

[3] Gaudí, Antoni, arquitecto catalán que desarrolló su labor en la región de Cataluña, España desde fines del siglo XIX hasta inicios del siglo XX y que se destacó por sus originales diseños donde predominan las superficies curvas y el uso de una tecnología constructiva asociada directamente a la morfología del diseño.

Figura H.29   Figura H.30

que permite la continuidad con la sección circular de la parte superior de las columnas.

Para la conformación de esa techumbre, también el arquitecto recurrió al hiperboloide, pero virtual, es decir conformado sólo por su piel, formando así un conjunto de claraboyas soportadas por las columnas, por donde ingresa la luz natural que se filtra por los planos superiores, asociada a la luz artificial que se instala en los mismos espacios para producir un efecto similar en horas nocturnas.

Las superficies de estos hiperboloides de una hoja están tratados con texturas que muy al estilo gaudiano, generan efectos cromáticos que agregan originalidad y singularidad a las formas y al paso de la luz rozando dichas superficies.

Otra superficie también reglada y usada por Gaudí fue la de paraboloides hiperbólicos que este arquitecto usó para

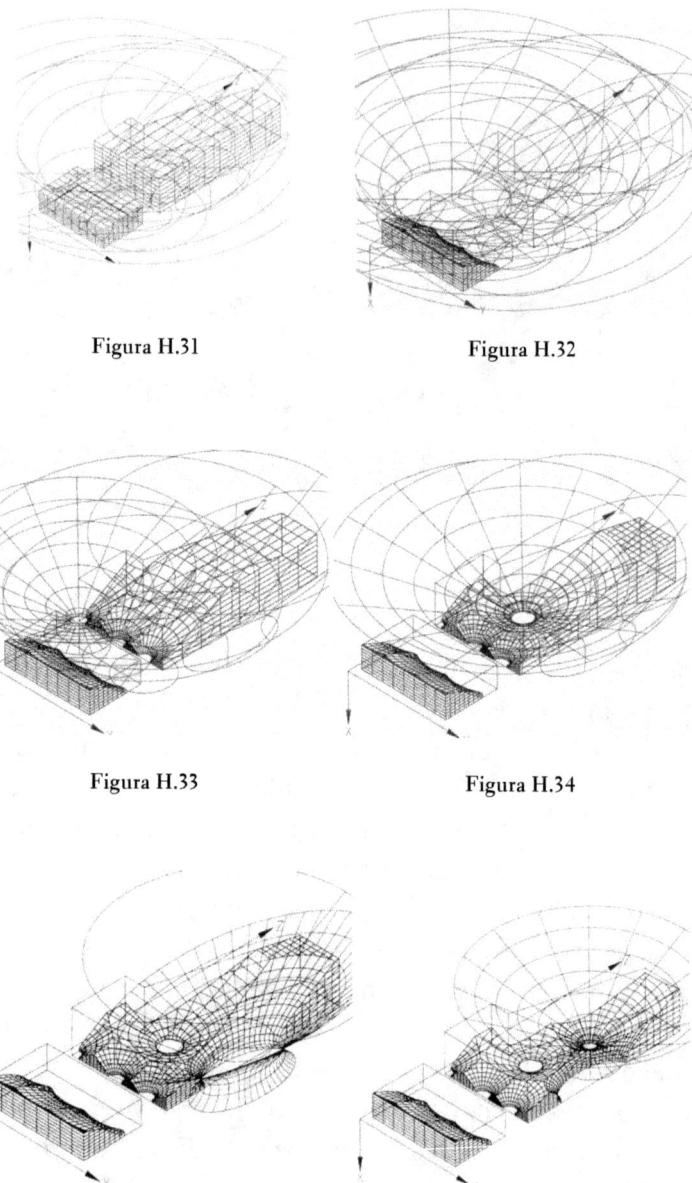

Figura H.31

Figura H.32

Figura H.33

Figura H.34

Figura H.35

Figura H.36

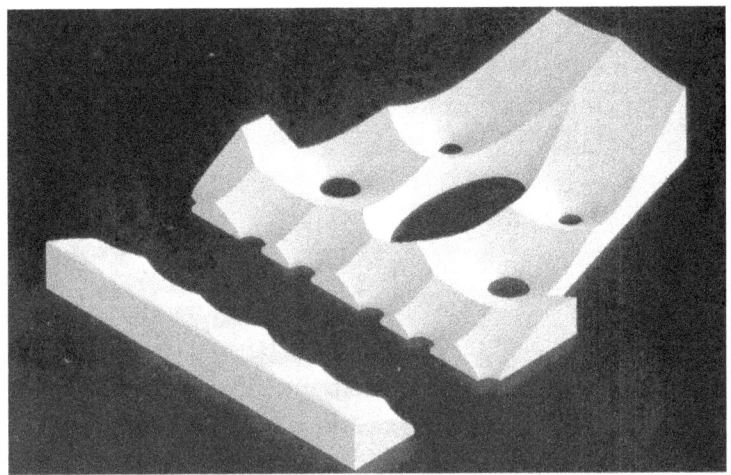

Figura H.37

resolver el paso de un hiperboloide de una hoja a otro, incorporando también lóbulos parabólicos y planos diédricos como solución de encuentro de superficies cuádricas.

En la página 146 se muestran algunos gráficos relativos a superficies cuádricas presentes en el Templo de la Sagrada Familia de Barcelona, indicando una secuencia que permite apreciar en este caso la obtención de dichas superficies mediante el proceso llamado "operaciones booleanas de sustracción", que consisten en general en la unión, intersección o diferencia entre dos o más figuras sólidas (ver figuras H.31, H.32, H.33, H.34, H.35, H.36 y H.37).

Finalmente se obtiene el modelo tridimensional de esta misma página, que constituye uno de los módulos que aparecen en las fachadas, los remates de capiteles y parte de los frontis de la iglesia de la Sagrada Familia de Barcelona.

En este módulo existen varias homotecias verificables, como los círculos que contendrán paños vidriados de distinto tamaño, y asimismo hiperboloides de una hoja que van variando el tamaño de la pieza a partir de su traslado en el espacio.

Inclusive se pueden apreciar otros mecanismos topológicos en el diseño repetitivo de estas piezas pétreas de la obra, como traslaciones de sus componentes en la composición del gran arco gótico de una fachada (ver figura H.29) o la repetición del mismo módulo de cerramiento (ver figura H.30).

Estos últimos tipos de operaciones corresponden a la rama de las isometrías, tema que se desarrollará en detalle en el próximo capítulo.

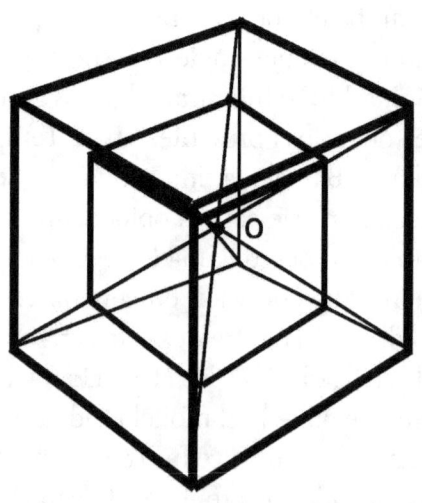

Figura H.38

Y recreando los conceptos enunciados en los párrafos anteriores para las homotecias tridimensionales, volvamos a un poliedro clásico por su sencillez y su uso habitual, y la mayoría de las veces con alardes creativos en la arquitectura y el diseño.

En el caso de esta homotecia de un cubo directa, pues el centro O está en un espacio situado en una región distinta de la que está entre los dos poliedros, nos presentaría una transformación como la que sigue (Figura H.38).

Y si luego a esa transformación acotáramos las diagonales que abarcan a ambos cubos a sólo los segmentos que unen los vértices correspondientes, resultaría el poliedro que se muestra a continuación y que posee como caras, 8 cuadrados y 16 hexágonos, que ha sido ampliamente estudiado y se considera un objeto de cuatro dimensiones (Figura H.39).

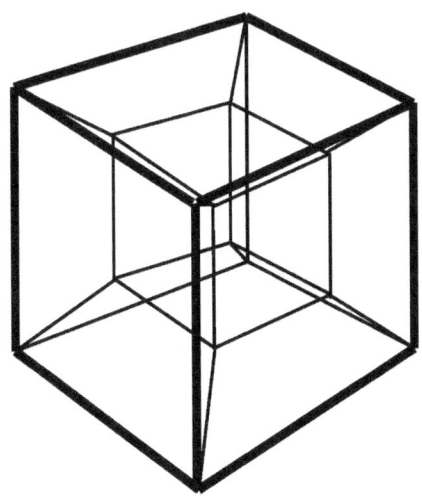

Figura H.39

¿Cuál es el razonamiento para esta consideración? Si partimos de un punto que geométricamente se considera de dimensión 0 (cero) y lo movemos en forma rectilínea, obtendremos en un intervalo reducido un segmento. Trasladando ese segmento perpendicularmente a sí mismo con un vector igual a su módulo, se obtendrá un cuadrado que por supuesto es un elemento geométrico bidimensional.

Si luego se traslada ese cuadrado perpendicular a sí mismo y con un vector igual al lado del cuadrado, e incluimos los planos de la translación en lo obtenido, tendremos un cubo, es decir un objeto tridimensional. Y si agregamos a este cubo una nueva transformación que es la "homotecia tridimensional" que citamos y mostramos anteriormente, habremos hecho una modificación que nos lleva a considerar este poliedro como un objeto tetradimensional.

Este poliedro es conocido como el HIPERCUBO y tiene numerosos ejemplos en el campo de la arquitectura y el diseño. Mostraremos un par de ellos.

A todo esto, ¿quiere el lector pensar cuántos ejes de simetría tiene el hipercubo y su equivalente arquitectónico, que es el edificio que se va a ir describiendo a continuación? La respuesta si lo quiere confirmar se transcribe al final del texto de este apartado después de las imágenes.

El ejemplo arquitectónico a que hacemos referencia, es el Arco de la Defensa (Figuras H.40), ubicado en el perímetro de la ciudad de París, Francia, inaugurado en el año 1989 en ocasión de conmemorarse el bicentenario de la Revolución Francesa, el gran acontecimiento histórico que cambió gran parte de la realidad socio política del mundo.

Su construcción fue propiciada por el entonces Presidente francés François Mitterrand y se adjudicó el proyecto por concurso al arquitecto Johan von Spreckelsen,[4] que resultó el ganador y quien debió compartir la dirección de obra con un equipo de colegas franceses que dirigía el arquitecto Paul Andreu, según lo estipulaban las bases del concurso citado.

Hubo entre ambos intervinientes algunas disidencias, sobre todo en aspectos tecnológicos y estructurales que no se zanjaron en buenos términos, a punto tal que esos malos momentos culminaron con el fallecimiento (aunque no por causas violentas) de von Spreckelsen.

Sin dudas la complejidad constructiva del edificio generaba diversas opiniones para su materialización, ya que se trató de una estructura no convencional de difícil cálculo y ejecución. Hay que considerar que sus medidas son considerables: 106,9m de ancho; 110,9m de alto y 112m de longitud en 37 plantas.

Quizás la medida más compleja fue, sobre las últimas etapas de obra, la colocación de la plataforma superior que cerraba el cubo, que tenía un peso de 30.000 toneladas y que debió colocarse a 100m de altura sobre cuatro mega-vigas de hormigón pretensado, siendo la plataforma un módulo gigante de 110m de longitud, similar medida de ancho, 9,5m de altura y que salvaba 70m de luz libre.

Es dable mencionar que los cálculos estructurales fueron hechos principalmente por el Ingeniero Erik Reitzel[5]

---

[4] Von Spreckelsen, Johan Otto (1929-1987), fue Director de la Real Academia de Bellas Artes de Dinamarca y junto al Ingeniero Erik Reitzel, calculista del Gran Arco de la Defensa fueron los responsables primigenios del proyecto.

[5] Reitzel Erik (1942-2012) se destacó por su especialización en estructuras minimalistas. Tuvo asimismo durante su vida profesional cierta tendencia cubística en sus obras. Entre los varios premios que

Arco de la Defensa (*Arche de la Défense*) París, Francia, en construcción

Arco de la Defensa terminado

Figuras H.40

colega de von Spreckelsen como Profesor en la Academia de Bellas Artes de Dinamarca. Gracias a la eficiencia de la supervisión y en mérito a un alarde de arquitectura sin igual, todo el proceso de construcción culminó con éxito y hoy es junto a otras magníficas obras, uno de los hitos de París.

Se acompaña el ejemplo del edificio con un par de obras (Figuras H.41 y H.42), en este caso artísticas que muestran el mismo objeto tetradimensional o su imagen equivalente recreada y que son los trabajos del pintor Salvador Dalí (su cuadro "La Crucifixión"), y del escultor Attilio Pierelli (un homenaje al hipercubo), ubicado en el Departamento de Matemática, en el campus de la Universidad Tor Vergata de Roma, Italia.

En el cuadro de Dalí, el hipercubo está virtualmente expresado en la composición que hace el artista en su ima-

---

recibió, se cuenta la *Légion d'honneur* que le otorgó el Presidente Mitterrand en mérito a su trabajo en el Arco de la Defensa.

Figuras H.41 Figuras H.42

gen central. Si se descarta el cubo a la altura de los pies de Jesucristo, el resto de esta cruz de cuatro brazos que es del estilo de las usadas por el arquitecto Gaudí en muchas de sus obras,[6] es un gran cubo virtual envolvente que incluye en su centro el menor transformado, y que constituye el punto central de la obra.

Respondiendo finalmente a la pregunta enunciada en un párrafo anterior con respecto a las simetrías del Arco de la Defensa, se señala que los ejes del edificio son los mismos del cubo. El también llamado hexaedro, posee 3 ejes de simetría de orden 4: las rectas perpendiculares a

---

[6] Gaudí usó esta cruz entre otras obras en la Casa Batlló o Casa de los Huesos, en la Casa Milá también conocida como La Pedrera y en las torres del parque Güell, todos edificios ubicados en la catalana ciudad de Barcelona, España.

cada par de caras paralelas por su punto medio; 4 ejes de simetría de orden 3: las rectas que unen los centros de los vértices opuestos; 6 ejes de simetría de orden 2 que unen los centros de las aristas opuestas. El orden de simetría es la cantidad de veces que una figura, o en este caso un poliedro coincide consigo mismo al aplicarle diversas rotaciones respecto de un punto o un eje.

Un ejemplo sencillo es pensar en un cuadrado, que al ser una figura plana (R2) posee simetría de orden 4, ya que al hacerlo girar alrededor de su baricentro[7] (el punto donde se cruzan las diagonales) con una rotación de 90° coincide cuatro veces con el cuadrado original. También se pueden considerar en este caso los planos de simetría del cubo. Dichos planos, que reciben el nombre de planos sagitales, y definidos en general son los que dividen a un cuerpo en dos mitades especularmente idénticas, llamadas mitad izquierda y mitad derecha.

En el caso particular del cubo, éste posee 9 planos de simetría: los 3 planos paralelos a las caras; y los 6 determinados por los seis pares de aristas opuestas.

Y como cierre de este capítulo, se mostrará otro ejemplo arquitectónico digno de ser mencionado como obra maestra de la arquitectura y también ejemplo de aplicación de mecanismos topológicos.

---

[7] El baricentro de una figura o un cuerpo es el punto tal que cualquier figura o cuerpo constituye su centro de masas, es decir que, en elementos materiales y respecto de dicho punto, la sumatoria de los momentos de primer orden (fuerzas por distancias) resulta nula. O dicho de otra forma, que cualquier recta que pasa por el baricentro de una figura o cuerpo lo divide en dos partes de igual momento respecto de dicha recta.

Se verá a continuación la idea básica del esquema de diseño, que pergeñó para un edificio icónico en el mundo su creador, un arquitecto argentino formado en una universidad pública de su país y que llegó a convertirse en uno de los mayores líderes de estos tiempos, hasta su lamentable fallecimiento hace pocos años.

Como puede verse en los dibujos que siguen (Figuras H.43 y H.44), para gestar la idea original, el creador partió de un cuadrado, al que luego de rotar 45° con centro en el baricentro de ese sencillo polígono lo superpuso al original. Luego entrecruzó en los puntos de intersección de ambas figuras, círculos centrados en los puntos de cruce de los cuadrados.

Y finalmente decidió como idea sustancial de su proyecto aplicar el perímetro de la combinación de figuras logradas a lo que sería la forma envolvente de las plantas principales de su proyecto, que incluía torres de gran altura. Vale mencionar que en el momento de su creación, este edifico ideado de esa forma, fue por varios años el de mayor altura en el mundo con aproximadamente 440m en su cúspide.

¿Hace falta recalcar que todas las ideas centrales de este diseño son topológicas y que le permitieron a su creador ganar el concurso de arquitectura que compitió con otros grandes profesionales de la época?

Por si ya el lector no descubrió de qué edificio se trata lo antes descripto, se muestra a continuación una imagen del mismo, donde es posible observar en detalle la envolvente a que se refieren los párrafos previos.

Efectivamente, se trata de las Torres Petronas (Figura H.45) de la ciudad de Kuala Lumpur, capital de Malasia, las que incluso por su magnificencia se transformaron en

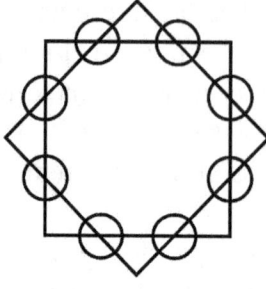 

Figura H.43   Figura H.44

el símbolo oficial de dicha ciudad y orgullo para su país. Su creador: el gran arquitecto argentino César Pelli, que acredita en su haber muchas otras grandes obras en todo el mundo, también inspiradas en diseño de orden topológico (p.ej. la Torre de Cristal en Madrid, España; Salesforce Towers, en San Francisco, EEUU; Gran Torre Santiago, Santiago de Chile, Chile; Bank of America Corporate Center, Charlotte, EEUU; Osaka National Museum of Art, Osaka, Japón; y muchas otras.

Pero es dable observar que la envolvente poligonal total y regular del esquema del diseño es un octógono, tal cual se observa en la imagen de la página 158 (Figura H.46).

Por lo antedicho, se mostrará en la siguiente figura H.47, la transformación que se produce en la cúspide de las dos torres principales del edificio antes ejemplificado y que se corresponde con los conceptos vertidos en este tramo del libro. Es este el mecanismo que ideó el arquitecto Pelli[8]

---

[8] Pelli, César (1926-2019) fue un reconocido arquitecto de fama universal, que se graduó en 1948 en la Facultad de Arquitectura

Figura H.45

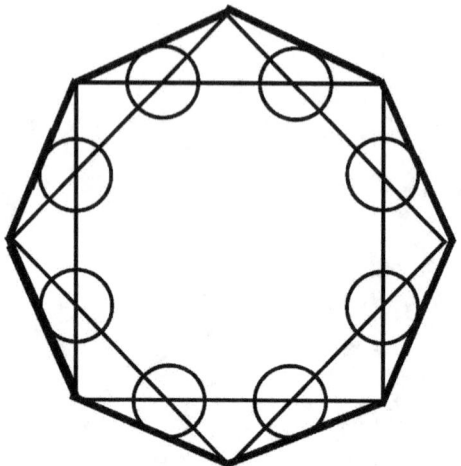

Figura H.46

para generar el coronamiento de ambas torres principales en el edificio de Malasia, herramienta que como se describiera previamente, puede asimilarse a lo que con cierta licencia se denominó una "homotecia tridimensional" o simplificadamente, una translación en el espacio con reducción del poliedro original.

Y he aquí la transformación espacial que remata en los pináculos de las Torres Petronas de Kuala Lumpur.

---

de su provincia natal Tucumán, en la República Argentina. En 1952 se trasladó a Estados Unidos siendo socio en sus primeros trabajos en dicho país del prestigioso estudio del arquitecto Eero Saarinen. Fue además entre sus logros, Decano de la Facultad de Arquitectura de Yale, EEUU y recibió numerosos premios internacionales por sus obras.

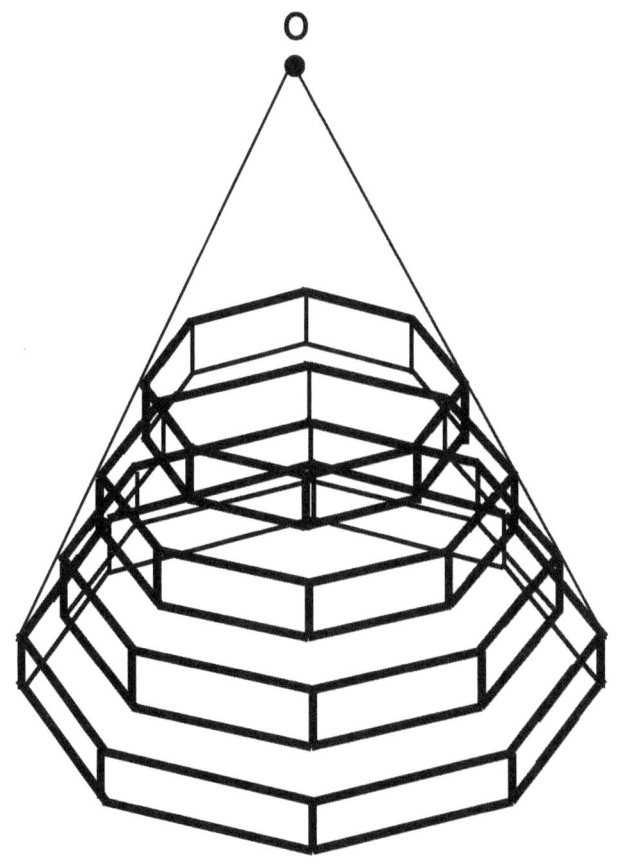

Figura H.47

CAPÍTULO 4

ISOMETRÍAS

TRANSFORMACIONES ISOMÉTRICAS

Introducción

Una transformación de una figura geométrica indica que, de alguna manera, ella es alterada o sometida a algún cambio. En una transformación geométrica es necesario tener presentes tres elementos:

- La figura original
- La operación que describe el cambio
- La figura que se obtiene después del cambio

La figura que se obtiene después del cambio es la imagen de la figura original a través de la operación descripta.

La operación que describe el cambio es una transformación geométrica.

En este capítulo describiremos tres tipos de transformaciones geométricas, llamadas TRANSFORMACIONES ISOMÉTRICAS, que son cambios de posición (orientación) de una figura determinada que NO ALTERAN LA FORMA NI EL TAMAÑO de ésta.

Los tres tipos de transformaciones isométricas son básicamente las traslaciones (movimientos en una cierta dirección), las rotaciones (o giros) y las reflexiones (o simetrías), que serán vistas a continuación y cuyo estudio es una pieza fundamental para la posterior comprensión de contenidos tales como las TESELACIONES O EMBALDOSADOS.

SE MUESTRA A CONTINUACIÓN UN CUADRO QUE SINTETIZA LAS TRANSFORMACIONES ANTES DESCRIPTAS.

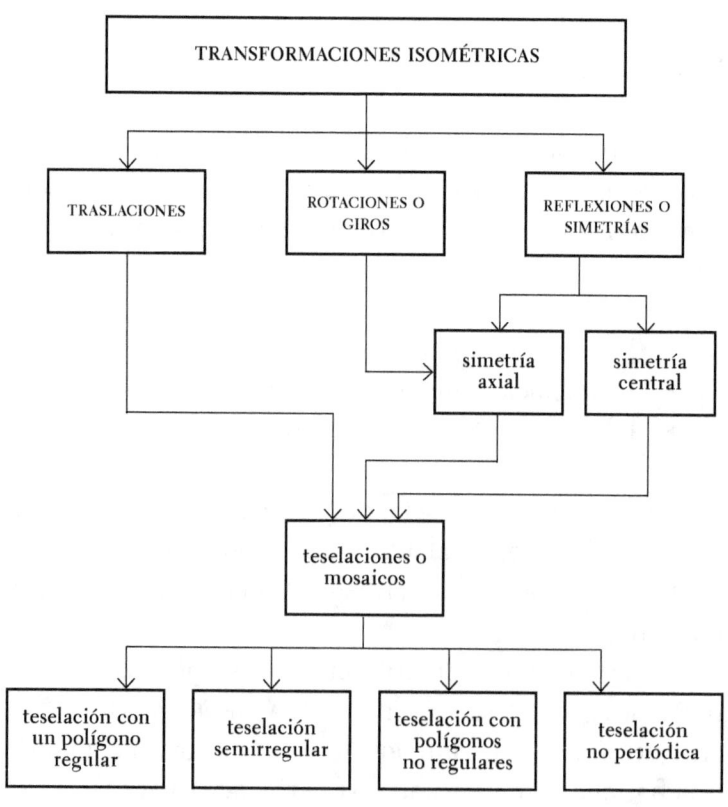

Veamos algunos ejemplos de estas transformaciones y con ellos se aprovechará para describir con mayor detalle sus características y propiedades.

Es recomendable incorporar en esta primera parte del capítulo, la noción de CONGRUENCIA que se va a citar luego en más de una ocasión. Una manera de describir el espacio, usada por Newton y Helmholtz, se logra mediante la noción de congruencia. Dos regiones del espacio se consideran congruentes si pueden ser ocupadas por un mismo cuerpo rígido en dos de sus posiciones. Las transformaciones congruentes forman evidentemente un grupo. El tipo más simple de congruencias son las traslaciones, que son las primeras isometrías de las que se va a hablar.

Para ello usaremos un primer modelo gráfico, que por sus características de diseño, se considera fácil de reconocer en él las transformaciones que se aplican.

1. TRASLACIONES

Las TRASLACIONES, son aquellas isometrías que permiten desplazar en línea recta todos los puntos del plano. Este desplazamiento se realiza siguiendo una determinada DIRECCIÓN, SENTIDO y DISTANCIA, por lo que toda traslación queda definida por lo que se llama su "VECTOR DE TRASLACIÓN".

- **Dirección:** Horizontal, vertical u oblicua.
- **Sentido:** Derecha, izquierda, arriba, abajo.
- **Distancia o Magnitud de desplazamiento:** Es la distancia que existe entre el punto inicial y la posición final de cualquier punto de la figura que se desplaza.

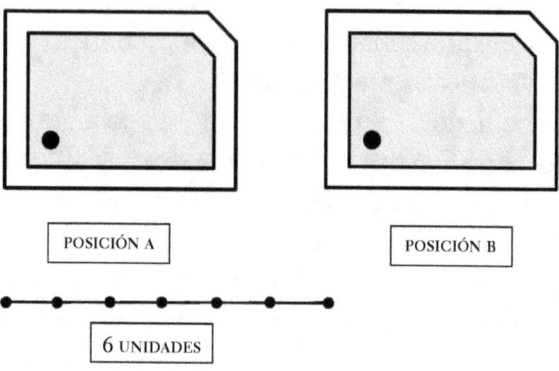

Ejemplo:

La figura **A** se ha trasladado hasta coincidir con la posición **B**.

Esta traslación se realizó en dirección horizontal, el sentido fue hacia la derecha y la distancia o magnitud **AB** fue de 6 unidades de longitud, que se establecen arbitrariamente según los requerimientos de cada caso. Puede tratarse de unidades del sistema CGS (metros, centímetros, etc.), o de unidades sajonas (pies, pulgadas, etc.) o cualquier otra que requiera el tipo de operación que se está realizando.

Observaciones

1° Una figura conserva todas sus dimensiones, tanto lineales como angulares.
2° Una figura jamás rota; es decir, el ángulo que forma con la horizontal no varía.
3° No importa el número de traslaciones que se realicen, siempre es posible resumirlas en una única.

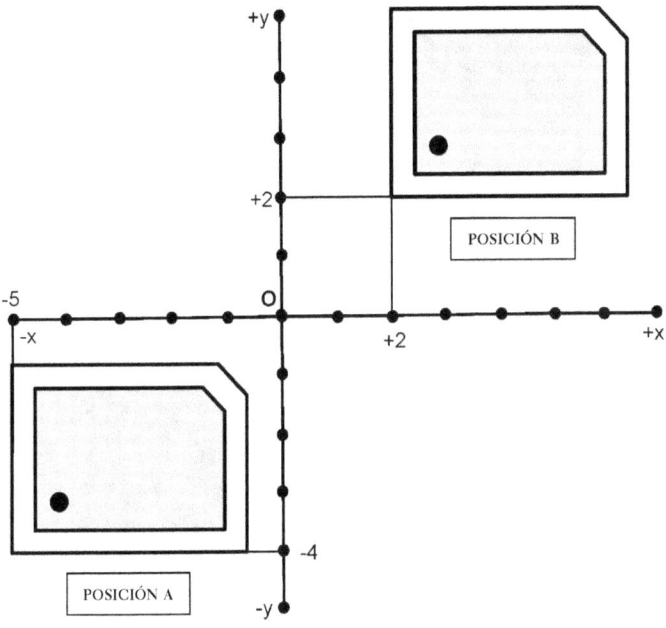

4° En el plano cuyo centro es el punto con coordenadas **O (0,0)**, toda traslación queda definida por el vector de traslación **T(x,y)**, como se puede observar en la siguiente figura que contiene a los ejes coordenados.

En el ejemplo previo, el vector traslación de **A** a **B** tiene valores **T(7,6)**.

Existen numerosos ejemplos de traslaciones en arquitectura y diseño, como puede verse en las Figuras I.1 a); b) y c). En particular, las Figuras I.1 a) y b) muestran frisos planos, ornamentación que se da en general en dos dimensiones (en planos rectilíneos o curvos) y que se define formalmente del siguiente modo:

Figura I.1a

Figura I.1b

Figura I.1c

Dada una figura F, sea IS(F) el grupo de isometrías de F. Se dice que F es un friso si se cumple:

a) existe una recta **r** que indica la dirección de desarrollo del friso y que debe quedar invariante ante todas las isometrías del grupo **IS(F)**;
b) existe una traslación T_a de vector **a** no nulo y dirección igual a la de la recta **r**, que indica el paso del friso, tal que cualquier otra traslación T_b que deje invariante al friso debe ser un múltiplo entero del vector **a**.

Estos últimos son un tipo de representación antropomórfica y jeroglífica, usadas por los antiguos egipcios en muros de palacios, templos, etc. La pintura del Antiguo Egipto fue eminentemente simbólica, funeraria y religiosa, y hay que reconocer que la técnica pictórica de los egipcios fue un precedente de la pintura al fresco o témpera, ya que hacían de los *pigmentos naturales*, extraídos de tierras de diferentes colores, una pasta de color, que mezclaban con clara de huevo y disolvían con agua para poder aplicarlo sobre los muros, revestidos con una capa de tendido "seco" de yeso.

Los colores que utilizaban en sus obras eran (y son los que aún se conservan) vivos y variados en cada escena y las más antiguas pinturas parietales decorativas que se conocen fueron policromas, y de colorido uniforme. Los tintes base se obtenían: el negro, del carbón, el blanco, de la cal o del yeso, el amarillo y rojo-ladrillo, del ocre natural del desierto, el verde, de la malaquita y el azul, del lapislázuli. La pintura se utilizaba no sólo para decorar las paredes de los templos y tumbas, sino como base para escribir los papiros.

Figura I.1d

El arte egipcio es una de las manifestaciones que más han dominado al hombre actual. La civilización egipcia no solo creó una formidable arquitectura, asociada a la pintura y la escultura sino que también estructuró toda una cultura que ha sido la obsesión de miles de personas como investigadores, literatos e incluso personas comunes ya que es un arte múltiple sobresaliente y misterioso.

Pero por supuesto que también suele ser habitualmente usada esta operación topológica en el espacio tridimensional (ver Figura I.1d). Allí se muestran las cariátides del templo Nikkea Aptera (Victoria Alada) que se encuentra en la Acrópolis de Atenas, Grecia como parte del complejo que incluye el ya mencionado en este libro, maravilloso ejemplo de diseño arquitectónico que es El Partenón.

Y yendo a ejemplos arquitectónicos integrales en los que se ha usado la traslación como herramienta topológica

Figura I.2

Está compuesta teniendo como motivo central un atrio que el diseñador recicló en un sector a modernizar del edificio antes existente y que conecta dos centros relevantes de la ciudad. La alta calle peatonal de seis plantas está estructurada por soportes autoportantes en cada lateral, los cuales responden a la forma de una parábola cuadrática (de la que se hablará luego en este mismo Capítulo) con vértice en el punto cuspidal de la galería.

del diseño, se presenta otro caso ya más moderno, cual es la obra arquitectónica del reconocido arquitecto Calatrava,[1] que nos muestra una traslación de arcos parabólicos, que encierran un espacio, trasladándose para conformar una bóveda de tipo "cañón corrido". Se trata es este caso de la Galería BCE, también llamada Galería Allen (Figura I.2) ubicada en la ciudad de Montreal, Canadá y que es descripta en ocasiones como la "catedral de cristal del comercio".

---

[1] Calatrava Valls, Santiago (Benimámet, España 1951) es arquitecto, ingeniero civil y escultor. Entre los premios y reconocimientos que ha recibido se destacan el Premio Príncipe de Asturias de las Artes de 1999, el Premio Nacional de Arquitectura de 2005 y el Premio Europeo de Arquitectura de 2015. Actualmente, cuenta con oficinas en Nueva York, Doha y Zürich.

Figura I.3

La Galería fue el resultado de una competencia internacional y fue incorporada al proyecto para satisfacer los requisitos de arte popular de esa ciudad canadiense. El techo parabólico y arqueado que creó Santiago Calatrava para el salón de la asamblea de Wohlen High School en Suiza (ver Figura I.3), es considerado generalmente como el precursor del techo de la Galería. Es posible ver aquí también una isometría espacial en las vigas en voladizo que soportan la cubierta de acceso al edificio.

2. ROTACIONES

Las ROTACIONES, son aquellas isometrías que permiten girar todos los puntos del plano. Cada punto gira siguiendo un arco que tiene un centro y un ángulo bien determinados, por lo que toda rotación queda definida por su CENTRO DE ROTACIÓN y por su ÁNGULO DE GIRO.

Si la rotación se efectúa en sentido contrario a como giran las agujas del reloj, se dice que la rotación es positiva o antihoraria; en caso contrario, se dice que la rotación es negativa u horaria.

Acercándonos más a una definición canónica, podemos decir que en el contexto de la geometría euclídea, un giro del plano es un movimiento alrededor de un centro **O** que envía todo punto **P** a otro **P'** de forma que **OP** y **OP'** determinan siempre el mismo ángulo de giro. Centro y ángulo determinan el giro, conservando perpendicularidad, paralelismo, distancias, ángulos, formas, e incluso orientación. Se analizarán también en este apartado de las isometrías, las transformaciones en el espacio donde las rotaciones de un determinado ángulo se dan alrededor de una **recta** o **eje**.

El término GIRO proviene de un doble origen etimológico, del latín (*gyräre* = mover una figura o un objeto alrededor de un punto o un eje) y la locución latina del griego (*gyrus* = acción y efecto de girar).

Observaciones:

1º Una rotación con centro **P** y ángulo de giro α, se denota matemáticamente como **R** (**P**, α). Si la rotación es negativa, la expresión es **R** (**P**, $-\alpha$). Una congruencia que deja fijo un punto O es una rotación alrededor de **O**.

2º Si rotamos el punto (**x, y**) con respecto al origen **O**(0,0) en un ángulo de giro de 90º, 180º, 270º o 360º, las coordenadas de los puntos obtenidos están dados en la siguiente tabla.

Punto inicial (x, y)			
R(O,90°)	R(O,180°)	R(O,270°)	R(O,360°)
(–y , x)	(–x , –y)	(y , –x)	(x , y)

Veamos algunos ejemplos gráficos.

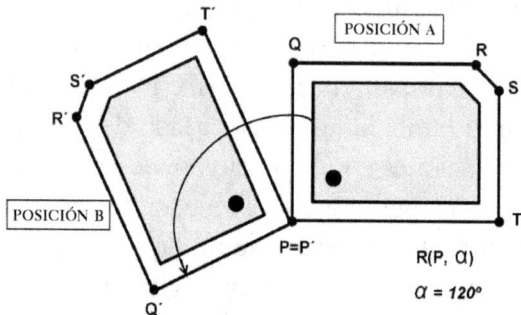

El ejemplo que sigue es una rotación de 180°, que como se podrá verificar cuando se analicen simetrías en los párrafos subsiguientes, es una transformación equivalente a una simetría central.

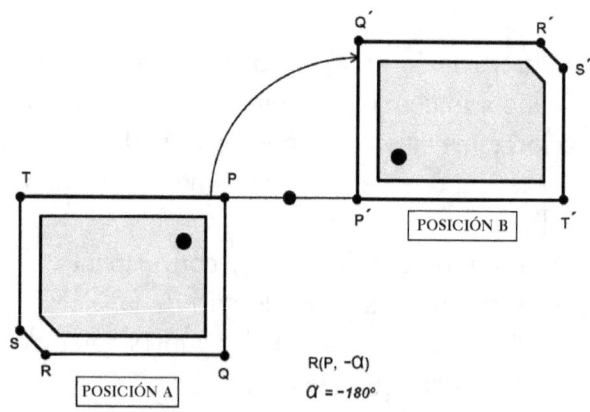

Esta rama de la topología que describimos, y que tiene como tema central el concepto de GIRO, pondera como objetivo principal hacer ver cómo el tratamiento interdisciplinario de cualquier tema matemático, por pequeño que sea, permite enriquecer el aprendizaje general. La GIROLOGÍA aunque parezca un tema trivial, sin embargo tiene implicancias sumamente interesantes en el campo del diseño y la arquitectura. Por supuesto que la girología es además, parte de la vida cotidiana del ser humano desde sus orígenes como homo sapiens. Si se analiza la historia, se convendrá que uno de esos inventos que cambió las tecnologías de las civilizaciones obviamente fue la rueda, una herramienta que basa su funcionamiento en el giro. Pero muchos más elementos que usamos diariamente también giran. Giramos las llaves para abrir las puertas, giran las agujas de los relojes, giran múltiples aparatos electrodomésticos surgidos del diseño industrial (batidoras, lavarropas, llaves de paso de aguas y electricidad, etc.), y en el caso específico de la arquitectura, ya desde las primeras épocas de la historia conocida, giraban y giran hasta el día de hoy para subir o bajar, las escaleras de caracol (ver Figuras I.4a y I.4b).

Claramente el nombre de esas escaleras proviene de ese especial molusco gasterópodo que tiene como particularidad llevar su casa a cuestas, la cual construye el mismo también basándose en la girología. Es dable señalar al respecto que la caparazón del caracol terrestre, al igual que los de otras especies de la misma familia, como las que pueblan los mares, desarrollan ese escudo protector siguiendo un crecimiento geométrico fractal, no euclideano.

Comenzando a mostrar algunos ejemplos referidos al diseño en general y a la arquitectura, les proponemos a los

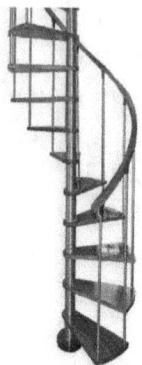

Figuras I.4a y I.4b
Los ejemplos gráficos se corresponden a una escalera de caracol clásica y a la que se encuentra en el acceso subterráneo al Museo del Louvre, París, Francia.

lectores un problema que puede poner en marcha su inventiva y generarles ideas para su quehacer profesional. He aquí el desafío a considerar.

Se trata del llamado *"problema de las monedas"* y la pregunta que se plantea es la siguiente: ¿en qué posición queda una moneda cuya imagen (cara) se ve en posición vertical, cuando rueda sin patinar, es decir como si ambas estuvieran dentadas como los engranajes de un reloj, alrededor de otra moneda igual solo media vuelta?

Contra la primera intuición que parece ser la respuesta de que se ve invertida la imagen, ¡queda con la cara en la misma posición! Por cada grado de la moneda central fija la moneda rodante necesita girar 2 grados.

Esta afirmación se robustece si vemos la gráfica de una curva muy conocida en matemáticas, que es la CICLOIDE y que se muestra seguidamente.

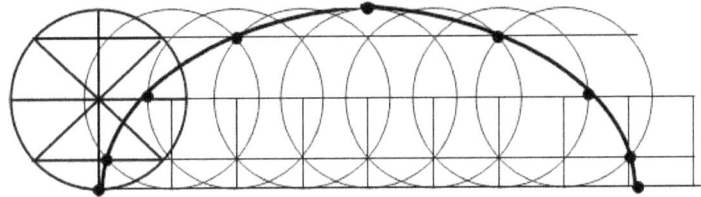

Como se ve en el gráfico, si se cuentan los círculos que indican el desplazamiento de la circunferencia que los envuelve desplazándose a lo largo de una recta como una rueda que no patina, se verá que son 8. Y dado que cada giro es de 90°, ello implica que la rueda ha girado completamente hasta volver a su posición original dos veces. Consecuencia, con solo 4 giros la imagen ya ha vuelto a su posición original.

Y como ejemplo de una mente brillante entre los más destacados científicos multidisciplinarios, incluso arquitecto destacado de la historia, se considera válido incorporar a esta especialidad de la topología una de las más originales demostraciones del conocido Teorema de Pitágoras[2] que ideó la mente de Leonardo da Vinci.

DEMOSTRACIÓN DEL TEOREMA DE PITÁGORAS DE LEONARDO DA VINCI

En la gráfica **A** se muestran las dos áreas que corresponden a los cuadrados de los catetos y de la hipotenusa del

---

[2] Enunciado: "En todo triángulo rectángulo, el cuadrado de la hipotenusa es igual a la suma de los cuadrados de los catetos".

triángulo rectángulo **ABC**. Para demostrar que las áreas equivalentes cumplen la igualdad:

(Área **ABHJ**) = (Área **CBGF**) + (Área **ACED**)
o lo que es igual: $(AB)^2 = (CB)^2 + (AC)^2$

Leonardo agrega a la gráfica **A** como primer paso dos triángulos rectángulos iguales en área y forma al **ABC** que son: **ECF** y **JHI** y luego los dos segmentos **DCG** y **CI** como se observa en la gráfica **B**.

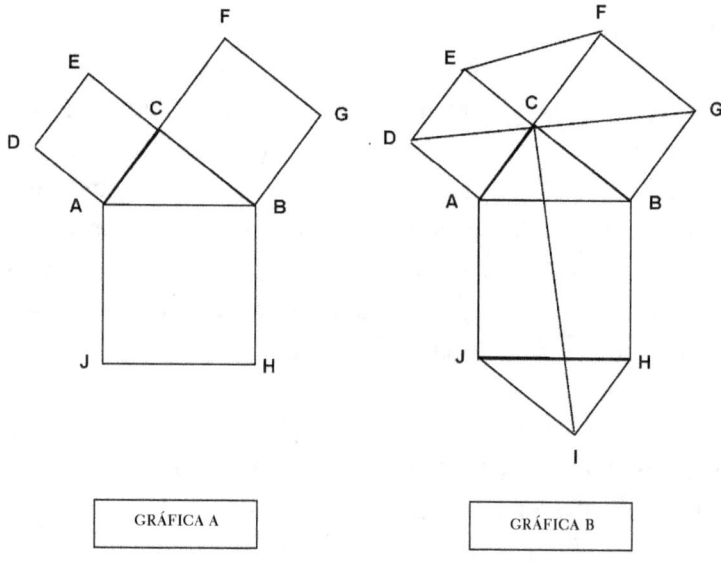

GRÁFICA A

GRÁFICA B

A partir de allí se generan los siguientes razonamientos sumamente ingeniosos y basados finalmente en la GIROLOGÍA para demostrar el teorema pitagórico.

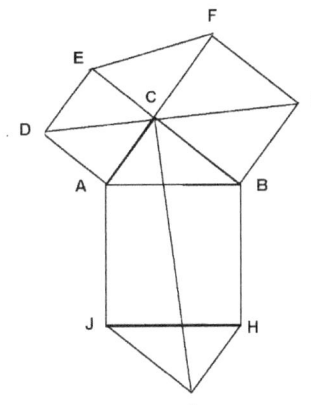

ADGB = DEFG
Porque DCG corta al ADGB = CIJA
por: AD=AC ; AB=AJ ; BG=BC=IJ

ángulo A común de ADGB y CIJA
ángulo B de CBHI = ángulo J de CIJA

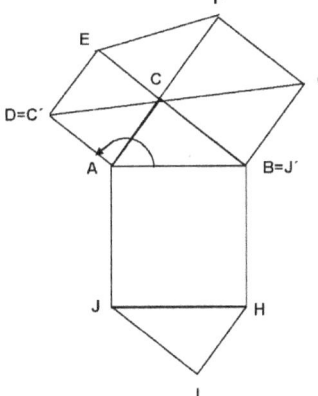

GIRO DE CENTRO A POSITIVO

CIJA se transforma en C'I'J'A
equivalente al ADGB

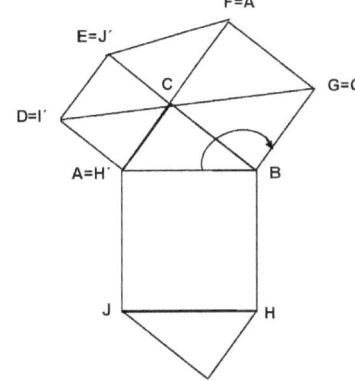

GIRO DE CENTRO B NEGATIVO

CBHI se transforma en C'BH'I'
equivalente al ADGB

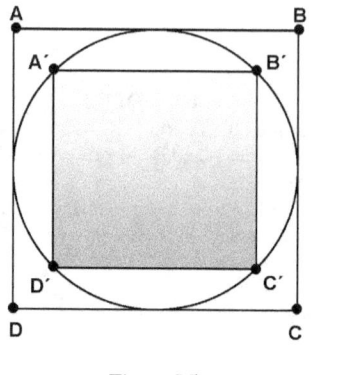 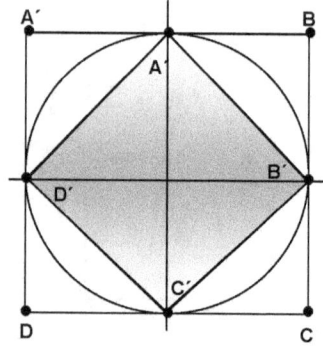

Figura I.5   Figura I.6

Todo ello nos lleva a que los polígonos **ADEFGB** y **A'C'BH'I'J'** tienen áreas equivalentes. Si a cada uno le quitamos sus dos triángulos iguales **ECF** y **JHI** las superficies que restan forzosamente serán iguales. Y esas superficies no son sino los dos cuadrados de los catetos en el polígono **ADEFGB** (sin el **ECF**) por una parte, y el cuadrado de la hipotenusa en el polígono **ABHIJ** (sin el **JHI**), por la otra. El teorema de Pitágoras queda demostrado!!

Otro problema topológico que vale la pena mostrar para equivalencia entre áreas homotéticas y relacionado con la girología es el siguiente: un cuadrado **ABCD** tiene inscripta una circunferencia y en ella hay inscripto otro cuadrado **A'B'C'D'** paralelo a **ABCD** (ver Figura I.5).

¿Qué relación tienen las áreas de **ABCD** y **A'B'C'D'**? Como puede observarse en el gráfico que sigue, el cuadrado **ABCD** tiene área doble que su homotético **A'B'C'D'**. Basta con girar **A'B'C'D'** un cuarto de vuelta para ver clara esta relación (ver Figura I.6).

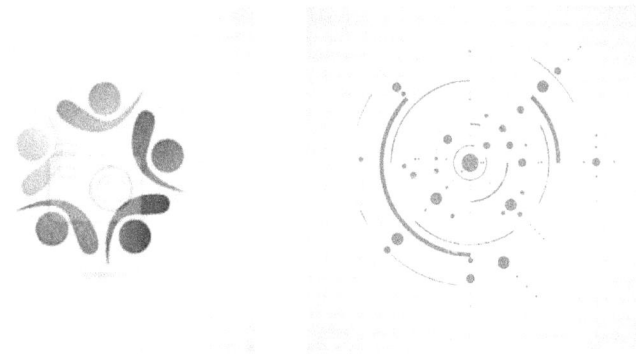

Figura I.7   Figura I.8

Y pasando a mostrar ejemplos en el campo de la arquitectura y el diseño, comenzamos con algunos trabajos surgidos de la ya citada escuela Bauhaus alemana. Los que siguen son trabajos realizados en esa institución vinculados al diseño gráfico, ya que constituyeron logos de distintas empresas o publicidades del mundo todo (Figuras I.7 y I.8).

Y la misma Bauhaus usó para su escuela el siguiente diseño, que no solo fue un clásico por la imagen de la letra "b" que la identificó por siempre, sino que implica una doble aplicación topológica. Una rotación de 180°, como ya se vio en párrafos previos, y equivale a una simetría central que se verá en detalle en el siguiente ítem de este Capítulo.

Valga la salvedad que se tomaron los diseñadores de alargar una de las componentes verticales de la letra "b" de la izquierda y la incorporación del rectángulo sobre los dos círculos, detalles que no obstan para considerar el uso de la topología como herramienta central de la composición (Figura I.9).

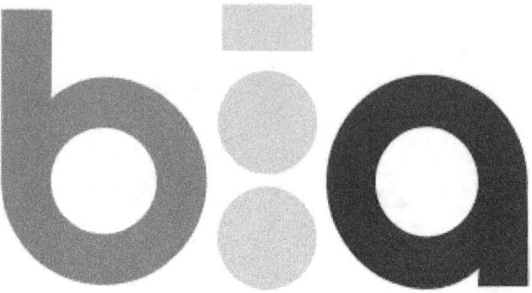

Figura I.9

Y cerrando este apartado con un par de ejemplos arquitectónicos actuales y significativos por su tratamiento girológico, que implican además una alta tecnología constructiva, se muestran dos edificios que conjugan el uso de esta homotecia y además un alarde de creatividad y tratamiento novedoso del espacio urbano.

La Torre Cayan de Dubai; Emiratos Árabes Unidos (Figura I.10), es hoy por hoy el edificio curvo más alto del mundo. Llevó ocho años de construcción, y se trata de un edificio de 300 metros de alto que está integrado por 495 departamentos. Cada uno de sus 75 pisos rota 1.2 grados para lograr una forma en espiral muy particular y similar a la del ADN humano.

La Torre Cayan fue proyectada por Skidmore Owings & Merrill LLP (SOM).[3] Los beneficios de esta forma específica

---

[3] El estudio SOM de arquitectura fue constituido en Chicago por Louis Skidmore, Nathaniel Owings y John Merrill. Ha llegado a ser famoso por sus rascacielos en forma de caja de cristal, estilo en el

Figura I.10. Edificio Cayan en Dubai

son varios, ya que las cargas de viento y de incidencia solar se reducen considerablemente comparadas con un edificio rectilíneo de la misma altura.

Los siguientes ejemplos (Figuras I.11 y I.12), también se sitúan en la ciudad de Dubai (hoy una ciudad que muestra los mayores desafíos arquitectónicos del mundo), y se trata del Jumeirah Beach Hotel, que cuenta con 598 habitaciones y suites, 19 villas frente al mar, y 20 restaurantes y bares. El siguiente edificio con forma de ola se complementa con la forma de vela que tiene el otro ejemplo, el llamado Burj

---

que fue pionero. El estudio ha construido los rascacielos más altos de los Estados Unidos y ha dedicado por ello de forma permanente una buena parte de sus colaboradores a los cálculos de estructuras.

Figura I.11
Jumeirah Beach Hotel

Figura I.12
Hotel Burj Al Arab

Al Arab y que es diseño, entre otros, del arquitecto uruguayo de prestigio internacional, Carlos Ott.[4]

El Burj Al Arab (o "Torre de los árabes") es un hotel de lujo con una altura de 320 metros, siendo el cuarto hotel más alto de todo el mundo (superado hoy solo por el Abraj Al Bait, el Rose Rotana y el Hotel Ryugyong) y constituye uno de los edificios hoteleros más lujosos del mundo (se lo evalúa como 7 estrellas). También posee características TOPOLÓGICAS en su diseño.

Está situado en el mar, sobre una isla artificial localizada a 270 metros de la playa en el Golfo Pérsico (ver Figura I.12). La construcción del edificio se inició en 1994 y se inauguró oficialmente en 1999. Su forma está inspirada en la vela de un bote y está localizado en un área específica con el objetivo de que su sombra no cubra la playa.

3. SIMETRÍAS

Las SIMETRÍAS O REFLEXIONES, son aquellas transformaciones isométricas que invierten los puntos y figuras

---

[4] Ott, Carlos (Montevideo, 1946), es un arquitecto uruguayo reconocido en todo el mundo. Se graduó en la Facultad de Arquitectura de la Universidad de la República (Uruguay) en el año 1969. En 1971 se fue a Estados Unidos a completar su formación, en usufructo de una beca otorgada por el Programa Fulbright. Es autor de numerosos y destacados proyectos arquitectónicos en varios países del mundo. Se hizo famoso por ganar, entre más de setecientos proyectos, el concurso internacional para construir el edificio de la Ópera de la Bastilla de París.

del plano. Esta reflexión puede ser respecto de un punto (SIMETRÍA CENTRAL O PUNTUAL) o respecto de una recta (SIMETRÍA AXIAL O ESPECULAR).

3.1 Simetría Central

Dado un punto fijo **O** del plano, se llama **simetría (reflexión) con respecto a O** a aquella isometría que lleva cada punto **P** del plano a una posición **P'** de modo que **P'** está en la recta **OP**, a distinto lado con respecto a **O**, y **OP = OP'**. El punto **O** se llama **centro de la simetría** y **P, P'** puntos **correspondientes** u **homólogos** de la simetría.

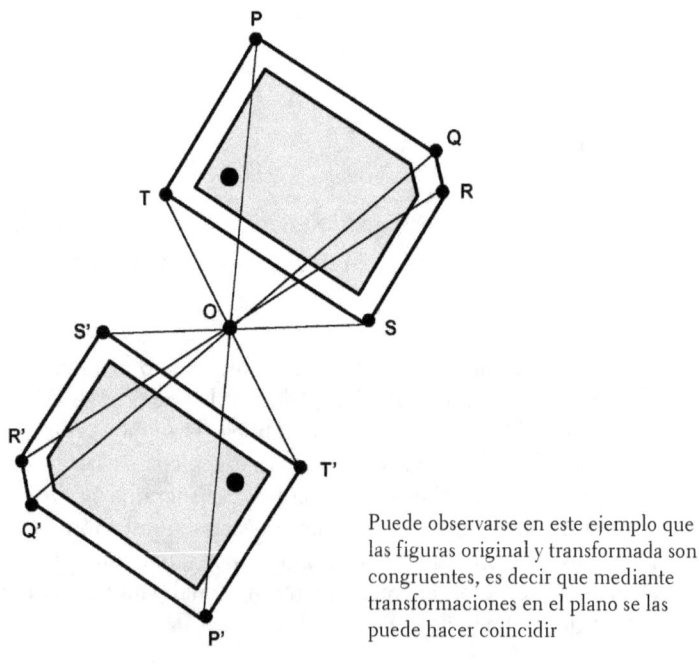

Puede observarse en este ejemplo que las figuras original y transformada son congruentes, es decir que mediante transformaciones en el plano se las puede hacer coincidir

Los que siguen son ejemplos adicionales de simetrías centrales donde aparece otra figura básica como el triángulo y en el otro caso el ejemplo que se mostró en detalle como rotación de 180° y que tal cual se adelantó, es equivalente a una simetría central.

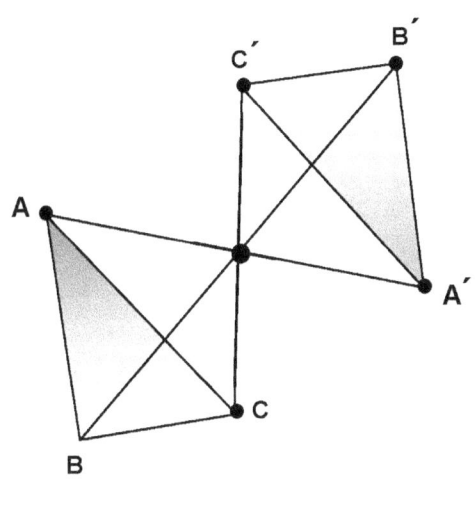

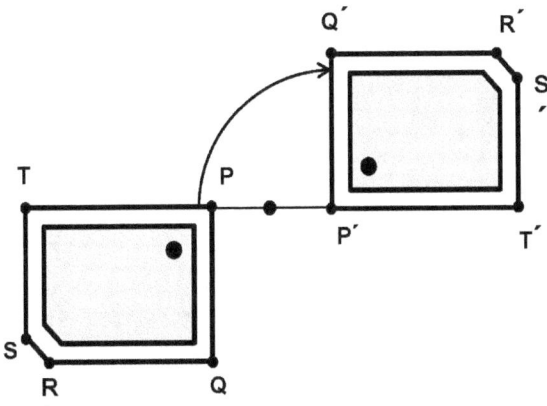

Observaciones

1° Una simetría (reflexión) respecto de un punto **O** equivale a una rotación en 180° de centro **O**.
2° Los trazos de la figura original son paralelos con los trazos homólogos de la figura transformada.
3° El sentido de la figura no cambia respecto al giro de las agujas del reloj.
4° Todo punto del plano cartesiano **A(x, y)** tiene su simétrico **A'(–x, –y)** con respecto al origen **O(0, 0)**.

3.2 Simetría Axial

Dada una recta fija **L** del plano, se llama **simetría axial con respecto a L** o **reflexión con respecto a L**, a aquella isometría tal que, si **P** y **P'** son puntos homólogos con respecto a ella, **PP'** es perpendicular a **L** y además, el punto medio de **PP'** está en **L**. La figura siguiente muestra el modelo que se viene usando en los casos anteriores, respecto de **L**.

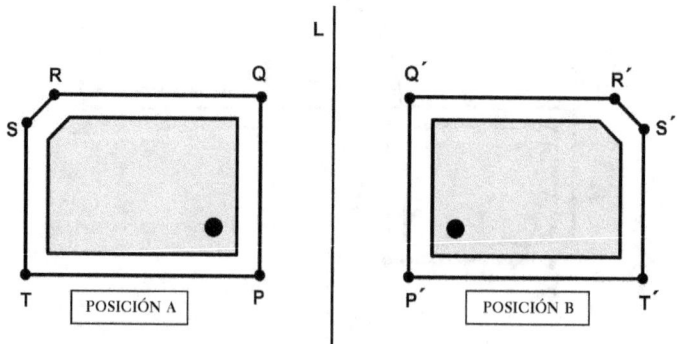

Otro ejemplo a continuación, muestra dos triángulos simétricos en diferente inclinación respecto de los ejes horizontal y vertical, lo cual no incide en la operación descripta al inicio de este punto.

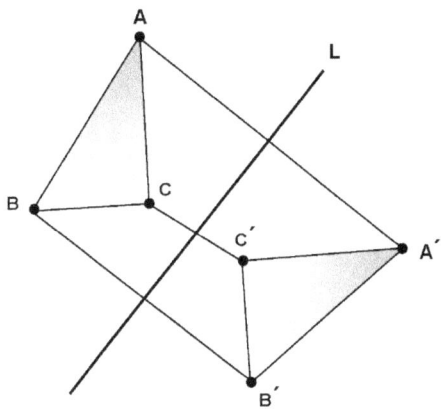

Observaciones:

1° En una simetría axial, las figuras cambian de sentido respecto del giro de las agujas del reloj.
2° No es posible superponer, mediante traslaciones y/o rotaciones en el plano R2 los rectángulos de vértice truncado **PQRST** y **P'Q'R'S'T'**, ni los triángulos congruentes **PQR** y **P'Q'R'**.
3° Los puntos de la recta **L** permanecen invariantes ante estas reflexiones.
4° Todo punto del plano cartesiano **A (x, y)** tiene un simétrico **A'(x, −y)** con respecto al eje de las abscisas

y un simétrico **A''**(–x , y) con respecto al eje de las ordenadas.

5º También puede definirse al eje de simetría como aquella recta que atraviesa una figura dividiéndola en dos partes simétricas con respecto a la recta, tal cual puede observarse en la figura que se ejemplifica a continuación.

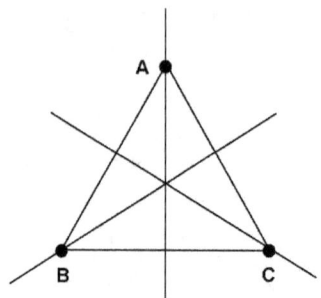

El triángulo ABC equilátero posee
3 ejes de Simetría.

Observaciones:

1º Existen figuras que no tienen eje de simetría.
2º Existen figuras que tienen sólo un eje de simetría.
3º Existen figuras que tienen más de un eje de simetría.
4º La circunferencia tiene infinitos ejes de simetría.

Algunos ejemplos de ejes de simetrías en la naturaleza son: desde el ser humano en vista frontal, pasando por la mayoría de las especies del mundo animal, y múltiples ejemplos de objetos de diseño y arquitectura, de los cuales se mostrarán en este apartado sólo algunos significativos.

En todos esos casos, diremos que cada uno es simétrico, pues al trazar una línea recta en el centro de cada uno de ellos, y si se doblara la imagen presentada por esta línea, la parte que está a la derecha de la línea sería exactamente igual (congruente) a la parte que está a la izquierda de ésta, de tal manera que esas dos partes coincidan (¡¡a veces aproximadamente como en un rostro humano!!).

Dos interesantes ejemplos de las tantas curvas que poseen eje de simetría son la parábola cuadrática y la llamada catenaria. Describimos seguidamente características distintivas de estas líneas, incluyendo sus fórmulas, que en el caso de la catenaria no es de tan sencilla operatoria, pero que ha sido sumamente usada en el campo de la arquitectura y el diseño. Uno de sus más prestigiosos arquitectos que la usó en casi todas sus obras fue Antoni Gaudí, del cual se mostrarán algunos ejemplos.

Los que siguen son ejemplos de arcos catenarios acompañados por sus fórmulas:

$$y = a \cdot \cosh(x/a) = (a/2) \cdot [e^{(x/a)} + e^{(-x/a)}]$$

La solución anterior es para un cable suspendido de dos puntos a la misma altura y cuyo punto mínimo es el punto (0,a).

Si la catenaria está colgada de puntos a distinta altura, se da que:

$$y = a.\cosh(x/a) = (a/2).[e^{(x/a)} + e^{(-x/a)}]$$
$$a = (T_H/\lambda)$$

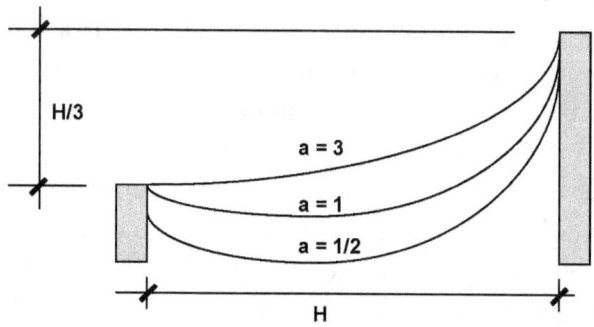

Donde T_H es la componente horizontal de la tensión que es constante, λ es el peso por unidad de longitud del hilo y cosh (**x/a**) es la función coseno hiperbólico. Como es dable observar, en las fórmulas aparece el número **e** base de los logaritmos neperianos, que sin dudas hace un poco más complejos los cálculos respecto de lo que sería la fórmula de una parábola cuadrática, de mayor sencillez operatoria.

La curva catenaria, ubicada en un sistema cartesiano clásico, es simétrica con respecto al eje **y**, y cerca del punto más bajo se asemeja mucho a la parábola cuadrática $y = a + x^2/a$. Ello ha redundado en que en muchos proyectos que poseen formatos curvos asociados a estas líneas, han adoptado la parábola y no la catenaria, aunque afrontando estructuras que no trabajan sólo a la compresión o a la tracción puras, que es la virtud que posee la catenaria al materializarla, y deben soportar momentos flectores mayores, que se deben suplir con materiales adicionales (más hormigón y hierro en el caso de ese tipo de tecnología estructural).

La citada parábola de fórmula $y = a + x^2/a$; se muestra a continuación.

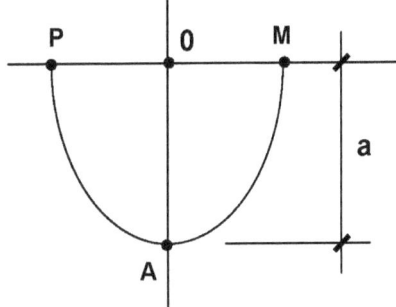

La parábola pasa en todos los puntos por debajo de la catenaria y posee las siguientes propiedades:

- El vértice o mínimo de la curva viene dado por A (a,0)
- La longitud del arco AM es a.senh(x/a)
- El área 0MAP es $S = a^2$.senh(x/a)

Veamos ahora algunos ejemplos arquitectónicos donde fueron usadas este tipo de curvas, edificios que obviamente poseen ese mismo eje de simetría (Figuras I.12, I.13 y I.14).

Figura I.12
Maqueta creada por Gaudí para generar por simetría espacial (el piso es un espejo) las curvas catenarias

Figura I.13
Curvas catenarias que Gaudí proyectó para el ingreso principal al templo de la Sagrada Familia en Barcelona, España, una de sus obras cumbres

Figura I.14

Gaudí vuelve a usar la catenaria en los arcos de una de las galerías del parque Güell, también situado en la catalana ciudad de Barcelona, y muestra asimismo en esa obra, la utilización de recursos topológicos para componer un espacio de circulación en el que se observa una transformación traslativa del elemento central ladrillero, el cual por lo explicado en párrafos anteriores sobre ese tema, trabaja fundamentalmente a la compresión por forma (Figura 1.14).

Gaudí fue un arquitecto con un sentido innato de la geometría y el volumen, así como con una gran capacidad imaginativa que le permitía proyectar mentalmente la mayoría de sus obras antes de pasarlas a planos. De hecho, pocas veces realizaba planos detallados de sus obras; prefería recrearlos sobre maquetas tridimensionales, moldeando todos los detalles según los iba ideando mentalmente. Dotado de una fuerte intuición y capacidad creativa, Gaudí concebía sus edificios de una forma global, atendiendo tanto a las soluciones estructurales como a las funcionales y decorativas. Estudiaba hasta el más mínimo detalle de sus creaciones, integrando en la arquitectura toda una serie de trabajos artesanales que dominaba él mismo a la perfección: cerámica, vidriería, forja de hierro, carpintería, etc. Asimismo, introdujo nuevas técnicas en el tratamiento de los materiales, como su famoso *"trencadís"* (palabra que en catalán significa roto), hecho con piezas de cerámica de desecho. La arquitectura de Gaudí está marcada por un fuerte sello personal, caracterizado por la búsqueda de nuevas soluciones estructurales, que logró después de toda una vida dedicada al análisis de la estructura óptima del edificio, integrado en su entorno y siendo una síntesis de todas las artes y oficios. La obra de Gaudí ha alcanzado con el transcurso del tiempo una amplia difusión internacional, siendo innumerables los estudios dedicados a su forma de entender la arquitectura. Hoy día es admirado tanto por profesionales como por el público en general y puede decirse que el Parque Güell es actualmente uno de los complejos urbanísticos más visitados de España.

Otra obra majestuosa donde vemos aplicada la catenaria en su más estricta expresión matemática (en los planos del primer nivel del edificio están expuestas copias de los planos del arquitecto) quien creó el magnífico Arco de St Louis, en EEUU (Figura I.15), cuya importancia posterior fue tan significativa, que es la imagen oficial de la mencio-

Figura I.15

nada ciudad, a partir de su instalación en las márgenes del rio Misisipi. Arriba una imagen de la obra y su reseña.

El Arco Gateway, o la Puerta hacia el Oeste, es la parte más importante del Monumento a la Expansión Nacional de Jefferson. Cuenta con 200 metros de altura máxima, lo que lo convierte en el monumento más alto hecho por el hombre en los Estados Unidos, en el edificio accesible de mayor altura del estado de Misuri y también en la mayor estructura arquitectónica con forma de arco catenario.

Está emplazado en la orilla oeste del río Misisipi, donde se fundó la ciudad de St Louis. El arco fue diseñado por el arquitecto estadounidense de origen finlandés Eero Saarinen[5] y el ingeniero de estructuras alemán Hannskarl

---

[5] Saarinen, Eero (1910-1961) fue un arquitecto finlandés que se hizo famoso por sus diseños de líneas curvadas, especialmente en

Bandelen. Su construcción comenzó en febrero de 1963 y se terminó en octubre de 1965 y costó 13 millones de dólares en su tiempo (unos 90 millones de dólares hoy en día). El monumento se abrió al público en junio de 1967.

Como fue señalado al comienzo de este capítulo, se verá ahora en particular el tema de las Teselaciones.

4. TESELACIÓN DEL PLANO

Como definición, puede decirse que una teselación es la entera división del plano mediante la repetición de una o más figuras que encajan perfectamente unas con otras, sin superponerse ni dejando espacios vacíos entre ellas. Esta partición del plano suele llamarse también MOSAICO O EMBALDOSADO. También se aplica a esta operación geométrica el nombre de saturación del plano, y espacialmente, tiene como variante de suma utilidad varios campos de la industria y el comercio. Uno de ellos, entre otras aplicaciones, es el estibado de mercaderías.

En resumen, embaldosar o teselar, significa recubrir el plano con figuras que se repiten de modo que:

- Al unir las figuras se recubre completamente el plano
- La intersección de dos figuras sea vacía (sin huecos)

---

las cubiertas de sus edificios, con las que conseguía imprimirles una gran ligereza. Se lo asocia frecuentemente con lo que se ha venido a denominar la *arquitectura internacional*.

Figura I.16

Se ve previamente un primer ejemplo creativo (Figura I.16), para luego, analizar en mayor detalle cada uno de los casos particulares que se considerarán.

I. Teselación Regular

La teselación regular es el cubrimiento del plano con polígonos regulares y congruentes. Son sólo tres los polígonos regulares que cubren (o embaldosan) el plano Euclideano: el TRIÁNGULO EQUILÁTERO, el CUADRADO y el HEXÁGONO REGULAR.

Al observar estas partes del plano embaldosadas por cada uno de los polígonos regulares, distinguimos situaciones que conviene destacar.

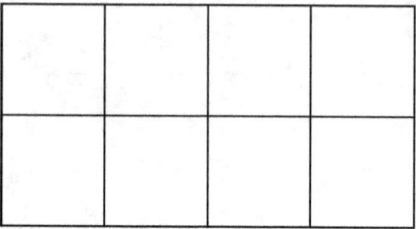

Al embaldosar con cuadrados, estos se alinean perfectamente uno sobre otro, en cambio los triángulos y los hexágonos se ensamblan no alineados.

El siguiente es el caso del teselado con triángulos equiláteros:

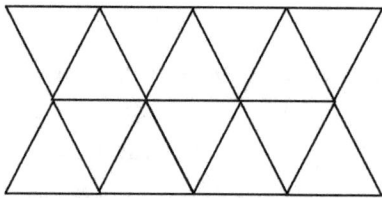

Y el que sigue es el caso del hexágono regular, donde puede verse, además de la saturación del plano, que un hexágono contiene o está conformado por seis triángulos equiláteros.

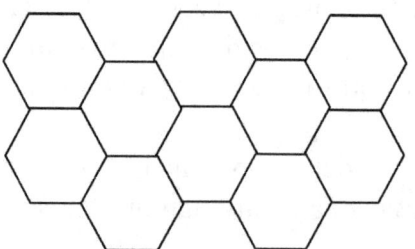
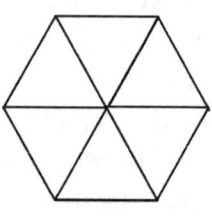

En las figuras previas es fácil advertir que al cubrir el plano ocurre que en cada vértice del polígono regular, su ángulo interior debe ser **divisor exacto de 360°**, lo que ocurre solamente en el caso de los polígonos regulares, con el triángulo equilátero, el cuadrado y el hexágono.

El siguiente es un ejemplo de una vivienda diseñada para su ejecución con un montaje en seco, que se estructura con perfiles metálicos de aluminio, cerramientos laterales y superiores sus componentes vienen preconformados desde el lugar de fabricación. Básicamente se materializa en escaso tiempo, dada la tecnología constructiva, que incluye techumbre de placas triangulares equiláteras de fácil manipulación, pues su peso está por debajo de los 50 kg. El país de origen de este sistema es Italia (Figura I.17).

Aunque no es exactamente igual al sistema llamado Steel Frame que existe en nuestro país, puede asimilarse a esa técnica constructiva, por cuanto salvo en la platea de base, no existe la necesidad de trabajar con materiales húmedos.

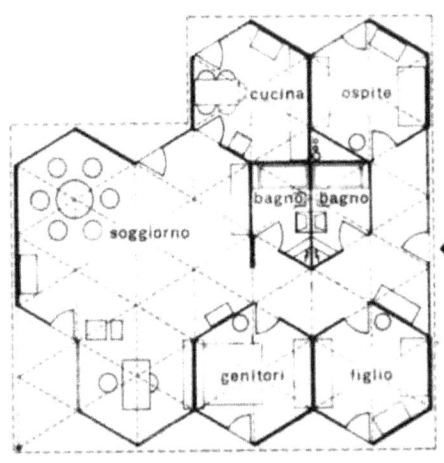

Figura I.17

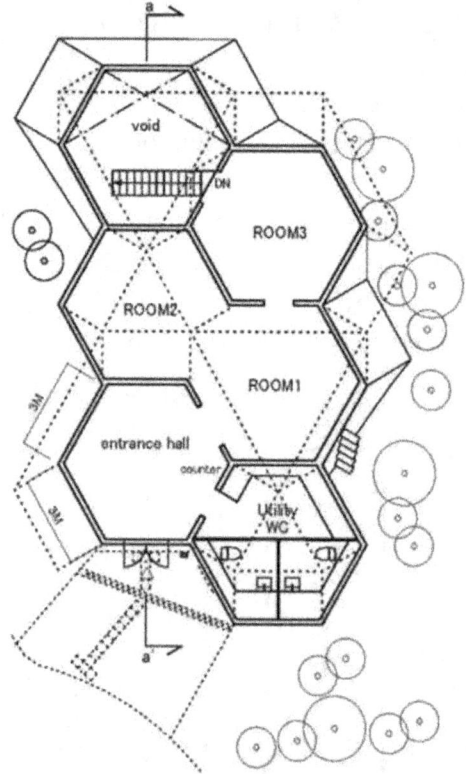

Figuras I.18
Museo Toyo Ito, vista perspectivada y planta

La particularidad es que su diseño en planta, responde exactamente al de una trama con un módulo hexagonal repetitivo, el cual cubre totalmente la superficie que ocupa sin dejar resquicios, como ejemplo de teselación regular.

Otro ejemplo destacable es el museo del Arquitecto Toyo Ito (Figuras I.18) en Japón, cuyas imágenes se mostraron previamente. Este multipremiado diseñador, nació en Seúl (actual Corea del Sur). Durante el período de ocupación colonial japonesa, se graduó de la Universidad Nacional de Tokio en 1965. Trabajó durante 4 años en la oficina de Kiyonori Kikutake Arquitectos y Asociados, para abrir más tarde su propia oficina llamada "Urbot" (Urban Robot) en 1971. En 1979, el estudio cambia su nombre al de Toyo Ito & Associates, Architects. Con el cambio inicia un periodo de expansión y difusión internacional.

Como puede observarse en las imágenes, su creador no sólo trabaja con el módulo hexagonal en planta saturando la superficie, sino que también usa las formas básicas que saturan una superficie en los volúmenes. Este edificio, Situado en la isla de Omishima, en la ciudad japonesa de Ehime, está destinado a exhibir las obras del mismísimo arquitecto Ito.

II. Teselación Semi-Regular

Una TESELACIÓN SEMI-REGULAR es aquélla que está formada por polígonos regulares de manera que la unión de ellos es idéntica en cada vértice Las siguientes ocho figuras, son las únicas combinaciones de polígonos regulares que permiten embaldosar completamente el plano. Los números que se encuentran en cada una de las figuras indican cuántos polígonos regulares de qué tipo son necesarios en cada caso, por ejemplo: (3,3,3,3,6) significa que podemos crear una teselación semi-regular tomando como patrón base cuatro triángulos y un hexágono.

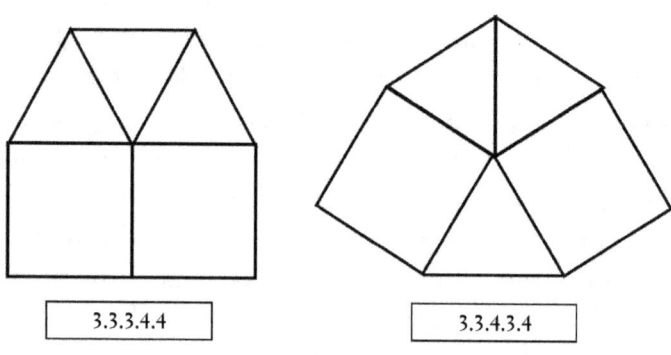

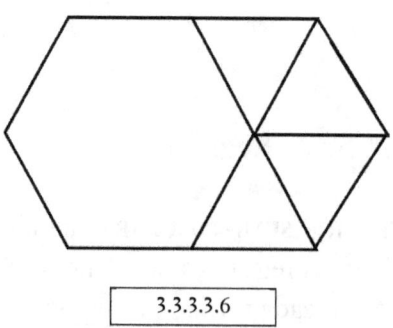

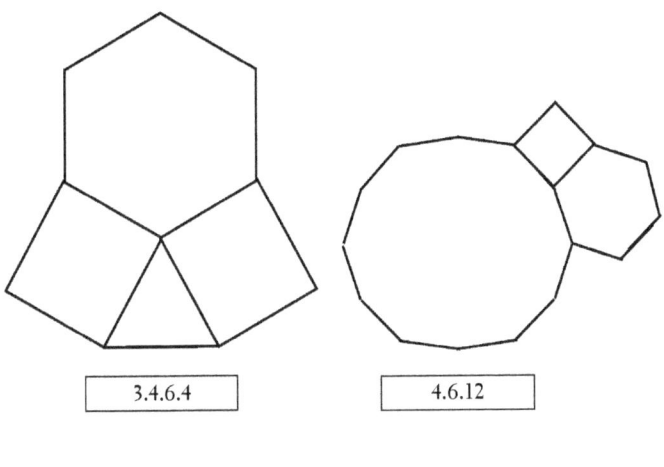

3.4.6.4   4.6.12

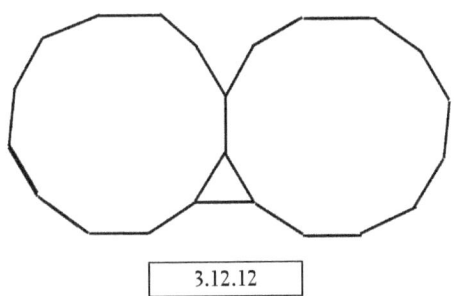

3.12.12

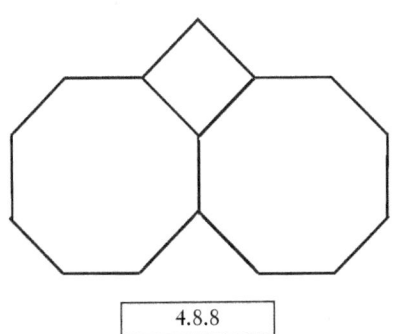

4.8.8

Se muestran a continuación ejemplos de obras de arquitectura que responden a algunos de los módulos antes analizados.

Vivienda de planta octogonal con vinculación en el acceso a través de un cuadrilátero

El que sigue es un ejemplo similar al anterior, con la característica que en este caso los octógonos y los cuadriláteros existen en varias partes del diseño en forma virtual, pero que claramente son parte esencial de las ideas del diseñador al concebir el proyecto.

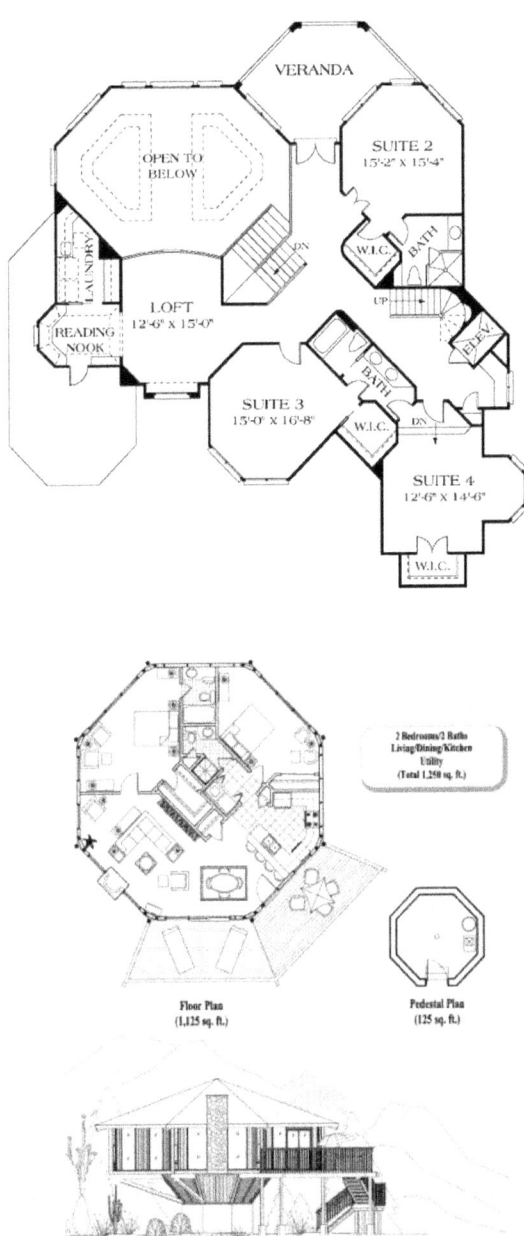

Floor Plan
(1,125 sq. ft.)

Pedestal Plan
(125 sq. ft.)

TOPOLOGÍA | 205

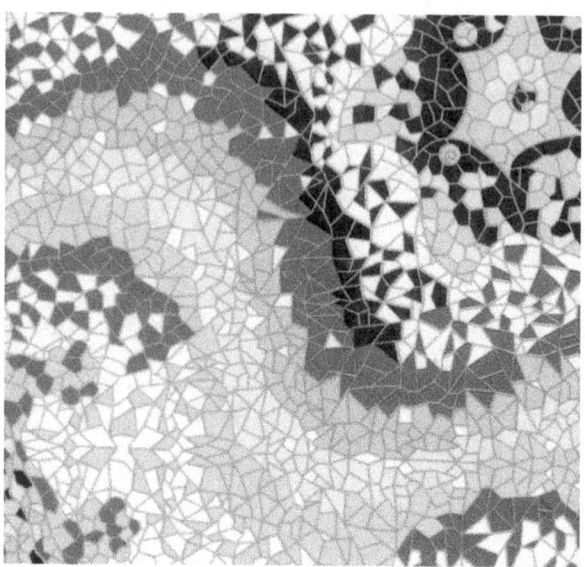

Figura I.19

III. Teselación con polígonos no regulares

En este apartado, es inevitable no referirse a embaldosados o teselaciones con polígonos de diversos tamaños y formas, que el genial arquitecto Antoni Gaudí diseñó para sus obras.

Esa técnica gaudiana, que ya citáramos como *"trencadís"* tuvo numerosas versiones en todo el mundo, pero las aplicaciones que el antes citado maestro de la arquitectura hizo para edificios y sobre todo para el Parque Güell constituyen probablemente los más acabados ejemplos de esa técnica de teselado (Figura I.19).

Vale la pena resaltar que los bancos curvos del Parque Güell, que Gaudí realizó a principios del Siglo XX, ya eran un alarde de tecnología novedosa. No sólo incorporó a ellos su mencionado trencadís, sino que a pesar de su apariencia de manufactura artesanal, ya se construyeron como módulos premoldeados, los que luego se unieron sin rastros de detectar ninguna discontinuidad, para conformar los bordes de la terraza central del parque.

IV. Teselación no periódica

Los mosaicos no periódicos (ver Figuras I.20, I.21 y I.22), que el matemático Penrose[6] ha estudiado en particular; las superficies mínimas, tan relacionadas con los aspectos estructurales y la geometría hiperbólica, con su nueva forma de analizar el espacio, todo ello es matemática, y es mediante el lenguaje matemático, cómo se pueden reconocer las relaciones que existen entre las ideas. Es por ello que en especial la geometría, que siempre ha partido de la observación de la realidad, ha motivado la creación de diferentes modelos y ha sido un campo dinámico en permanente evolución. Se muestran en las figuras I.23, dos imágenes de otras ingeniosas creaciones del matemático antes

---

[6] Sir Roger Penrose, Ph.D. en geometría algebraica de Cambridge, es un científico contemporáneo, recientemente distinguido por sus contribuciones a la matemática, y actualmente profesor de esa disciplina en la Universidad de Oxford, Inglaterra. Roger y su padre, también matemático, son los creadores de diseños de figuras que recrean ideas del famoso artista gráfico Maurits Cornelis Escher. En 1988 compartió el premio Wolf en física con Stephen Hawking.

citado y que se conocen como "imposibles", el triángulo tribar y una escalera que en honor a él, lleva su nombre.

Cuando Pitágoras descubrió que los acordes que suenan agradables, corresponden a divisiones exactas de la cuerda, probó que el mundo de los sonidos está gobernado por números exactos y que esto también es valedero para el mundo visual. Las figuras que siguen son ejemplos de teselaciones no periódicas diseñadas por Roger Penrose.

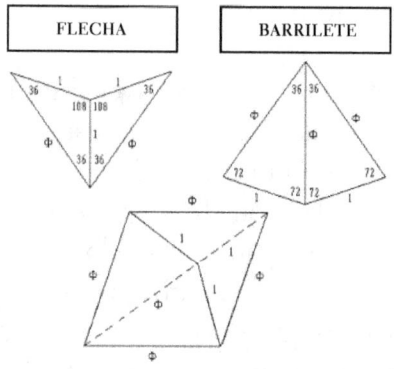

Figuras I.20
Módulos de uno de los más conocidos mosaicos

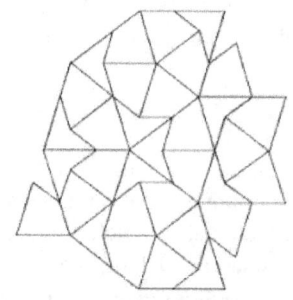

Figura I.21
Muestra de la organización no periódica

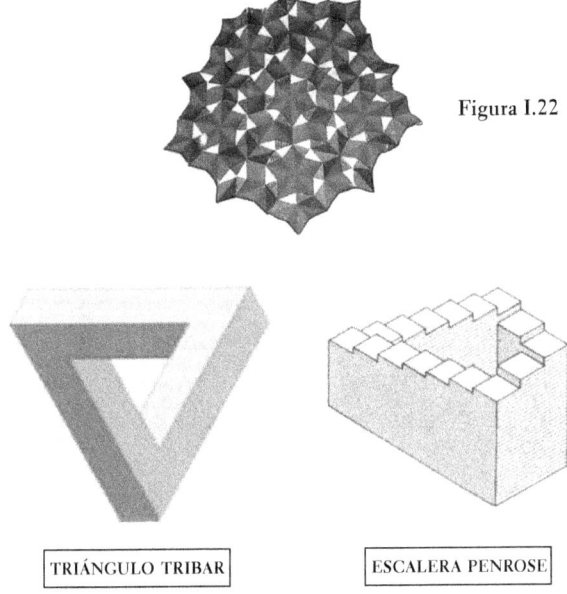

Figura I.22

TRIÁNGULO TRIBAR   ESCALERA PENROSE

Figuras I.23 Las figuras "imposibles"

Existen otras combinaciones de polígonos regulares que aparentemente pueden cubrir el plano, pero sin embargo sólo logran cubrir el entorno del punto, es decir, no es posible extenderlas indefinidamente (ver Figuras I.24).

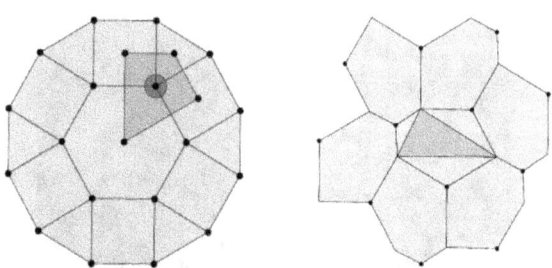

Figuras I.24

Resumen y observaciones:

1º Todos los triángulos y todos los cuadriláteros teselan por sí mismos el plano.
2º Los únicos polígonos regulares que teselan por sí mismos el plano son: el triángulo equilátero, el cuadrado y el hexágono regular, ya que en estos polígonos sus ángulos interiores son divisores de 360°.
3º Si queremos teselar el plano utilizando dos o más polígonos, es necesario que en cada vértice la suma de todos los ángulos sea 360° (teselados semi-regulares)

En las figuras que se muestran a continuación pueden verse teselaciones sumamente ingeniosas, que se obtienen restando o sumando áreas a las figuras básicas que saturan el plano. Entre ellas hay alguna creada por el genial artista Maurits Escher, al cual se cita más de una vez en este libro, dada su afición a trabajar con modelos topológicos (Figuras I.25 y I.26).

Figura I.25

Figura I.26

A partir de estos conceptos previos, al igual que en el caso de las homotecias, se pretende ahora ampliar las transformaciones que se han mostrado en el plano bidimensional (R2) al espacio tridimensional (R3), donde por supuesto existen numerosos ejemplos de aplicación en los campos de la arquitectura y el diseño. Como ejemplo de isometrías espaciales, puede verse una de las obras del Arquitecto Toyo Ito, que fuera citado previamente por sus diseños de características usuales con polígonos regulares. Se trata del proyecto denominado: Alojamiento para la Chica Nómada de Tokio (ver Figura I.27). Este proyecto, en el cual trabajó con la entonces colaboradora de su oficina Kazuyo Sejima se basa también en sólidos platónicos y en el uso de las formas básicas de polígonos no totalmente regulares, que saturan el plano y el espacio.

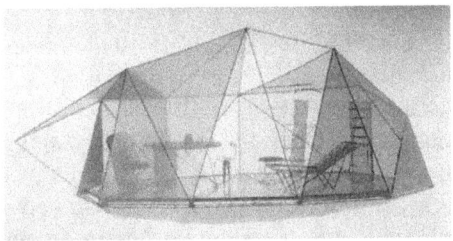

Figura I.27. Alojamiento para la Chica Nómada en Tokio de Toyo Ito

Otro ejemplo son las pirámides del Museo del Louvre (Figura I.28), obra situada en el patio central del citado museo, en París, Francia y constituyen un conjunto entre los que sobresale la de mayor tamaño que da acceso al edificio. Son resultado de un diseño del arquitecto Pei.[7]

La pirámide central que da acceso al edificio, al igual que las laterales aunque de menor envergadura, están constituidas por una estereoestructura de paneles de vidrio laminado transparente, sostenidos por marcos de aluminio. En particular, la mayor tiene una altura de 20,1 m. y sus módulos conforman un total de 603 rombos y 70 triángulos, aunque algunas fuentes señalan que existen 666 (el número mefistofélico) rombos debido a una intención de darle un sentido esotérico a la construcción.

El peso total de la estructura es de 180 toneladas!! La inclinación de sus paredes, al igual que ocurre con las pirámides egipcias, es de 51 grados. De estilo internacional, estas pirámides fueron inauguradas en el año 1989 por el entonces presidente francés François Mitterrand. El centro de gravedad de la pirámide principal coincide con el de los tres pabellones del museo, Richelieu al norte, Denon al sur, y Sully al este. Además de ser la más grande de las pirámides de cristal del museo, incluye también a nivel

---

[7] Ieoh Ming Pei (1917-2019), arquitecto estadounidense de origen chino, que realizó sus estudios en la prestigiosa escuela del MIT, donde se graduó en 1940. Entre 1945 y 1948 amplió su formación enseñando en Harvard como Profesor Adjunto, bajo la tutela de un par de famosos arquitectos europeos, Marcel Breuer y Walter Gropius. Su trabajo fue reconocido en 1983, año en que recibió el premio Pritzker, el galardón de mayor prestigio internacional en arquitectura.

Figura I.28

subterráneo, otra pirámide similar, pero invertida. Con su construcción, además de facilitarse el acceso a las galerías interiores del museo, se rediseñó la conformación de las salas de exposición, lográndose también un aumento de los espacios para exhibir las obras de arte.

Con estos últimos ejemplos de diseño, se considera que se han desarrollado los principales conceptos relativos a las isometrías. Pero en esta instancia, y como cierre de este Capítulo, es el deseo del autor de este libro exponer algunas líneas generales de ideas que desarrolló e investigó respecto a las dimensiones, a lo largo de su trayectoria como Profesor Titular de Matemática y áreas de tecnología en la FADU-UBA.

Escolio sobre la historia de la percepción humana del espacio[8]

Se considera interesante analizar en esta etapa del libro, la evolución en el ser humano de su sentido de aprehensión de los conocimientos, en particular los relativos a la matemática y los incorporados a través de las imágenes, vinculándolos a su desarrollo como individuo pensante. En ese aspecto, es válido señalar que cuando el hombre, en los períodos prehistóricos, encara representaciones naturalistas, se introduce en el estilo geométrico como forma expresiva de su intelecto superior respecto del resto de las especies vivas. Curiosamente muestra ya todos los estadios de evolución típicos del arte moderno, a través de un fenómeno mental que no es en absoluto instintivo, incapaz de evolución y ahistórico, tal cual algunos investigadores obsesionados por el arte formal y rigurosamente geométrico quieren presentar. Las siguientes líneas describen el análisis teórico que se postula como válido a través del tiempo.

1° ETAPA: LA PERCEPCIÓN DEL ESPACIO BIDIMENSIONAL

El intelecto puesto de manifiesto en el naturalismo prehistórico es una forma de pensamiento que avanza desde una fidelidad lineal a la naturaleza –fidelidad en la que

---

[8] Este tema se presentó como ponencia en el año 2005, en el Congreso realizado en la ciudad de La Plata, Provincia de Buenos Aires, Argentina, en ocasión de la reunión de las Facultades de Arquitectura Nacionales sudamericanas denominado Arquisur.

las formas individuales están todavía modeladas un poco rígida y laboriosamente– hasta una técnica más ágil y sugestiva, casi impresionista, destacadamente geométrica y ya basada en la impresión óptica de lo que se pretende representar. Esta antítesis constituye también el fondo de las explicaciones, con las que un autor como Alois Riegl,[9] plantea su teoría sobre el origen de las expresiones artísticas –y el diseño por afinidad– a partir del espíritu de la técnica. Ciertas corrientes del pensamiento sostienen que el arte y por extensión la arquitectura, no son más que un producto secundario de la tecnología y la síntesis de las formas que resultan de la naturaleza del material, del procedimiento de trabajarlo y de la finalidad utilitaria de la obra que se pretende diseñar. Esta idea subsistió durante muchos años en la Escuela de Arquitectura de la UBA, particularmente en los períodos en que funcionaba como subárea de la Facultad de Ingeniería, y aún en sus primeros años de independencia como entidad autónoma.

Se trata de una filosofía que acompañaba una idea general, sustentada por muchos profesores e investigadores, que se inclinaban a poner en relación la esencia y el comienzo de cualquier obra que implique una relación con lo artístico, con los principios de la ornamentación geométrica y de la funcionalidad de la tecnología.

Riegl acentúa, por el contrario, que toda forma que posea un contenido artístico, y allí se insertan la arquitectura y el diseño en general, tiene un origen naturalista e imitativo y que las formas más estilizadas geométricamente no se encuentran en los comienzos de la historia del arte, sino

---

[9] Riegl, Alois autor del libro: *Stilfragen*, 1893.

que son un fenómeno relativamente tardío, producto de una sensibilidad artística y refinada. Sin embargo al arribar el Neolítico, aparece por primera vez, la actitud naturalista, abierta a las sensaciones y a la experiencia. La típica intención artística se transforma en geométricamente estilizada, cerrada a la riqueza de la realidad empírica.

En lugar de las minuciosas representaciones de la naturaleza, plenas de cariño y paciencia para los detalles del modelo correspondiente, surgieron los signos ideográficos, esquemáticos y convencionales, que indicaban, más que reproducir, el objeto. En lugar de la anterior plenitud de la vida concreta, el arte del Neolítico fijó ideas, conceptos, la sustancia de las cosas, es decir creó símbolos a través de imágenes. Un ejemplo lo constituyen los dibujos rupestres que interpretan la figura humana por medio de dos o tres simples formas geométricas: una recta vertical para el tronco y dos semicírculos, girado el uno hacia arriba y el otro hacia abajo, para los brazos y las piernas (Figura I.29). Podría decirse que esta forma de pensamiento escondía la génesis de lo que luego serían las abstracciones matemáticas.

El cambio de estilo que conduce a estas formas de representación completamente abstractas depende de un giro general de la cultura, que representa quizá el corte más profundo que haya existido en la historia de la humanidad. Con él se transformaron tan profundamente el contorno material y la constitución interna del hombre, que todo lo que antecede inmediatamente parece algo meramente animal e instintivo, y todo lo que ocurre con posterioridad a él se presenta como una evolución continuada y consciente de su finalidad.

Si uno se pregunta qué determinó el largo predominio de esta concepción artística tan estrechamente dominada por el

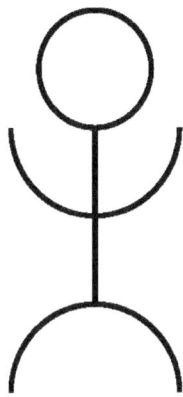

Figura I.29

principio de las formas abstractas y cómo pudo sobrevivir a tan distintos sistemas políticos, económicos y sociales, una respuesta valedera es que se ingresa en un período dominado por el estilo geométrico. Esa concepción uniforme de la mente, corresponde, a pesar de la existencia de diferencias individuales, a una característica sociológica uniforme que domina decisivamente todo este período histórico: ello es la tendencia a una organización severa y conservadora de la economía, a una forma autocrática de gobierno y a una perspectiva hierática del conjunto de la sociedad, impregnada del culto y de la religión. Esta tendencia es el fondo del cambio que se contrapuso a la existencia desorganizada, primitiva e individualista de las hordas de cazadores, a la vida social de las antiguas y modernas burguesías, vida social diferenciada, conscientemente individualista y dominada por la idea de la competencia.

Surgió así un proceso a través del cual se vio cómo los dibujos naturalistas eran ejecutados cada vez más descuidadamente, se volvían cada vez más abstractos, más rígidos y estilizados, y a partir de ello surgió la teoría de que el origen de las formas geométricas se encontraba en el naturalismo. La esquematización puede leerse según dos direcciones: una que persigue el hallazgo de formas inequívocas y fácilmente comprensibles; otra que apunta a la creación de simples formas decorativas agradables. Y así, al final del Paleolítico ya se encuentran desarrolladas las tres formas básicas de representación plástica: la *imitativa*, la *informativa* y la *decorativa*; en otras palabras: el retrato naturalista, el signo pictográfico y la ornamentación abstracta.

Para dar un par de ejemplos contemporáneos de esa forma de pensar del ser humano, se puede reparar en el caso de los bosquimanos de las estepas de Sudáfrica. Ellos son, como el hombre paleolítico, nómadas y cazadores, permanecen estacionados en la fase de la búsqueda individual del alimento, no conocen la cooperación social, no creen en dioses, se manejan aún para su salud con la hechicería y la magia y producen un arte naturalista sorprendentemente parecido a la pintura paleolítica. Pueden observarse en estas culturas varios mecanismos topológicos aplicados a las decoraciones de las viviendas y a los objetos de uso cotidiano y artísticos.

El otro ejemplo, aún vigente en nuestros días, es el de ciertas tribus como los Ndebele, de las regiones cercanas a Johannesburg, también en Sudáfrica, las cuales en cambio, practican la agricultura productiva, viven en aldeas comunales y creen en el animismo, son estrechamente formalistas y tienen un arte abstracto rígidamente geométrico como el hombre neolítico (ver foto a continuación).

Desde el decenio de los 40's los Ndebele han pintado tradicionalmente sus paredes[10] enfocando la temática en los elementos gráficos abstractos del entorno urbano y en ciertos modelos de la sociedad industrial. El resultado ha sido el desarrollo de un código complejo de imágenes multicolores y de variadas formas que se ha usado para transmitir mensajes sobre la fertilidad, derechos políticos, límites territoriales, linaje de familia e identidad regional de los usuarios, entre otros temas.

Sobre las condiciones sociales y económicas de estos estilos descriptos, se podría afirmar lo siguiente: el naturalismo está en relación con formas de vida individualistas, anárquicas, con cierta falta de tradición, con una carencia de firmes convenciones y con una idea del cosmos pu-

---

[10] La foto fue obtenida por el autor de este libro, en ocasión del período durante el cual vivió, desarrollando su actividad profesional, en la República de Sudáfrica.

ramente mundana, no trascendente. El arte geométrico, por el contrario, está en conexión con una tendencia a la organización unitaria, con instituciones permanentes y con una visión del mundo orientada, en líneas generales, al más allá. Ciertamente, el estilo geométrico, con sus motivos simples y convencionales, no requiere ninguna aptitud específica ni una sólida preparación, como lo requiere el naturalista; el *diletantismo*, que el estilo geométrico hace posible, contribuye indiscutiblemente en buen grado al empobrecimiento de las formas artísticas. Pero en contraposición a ello, con el devenir histórico, es con el que aparece la función del diseñador (arquitecto), como un miembro de la sociedad digno de ser conocido por sus obras, tal como los artistas en general y los genios de las ciencias.

Si bien es cierto que se conocen desde las civilizaciones egipcias de los faraones, nombres de arquitectos y escultores a los que les fueron conferidos, como si fuesen altos funcionarios del Estado, especiales honores sociales, el artista era en esas épocas un artesano innominado, estimado a lo sumo como fabricante de su obra, pero no como una personalidad. A pesar de ello, el caso del arquitecto es uno de los pocos en los que puede hablarse de una separación entre el trabajo espiritual y el manual; el escultor y el pintor, en cambio, no constituían en aquellas épocas otra cosa que trabajadores manuales. De cuán subordinada estaba la clase social del artista plástico en el anciano Egipto, lo da la idea de los libros de los escribas eruditos, los cuales hablan con desprecio de la condición artesanal de los artistas.

2° ETAPA: LA PERCEPCIÓN DEL ESPACIO TRIDIMENSIONAL

Puede decirse que la concepción que poseemos actualmente del mundo, con sus rasgos científicos, y metodológicos, es esencialmente, una creación del Renacimiento. El interés por la individualidad y la investigación de las leyes naturales no comenzó con este movimiento y período de la cultura, pero sí sus características particulares, como lo son la observación metodológica de la realidad y su análisis consecuente.

En contraposición con la rigidez del arte medieval, donde además las representaciones planas del espacio, por ejemplo los trazados de una ciudad, se representaban en una especie de escorzo, alejado de lo que resulta el punto de vista de un observador, cambian sustancialmente a partir del *Quattrocento*.

Esta etapa inicial del Renacimiento es la que mostró ya las características de mesura y orden en el arte, incluyendo en ello a la arquitectura y el diseño. Esta inmanencia de lo clásico en lo preclásico es lo que distingue a esta etapa histórica y la que, a su vez, le dio nombre al período.

Particularizando el análisis en una herramienta de contenidos matemáticos como lo es la perspectiva, es claro que la utilización de este mecanismo con un punto de fuga central, si bien pudo ser usado circunstancialmente con anterioridad, se sistematizó en el Renacimiento como una "forma de ver", que cambió el sentido de percepción del espacio. La Edad Media concebía el espacio como algo compuesto que se podía desmembrar en sus elementos integrantes, en cambio para la nueva estética renacentista, la obra arquitectónica y de arte en general, resultó una unidad indivisible, donde quien observaba debía tener la posibilidad de abarcar en una sola mirada todo el espacio circundante.

Esta nueva visión de lo espacial y la obra de arquitectura en particular, fueron acompañadas de un despertar del crecimiento y la expansión urbana, ya que fue en esta época, donde la actividad creativa arquitectónica alcanzó uno de sus pináculos, con especial énfasis en los edificios religiosos, surgidos del encargo de los *comuni*.[11]

En este contexto, el artista dejó de ser el artesano pequeño burgués, para pasar a ser un trabajador intelectual de prestigio. Si bien en sus primeras épocas podía decirse que los arquitectos y artistas aun conservaban resabios de operarios de taller –Brunelleschi, Donatello, Uccello y otros procedían de la orfebrería– es notorio que devinieron en poco tiempo en figuras reconocidas, de buena retribución económica y de cierto predicamento social en su medio. Lo destacable fue que en los talleres donde se formaban los artistas, en consonancia con la nueva forma de ver el trabajo creativo, se incorporó sistemáticamente la enseñanza teórica, que se adosó a la práctica ya existente. El método científico se consolidó para la formación profesional y los aprendices-alumnos comenzaron a recibir junto a su instrucción específica en la materia que hubieran elegido, fundamentos de geometría y perspectiva, y ya no sólo se trabajó con modelos vivos, sino con muñecos articulados como base del estudio de la morfología y la cinemática del hombre.

Sin dudas estas metodologías respondieron a la nueva forma de percibir la realidad espacial, la cual requiere una sistematización de la representación gráfica, tal cual lo es la perspectiva con sus puntos de fuga, y substancialmente el

---

[11] Los *comuni* constituían los grandes gremios y cofradías religiosas italianas del Renacimiento.

apoyo de la amplísima variedad de conocimientos, recursos y herramientas matemáticas, que estas disciplinas conllevan en su esencia misma.

Si se fijara un hito para esta concepción científica del pensamiento, que constituye los fundamentos de la enseñanza académica posterior, es factible personalizar en León Battista Alberti[12] como el primero en expresar la idea de que las matemáticas son el cuerpo común del arte y de la ciencia.

Este pensador sustentó fuertemente lo ya mencionado en forma general *ut supra*: que tanto la doctrina de las proporciones, como la teoría de la perspectiva son disciplinas matemáticas.

Se manifestó en esta forma de analizar la adquisición de conocimientos, por primera vez la unión del técnico que hace experimentos, y del artista que observa. Tanto uno como otro intentaron comprender el mundo a través de experiencias, que luego devendrían en leyes racionales.

Este acercamiento a los conocimientos matemáticos por parte del técnico, transformó claramente a éste en un intelectual, pero también el artista –y el diseñador se incluye en esta categoría– pasó a ser distinguido del mero artesano, e ingresó en ese mundo de la intelectualidad que conservará hasta nuestros días.

Cuando se analizan por ejemplo, las ideas estéticas del siglo XIX –y como casos paradigmáticos es posible citar los valores espaciales de Hildebrand o el geometrismo de Cézanne– es posible ver que estos nuevos conceptos

---

[12] Alberti, León Battista (1404-1472), fue un destacado arista del Renacimiento, nacido en Florencia Italia, desarrolló sus dotes en la pintura, la escultura y la arquitectura.

tuvieron su origen en el Siglo XV, cuando el arte se asoció por primera vez a una disciplina científica, y cuando la matemática en general y la geometría en particular, con las disciplinas necesariamente asociadas tales como la óptica, la mecánica, la teoría de la luz y la de los colores, determinaron una concepción y un manejo nuevo del espacio.

Por su parte, los cálculos del movimiento y de las proporciones, referidos a la imagen y a los aspectos cinéticos del cuerpo humano, generaron problemas que sólo con el auxilio de herramientas matemáticas era posible resolver.

El mismo Leonardo da Vinci acentuó y realzó estos pensamientos fundamentales, que como fue dicho tenían su génesis en Alberti, que enfatizaban la condición de que el arte se elevara a la categoría de ciencia y que el artista se ubicara social y escolásticamente en igualdad de condiciones que el intelectual humanista.

En lo que respecta a la perspectiva en particular, como forma de percibir el espacio tridimensional con un mecanismo que lo remite a dos dimensiones, si bien los pueblos de la antigüedad, muy anteriores al Renacimiento, conocían el escorzo y la forma metodológica de reducir el tamaño de cualquier objeto o persona según su alejamiento del espectador, no conocían en cambio la representación del espacio unitario según una perspectiva única.

Es a partir del Renacimiento cuando el espacio en que se encuentran las cosas devino en un elemento infinito, continuo y homogéneo que es posible aprehender a través de una visión única del ojo humano. Con el transcurrir del tiempo, esta forma de percepción espacial se irá enriqueciendo hasta llegar a nuestros días, en la medida que se toma conciencia de que lo que percibimos es en realidad un espacio limitado, discontinuo y compuesto de modo heterogéneo.

En realidad nuestra imagen del espacio, tal como se concibe hoy a través de estudios más profundos fisiológicos e informáticos, muestra que los bordes de la visión del hombre son aberrantes y confusos en contraposición con la imagen central de observación. También se ha profundizado en el trabajo que hace el cerebro para invertir la imagen que el ojo percibe y transformar un campo visual esferoide, que capta como curvas a las líneas rectas, trabajo que implica una decodificación que luego se complementa con los códigos que imponen ver en dos dimensiones lo que en realidad tiene tres. Y es esa imagen espacial de la perspectiva plana, tal como el arte renacentista la concibió, con planos de claridad totalmente definidos, con un punto común de confluencia de paralelas y un módulo unitario de las distancias –esto es la imagen que Alberti definió como la sensación transversal de la pirámide óptica– la abstracción formidable que cambia la forma de pensar y diseñar del creador artístico o arquitectónico.

Ese período científico que abarca desde el Renacimiento hasta finales del siglo XIX, es el que consolida esa visión espacial fundamentalmente racionalizada, la cual, con el agregado de dos y más puntos de fuga, se constituye aún hoy, en los más modernos sistemas informáticos, en la copia más adecuada de la efectiva impresión óptica del ser humano.

3° etapa: la percepción del espacio multidimensional

Una tercera gran revolución en la forma de percibir el espacio y el tiempo asociado como dimensión adicional, es dable pensar que se está gestando en nuestros tiempos, a partir del advenimiento de la informática y sus disciplinas asociadas, particularmente los sistemas CAD en el campo del diseño.

Podría decirse que se ha ingresado en una época que algunos filósofos contemporáneos (grupo de Sänt Gallen), han denominado de la *aperspectiva*. Esta forma de nombrar un nuevo enfoque de la percepción de su entorno por parte del ser humano, antepone deliberadamente el prefijo "a", no en su carácter negativo sino como superador de la etapa exclusivamente perspectivista, sin negar su vigencia. Ello es, no se niega el mecanismo de aprehensión del espacio y las creaciones con que el diseñador lo modifica a través de los códigos de la perspectiva, es decir la representación bidimensional del espacio tridimensional; pero se adiciona la condición de incorporar múltiples dimensiones en la concepción y la representación de los espacios, en los que el ser humano se desenvuelve.

Esta posibilidad de representar múltiples dimensiones (no sólo las tres clásicas del espacio euclídeo), ya fue investigada en épocas pretéritas por varias escuelas científicas, pero la informática ha abierto en estos tiempos nuevas posibilidades, y los objetos multidimensionales tienen hoy variados ejemplos, desde el hipercubo, que ya fuera usado como ejemplo en el Capítulo dedicado a las homotecias, hasta otras formas espaciales que constituyen, por cierto, un nuevo campo de génesis de la morfología arquitectónica y del diseño en general.

La matemática obviamente fue un disparador, que planteó con las abstracciones algebraicas, la posibilidad de trabajar con múltiples variables, y al superar las clásicas funciones de tres variables (**x, y, z**) que son factibles de representar en un sistema cartesiano, con el estudio multivariable de espacios no tridimensionales generó un nuevo desafío a la imaginación y a la creatividad, que se plasmó en numerosos ejemplos, que van desde las ecuaciones de Lorentz,[13] a los espacios de Riemann y a la misma teoría einsteniana de la relatividad.

Esta realidad, transportada al campo de la representación y sus aplicaciones al diseño, presenta una nueva manera de concebir el objeto diseñado y las formas de representarlo. Ya es una realidad trabajar con los recorridos virtuales de una obra de arquitectura, aunque ésta no haya siquiera salido de sus cimentaciones. También quienes diseñan objetos en el campo de la industria, disponen hoy de maquetas tridimensionales de los objetos que han creado, que surgen directamente de un ordenador.

Es hacia esa dirección, donde es factible pensar que deberán ir ciertos conceptos de la matemática, que necesariamente acompañarán a estos avances en la representación del espacio y los objetos que el diseñador, arquitecto, industrial, gráfico, etc., dispondrá cada vez más de programas y máquinas sofisticados, que utilizará no sólo como herramienta, sino como mecanismo de elaboración mental de su proyecto.

---

[13] Ver Couderc, Paul, *La Relatividad*, cuadernillo N° 95, EUDEBA, 1985.

CAPÍTULO 5

GRAFOS

GRAFOS 1

Introducción - Definiciones

Nos introduciremos a continuación en otra de las ramas de la matemática que es de orden topológico, y que como se verá en las sucesivas páginas remite a cálculos en general de simple resolución en la mayoría de las aplicaciones, y que por el contrario trabaja y se apoya fundamentalmente en imágenes. Esta que sigue es la rama matemática denominada Teoría de Grafos.

Indagando en la historia de esta teoría, es posible detectar sus orígenes en la publicación de un libro del matemático Konig,[1] quien recopiló una serie de trabajos diversos vinculados con esta rama de las ciencias matemáticas. Si bien hay antecedentes previos en el tiempo, éstos no eran más que análisis aislados y sin aparente conexión entre sí. El estudio de Leo-

---

[1] Konig, Johan Samuel (1712-1757) fue un matemático suizo que estudió con Johan Bernoulli, miembro de la Academia de Ciencias de París, quien tuvo intercambios variados con otro gran matemático como fue Leonard Euler sobre temas vinculados a la topología.

nard Euler respecto de los puentes del Königsberg, del cual se tratará en un apartado posterior de este Capítulo, es el más antiguo registrado y quizás el más famoso al respecto. Es por ello que el gran mérito del autor citado previamente, es haber sistematizado todo lo existente sobre el tema a comienzos del siglo XVIII, en una única publicación que presentaba esta novedosa representación de conceptos lógico matemáticos.

Las aplicaciones que surgieron a partir de la difusión de esta teoría son variadísimas, muchas de ellas se presentarán en este libro, y es posible citar a modo de ejemplos introductorios: los organigramas (arquitectura, planificación, diseño, economía), las redes (instalaciones, circulaciones, interconexiones, circuitos impresos, los morfogramas (diseño industrial), los digrafos (método del *camino crítico*), los diagramas de flujo (programación, computación, informática), los sociogramas (psicología), las estructuras moleculares (química), etc.

Lo cierto es que el hombre y en especial los diseñadores, ante el planteo de un problema, tienden naturalmente a hacer diagramas que sinteticen el caso a resolver y facilita enormemente su comprensión ver un gráfico de situación que les facilite los pasos destinados a obtener la solución.

Obviamente el trazado de un gráfico no siempre es un problema que requiera manejar escalas métricas respecto de la realidad representada. En algunos casos esto es necesario, por ejemplo en los planos de obra, de maquinarias, etc., y en otros, es el caso de los grafos, absolutamente obviable. En otras palabras, en problemas en los que lo fundamental es visualizar relaciones, interacciones, vínculos, etc., las formas y longitudes de las líneas representativas son libres en general y lo intrínseco es cómo se vinculan los elementos que son parte del problema.

Los grafos proporcionan, en consecuencia, diversas estructuras topológicas, es decir, razonamientos matemáticos sin consideración a ningún significado concreto, y sin la imprescindible aparición de cálculos numéricos, pero que satisfacen diversas relaciones dadas.

Estas estructuras topológicas a que se hace mención precedentemente son, en diseño, cualidades pregeométricas de las formas, tales como la vecindad, la conexión y la posición relativa respecto de fronteras determinadas que suelen aparecer en las primeras etapas de un proyecto. Todo arquitecto o diseñador de cualquier tipo opera intuitivamente con estas herramientas y es bueno que esta etapa de un proyecto se pueda sistematizar a través de un tratamiento más ordenado y científico de los pasos a seguir. Dicho esto se introducirá la definición más rigurosa de grafo y la teoría que se genera a partir de los conceptos inherentes a su estudio.

1.1 Definición de grafo

Se denomina *grafo* a una terna $G = (V, A, \varphi)$ donde V y A son conjuntos finitos y φ es una aplicación que hace corresponder a cada elemento de A un par de elementos de V. Los elementos de V son los *vértices* de G, los elementos de A son las *aristas* de G y φ es la *aplicación de incidencia* que asocia a cada arista sus dos vértices.

La representación gráfica de un grafo se efectúa asociando a cada vértice un punto del plano y a cada arista una línea que une los puntos asociados a los vértices [figura G1.1].

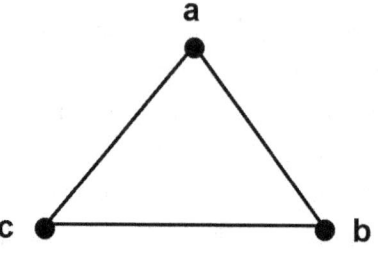

Figura G1.1

Si {**a,b**} es una arista del grafo, los vértices **a** y **b** se llaman ADYACENTES.

Si {**a,c**} y {**a,b**} son aristas del grafo, se dicen ADYACENTES porque tienen un vértice común. El *grado* de un vértice es el número de aristas que en él inciden, un vértice se dice AISLADO si su grado es cero y PENDIENTE si su grado es uno.

Dos o más aristas se llaman MÚLTIPLES si tienen por extremos los mismos vértices. Un LAZO es una arista cuyos dos extremos coinciden en un vértice. Este vértice se considera de grado dos, pues si bien tiene sólo una arista incidente, ésta incide con sus dos extremos. Se demuestra que en todo grafo existe un número par de vértices de grado impar. También se usan las siguientes denominaciones:

a) **Grafo vacío:** no tiene aristas pero puede tener uno o más vértices.
b) **Grafo sencillo:** no tiene ni lazos ni aristas múltiples.
c) **Grafo k-regular:** todos los vértices tienen grado **k**.
d) **Grafo completo de n vértices:** grafo sencillo de **n**

vértices en el que todo par de vértices determinan una arista.
e) **Grafo rotulado de n vértices:** aquel que tiene sus vértices numerados de 1 a n.

Verifique el lector que en todo grafo completo de **n** vértices, todos los vértices tienen grado **n–1** y el número de aristas es $\dfrac{n(n-1)}{2}$

Se llama grafo COMPLEMENTO de **G** y se indica C_G a aquel que tiene los mismos vértices y las aristas que faltan de **G** [figura G1.2].

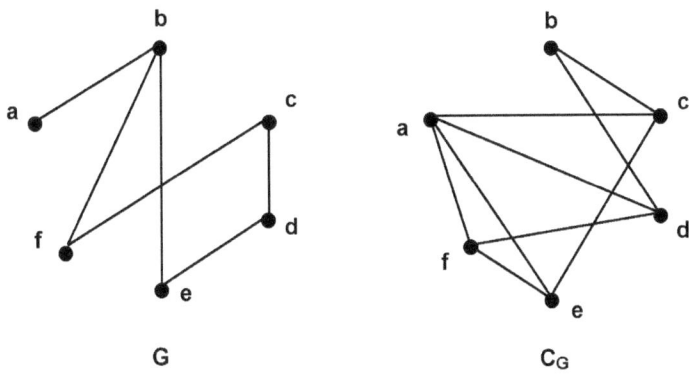

Figura G1.2.
Grafos complementarios

Un grafo **S** es un **subgrafo** de un grafo **G** si los vértices y aristas de S están incluidos en los vértices y aristas de G.

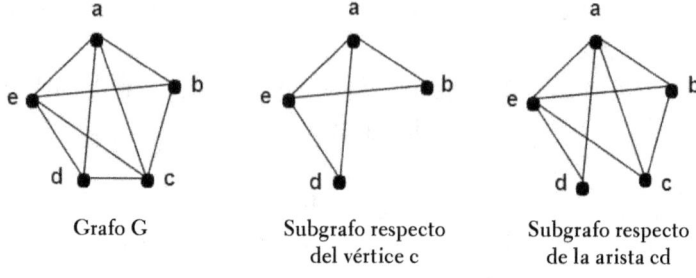

| Grafo G | Subgrafo respecto del vértice c | Subgrafo respecto de la arista cd |

Figura G1.3

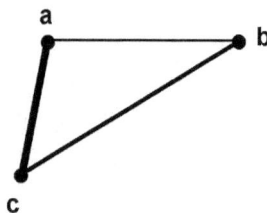

Figura G1.4

Los subgrafos pueden tomarse respecto de un vértice (se tacha el vértice y todas las aristas que en él inciden) o respecto de una arista (se tacha la arista) [figura G1.3].

Los grafos **p-coloreados** son grafos de **V** vértices y **p** subconjuntos de pares no ordenados de elementos de **V**, determinados por otras tantas aplicaciones φ. En suma, un grafo p-coloreado posee aristas de **p** clases distintas, que se colorean de distinto color.

Otro recurso similar para diferenciar aristas entre sí, consiste en diferenciar el grosor de la línea que se usa en cada una de ellas. Estas variantes posibilitan establecer grados de importancia, valores diversos, significación especial, etc. En resumen, diferenciaciones entre cada una de las relaciones entre vértices [figura G1.4].

1.2 Representación de grafos

Un grafo puede especificarse enumerando sus vértices y aristas más un listado de las relaciones entre esas partes. También pueden expresarse los grafos mediante MATRICES que pueden ser de **incidencia** o de **adyacencia**:

a) matriz de incidencia de **n** filas por **k** columnas donde cada fila corresponde a un vértice y cada columna a una arista. En el lugar de cruce de la fila i-ésima con la columna j-ésima se coloca un 1 si el vértice **i** y la arista **j** son incidentes, un 0 si no lo son;

b) matriz de adyacencia de vértices de **n** filas por **n** columnas son matrices cuadradas en las que en el cruce **i-j** hay un 1 si el vértice **i** y el **j** son adyacentes, un 0 si no lo son. Los lazos aparecen en la diagonal de la matriz.

Las matrices pueden operarse con computadoras y son útiles en casos de gran complejidad.
Las **rejillas** son versiones gráficas idénticas a las matrices. En ellas los vértices y/o aristas se representan en una grilla ortogonal colocando un punto en las intersecciones cuando la relación de incidencia (o adyacencia) se cumple.

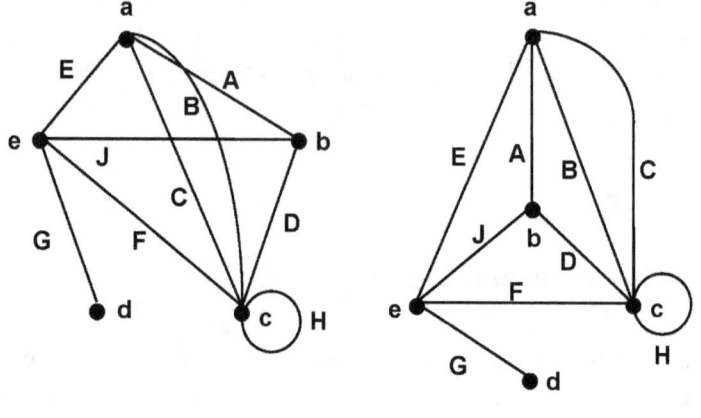

Representación poligonal   Representación con mínimos cruces

Figura G1.5

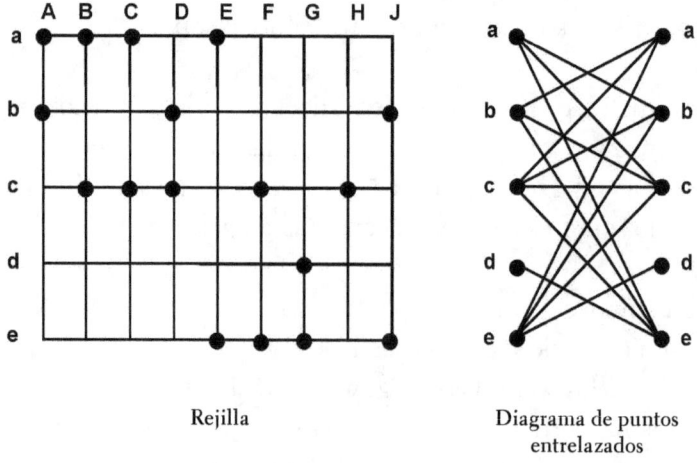

Rejilla   Diagrama de puntos entrelazados

Figura G1.6

$$\begin{bmatrix} 1 & 1 & 1 & 0 & 1 & 0 & 0 & 0 & 0 \\ 1 & 0 & 0 & 1 & 0 & 0 & 0 & 0 & 1 \\ 0 & 1 & 1 & 1 & 0 & 1 & 0 & 1 & 0 \\ 0 & 0 & 0 & 0 & 0 & 0 & 1 & 0 & 0 \\ 0 & 0 & 0 & 0 & 1 & 1 & 1 & 0 & 1 \end{bmatrix} \quad \begin{bmatrix} 0 & 1 & 1 & 0 & 1 \\ 1 & 0 & 1 & 0 & 1 \\ 1 & 1 & 1 & 0 & 1 \\ 0 & 0 & 0 & 0 & 1 \\ 1 & 1 & 1 & 1 & 0 \end{bmatrix}$$

Matriz de incidencia vértices - aristas   Matriz de adyacencia de vértices

En los **diagramas de puntos entrelazados** los vértices y aristas se representan por dos columnas de puntos enfrentados, uniendo los puntos cuando la relación se cumple. Esta representación es poco aconsejable cuando el grafo es muy complejo.

Finalmente cabe una representación poligonal en la que los vértices se ubican formando un polígono regular y las aristas aparecen como lados y diagonales. En algunos casos, para clarificar la lectura, esta representación geométrica se trata de convertirla en otra **representación con mínimos cruces** (o sin ellos, si esto es factible).

Ejemplo

Sea el conjunto de vértices **V = {a,b,c,d,e}** y el conjunto de aristas **S = {A,B,C,D,E,F,G,H,J}** con la relación de incidencia φ que se indica a continuación [figuras G1.5 y G1.6]:

Arista	A	B	C	D	E	F	G	H	J
Relación	a→b	a→c	a→c	b→c	a→e	c→e	e→d	c→c	b→e

1.3 Grafos dirigidos o digrafos

En algunos problemas, la estructura del grafo puede resultar a veces inadecuada para describir la situación considerada. Por ejemplo, si se trata de describir el tránsito de vehículos en un barrio de una ciudad, se podrían identificar las esquinas con los vértices de un grafo y las calles con las aristas del mismo.

Ello no obstante, esta descripción no tomaría en cuenta el hecho real de que hay calles de una mano donde se permite circular en un sentido y calles de doble mano donde se permite circular en ambos sentidos. En un caso como éste habría que agregar a las aristas del grafo un sentido u orientación determinado, con lo que se tendría un GRAFO DIRIGIDO O DIGRAFO.

Se denomina grafo dirigido o digrafo a una terna $G = (A, V, \varphi)$ donde A y V son conjuntos finitos y φ es una aplicación que hace corresponder a cada elemento de A un elemento del producto cartesiano $V \times V$, esto es, un **par ordenado** de elementos de V. Los elementos de V son los **vértices** de G, los elementos de A son los **arcos** de G y φ es una aplicación que asocia a cada arco sus extremos.

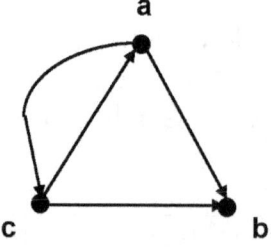

Figura G1.7

El arco (**a,b**) perteneciente al grafo **G** [figura G1.7] está dado por un **par ordenado**, mientras que en los grafos no orientados, el arco es descripto por un par no ordenado {a,b}. En el arco (**a,b**), en consecuencia, queda establecido que **a** es su **vértice inicial** y **b** su **vértice final**.

1.4 Conceptos orientados y no orientados

Antes de presentar diversas aplicaciones interesantes de la Teoría de Grafos, se darán algunos conceptos distintivos entre grafos y digrafos, para fijar la nomenclatura que se usará luego.

Se comenzará por los CONCEPTOS ORIENTADOS. Ellos son:

Vértices: puntos que representan los elementos del conjunto **V**.
Arcos: líneas orientadas que unen pares de vértices y representan los elementos del conjunto **A**.
Extremo inicial y extremo final de un arco: vértice del que parte un arco y vértice al que llega.
Subgrafo: grafo que se obtiene del grafo original, suprimiendo en éste uno o más vértices, así como los arcos que de ellos llegan o parten.
Camino: sucesión de arcos adyacentes, tales que el extremo final de uno coincide con el extremo inicial del siguiente.
Longitud: número de arcos del camino.
Circuito: camino en el cual el vértice inicial coincide con el final.
Bucle: circuito de longitud 1, es decir que es un lazo dirigido.

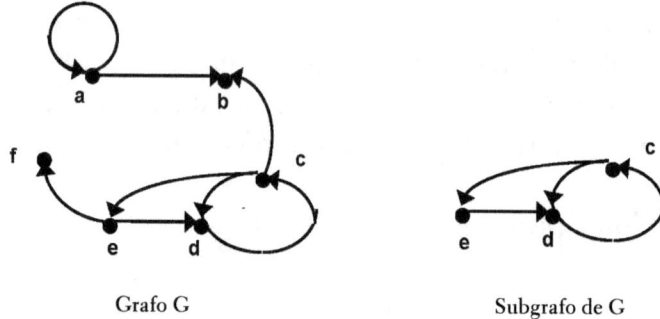

Grafo G   Subgrafo de G

Figura 1.8

Ejemplo [figura G1.8]

a,b,c,d,e,f : vértices
(a,a), (a,b), (c,b), (c,d), (c,e), (d,c), (e,d), (e,f): arcos
(a,b) y (a,a) así como (c,d) y (c,e): arcos adyacentes
(c,e,d): camino de longitud 2
(c,e,d,c,b): camino de longitud 4
(c,e,d,c) : circuito de longitud 3

En el grafo anterior **G** es posible observar que de algunos de sus vértices no se puede llegar a todos los demás. Si todos los vértices de un grafo son alcanzables desde cualquier otro vértice, se dice que el grafo es fuertemente conexo.

Esto es, un grafo se dice FUERTEMENTE CONEXO si entre dos vértices cualesquiera del mismo existe un camino de cualquier longitud que va de uno a otro. Por ejemplo, el grafo de la figura G1.9 es fuertemente conexo.

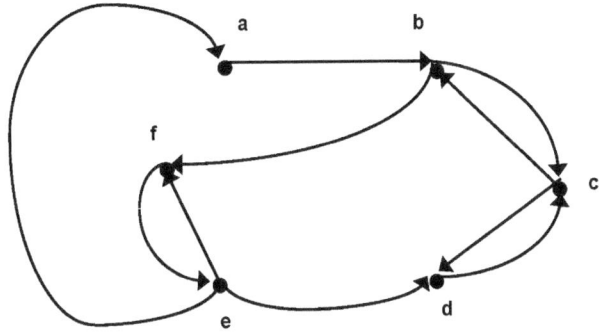

Figura 1.9

Todo subgrafo fuertemente conexo de un grafo se denomina COMPONENTE FUERTEMENTE CONEXA. En el caso de la figura 1.8, el subgrafo (c,d,e) es una componente fuertemente conexa de G.

Los conceptos NO ORIENTADOS de un grafo son los siguientes:

Arista: existe una arista entre dos vértices **x** e **y** distintos y pertenecientes al grafo, si existe un arco que va de **x** a **y** y/o de **y** a **x**. Entre un par de vértices puede haber una única arista que en ese caso se denomina SIMPLE, o más de una arista y éstas serán MÚLTIPLES.

Cadena: sucesión de aristas adyacentes.

Ciclo: cadena finita en la que el vértice inicial coincide con el final.

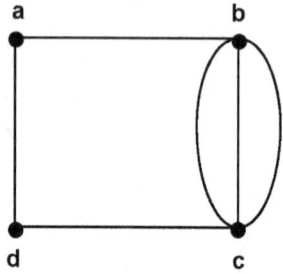

Figura G1.10

Ejemplo

{a, b}{c, d}{d, a}: aristas simples
{b, c}: aristas múltiples
{a, b, c}: cadena
{a, b, c, d, a}: ciclo

Obviamente, {a,b,c} es una cadena pero no es un camino. Asimismo el ciclo {a,b,c,d,a} no es un circuito. En cambio, todo camino es una cadena y todo circuito es un ciclo. Ello sugiere calificar el grafo de este ejemplo [figura G1.10] como CONEXO.

> Se define, en resumen, a un grafo conexo como aquel que cumple la condición de que entre dos vértices cualesquiera distintos entre sí
> que pertenezcan al grafo, existe una cadena de cualquier longitud.

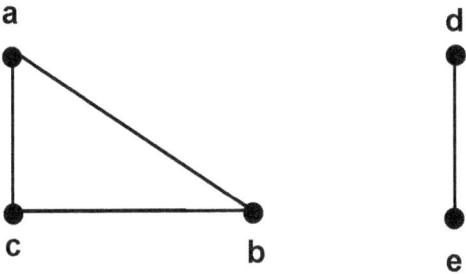

Figura G1.11

Como se desprende de la anterior definición, para que un grafo no sea conexo, debe tener subgrafos o componentes que no estén ligadas entre sí por ninguna arista [figura G1.11].

El grafo **G** de vértices (**a, b, c, d, e**) es *uno solo* y no es conexo. Tiene como subgrafos conexos el grafo {**a, b, c**} por un lado, y el grafo {**d, e**} por el otro. Cada uno de estos subgrafos es en sí mismo conexo, y puede decirse que el grafo original **G** tiene, en consecuencia, dos COMPONENTES conexas.

Como resumen de este parágrafo se puede asegurar: *todo grafo fuertemente conexo es conexo, pero la recíproca no es cierta.*

Verifique el lector que el grafo de la figura G1.12, que puede representar una red de tránsito, es un grafo fuertemente conexo, mientras que el grafo de la figura 1.13, que corresponde a un dibujo del artista Salvador Dalí, es conexo.

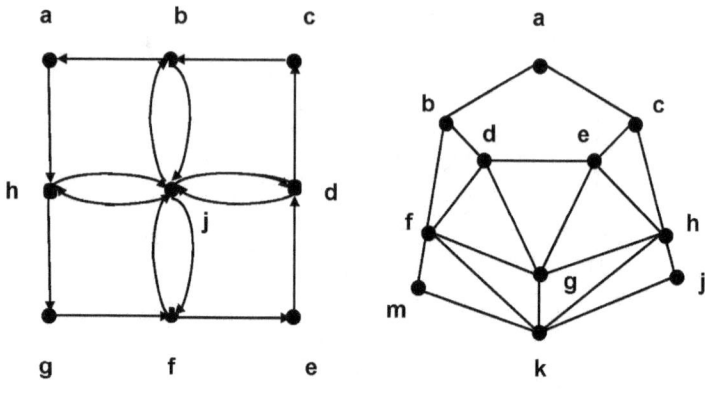

Figura G1.12   Figura G1.13. Grafo de Dalí[2]

1.5 Grafos isomorfos

Si se analizan los dos grafos de la figura G1.14, es posible observar que, aunque a primera vista parecen diferentes, tienen muchas características en común.

En efecto, ambos poseen 8 vértices y 13 aristas. Además, aparecen 2 cuadriláteros y 4 triángulos en los dos. Es más, eligiendo un par de aristas adyacentes en uno de los grafos, las aristas correspondientes del otro grafo son también adyacentes. Lo mismo sucede con los vértices. Esto es, son dos imágenes distintas de un mismo grafo y en consecuencia, se dice que son ISOMORFOS.

Más precisamente, dos grafos $G = (V, A, \varphi)$ y $G' = (V', A', \varphi')$ son ISOMORFOS si existe una correspondencia

---

[2] Dalí y Domenech, Salvador (1904-1989): pintor catalán, creador de un arte abstracto y de variadas obras de singular originalidad.

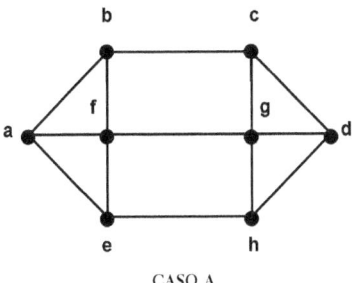
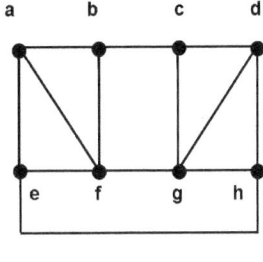

CASO A   CASO B

Figura G1.14

biyectiva entre **V** y **V'** y entre **A** y **A'** que conserve las relaciones de adyacencia.

Asimismo se puede extender el concepto de isomorfismo estableciendo que dos digrafos **G**=(**V**,**A**,φ) y **G'**=(**V'**,**A'**,φ') son ISOMORFOS, si los correspondientes grafos no dirigidos son isomorfos y además se conserva la orientación de arcos correspondientes.

A nivel gráfico, debe tratarse de trabajar con los esquemas lineales más simples entre todas las representaciones isomorfas de un mismo grafo. Podría decirse que el caso A) es más sencillo y armónico que el B).

En relación con el isomorfismo puede definirse un INVARIANTE de un grafo como cualquier número que se le asocie y que permanezca invariante al considerar otro grafo isomorfo cualquiera.

Por ejemplo los grados de los vértices son invariantes y también puede serlo el par ordenado (p, q) donde los números p y q se asocian respectivamente con el conjunto de vértices **V** y con el conjunto de aristas **A**.

1.6 Grafos homeomorfos

Otro tipo de grafos directamente relacionados con el concepto de isomorfismo, son los grafos llamados HOMEO-MORFOS.

Para introducir su definición es necesario primero considerar lo que se denomina REDUCCIÓN DE SERIE en un grafo.

Si en un grafo existe algún vértice de grado 2, tal que las aristas que concurren a él se vinculan a su vez en el otro extremo con vértices distintos, dicho de otra manera, si el vértice considerado se denomina **V** y sus 2 aristas concurrentes son (**V, V1**) y (**V,V2**) y también se cumple que **V1≠V2**, en ese caso se dice que las aristas mencionadas están *en serie*.

Reducir la serie consiste en eliminar el vértice **V**, de forma tal que sus dos aristas concurrentes se fundan en una sola, en este caso en la arista (**V1, V2**).

Pues bien, dos grafos **G1** y **G2** se dicen *homeomorfos* si pueden hacerse isomorfos entre sí, efectuándoles las posibles reducciones de serie que sean necesarias para ello.

Ejemplo

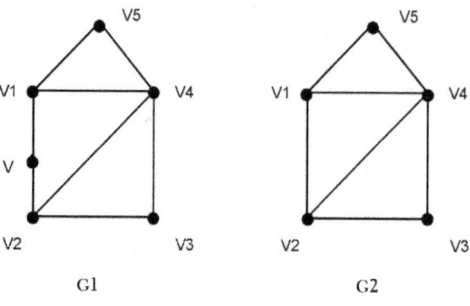

Figura G1.15

En el ejemplo previo [figura G1.15], el grafo **G2** se obtuvo mediante la *reducción en serie* del **G1** que consistió en la eliminación del vértice **V**. Las dos aristas en serie (**V, V1**) y (**V, V2**) se transformaron en una única arista (**V1, V2**).

1.7 Grafos planos

Sea el siguiente problema conocido con el nombre de *problema de las tres utilidades*: **a, b, c**, son tres casas y los otros tres vértices corresponden a servicios de agua, luz y gas. ¿Puede dotarse a cada casa con los tres servicios de manera que las conexiones no se crucen y estén en un mismo plano?

Como puede apreciarse en la figura G1.16 la respuesta es negativa. Inevitablemente la novena conexión cruza alguna otra, y ello se debe a que el grafo *no es plano* y la materialización de este problema exigiría que una de las conexiones eléctricas, por ejemplo, se hiciera aérea, en lugar de subterránea, para estar en un nivel distinto de las restantes. En los circuitos impresos, muy usables en electrónica (computación, audio, video, etc.), esta condición de planaridad es requisito indispensable por razones tecnológicas y de economía de diseño.

Pasando a la definición más estricta, se dice que un grafo es PLANO si existe un grafo isomorfo que puede dibujarse en el plano, de modo que sus aristas tengan en común a lo sumo sus puntos extremos.

Dicho en otras palabras, un grafo es PLANO si puede dibujarse en una superficie bidimensional y existe alguna representación posible dentro de las isomorfas, en la cual no haya aristas que se crucen *obligadamente*.

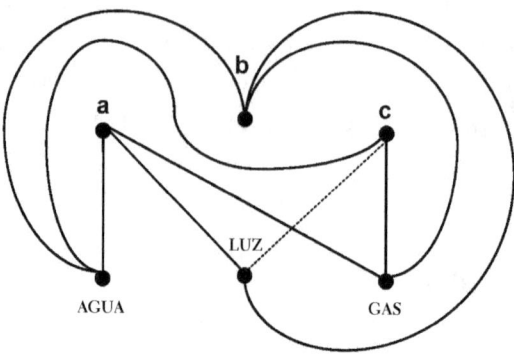

Figura G.1.16

Por ejemplo, los grafos de la figura G1.17 aparentemente no son planos, pues sus aristas se cortan.

Sin embargo, es fácil encontrar dos grafos isomorfos a los anteriores en los que esto no sucede, como se muestra en la figura G1.18. En conclusión, los grafos de la figura G1.17 son planos.

El problema es encontrar un método eficaz para reconocer la planitud de un grafo, sin recurrir a sus posibles y prácticamente infinitas representaciones isomorfas.

Este problema fue resuelto por el investigador Kuratowski,[3] que descubrió que existen dos grafos no planos, el correspondiente al problema de las tres casas y las tres utilidades [figura G1.19] y el grafo de cinco vértices tales que cada vértice está conectado con los restantes [figura G1.20].

---

[3] Kuratowski: matemático polaco, que en 1930 enunció el teorema sobre grafos no planos.

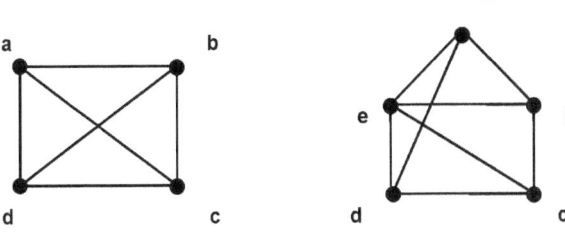

Figura G.1.17

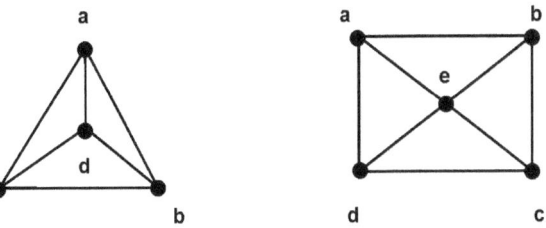

Figura G.1.18

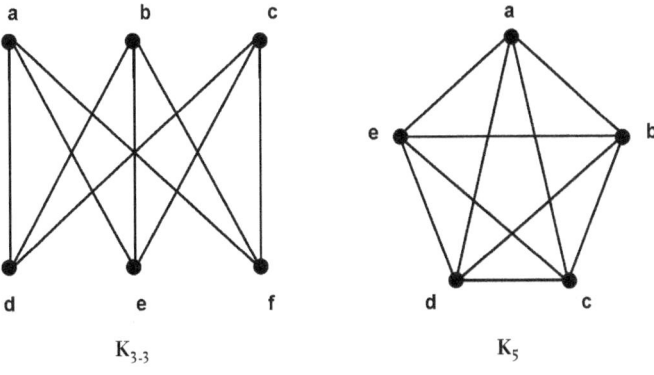

$K_{3,3}$ K_5

Figura G.1.19   Figura G.1.20

TOPOLOGÍA | 249

Se denominan tradicionalmente, el primero $K_{3,3}$ y el segundo K_5.

1.8 Teorema de Kuratowski

> Un grafo es plano si y sólo si no contiene ningún subgrafo homeomorfo al $K_{3,3}$ o al K_5.

La demostración de este teorema está más allá del alcance de este libro; pero su utilidad es indudable pues permite caracterizar clara y explícitamente los grafos planos.

1.9 Grafos poligonales

Llámase GRAFO POLIGONAL a un grafo plano conexo que es reunión de ciclos, y tal que existe un ciclo mínimo y uno máximo [figura.G1.21]. Intuitivamente, esto significa que un grafo poligonal divide al plano en zonas poligonales. El interior de cada ciclo se llama cara y se supone que la parte infinita exterior que rodea al grafo es una CARA, *la cara del infinito*, que tiene como ciclo limitante el ciclo máximo del grafo o polígono envolvente.

En consecuencia, en todo grafo poligonal se cuentan no sólo el número de vértices **V** y el de aristas **A**, sino también el de caras **C** (incluyendo la cara del infinito).

En casos sencillos el ciclo máximo y el mínimo de un grafo poligonal pueden ser el mismo [figura Gl. 22].

Ejemplo

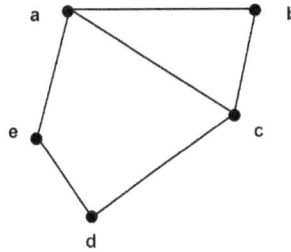

Figura G1.21

Ciclo máximo: (a, b, c, d, e, a)
Ciclo mínimo: (a, b, c, a)

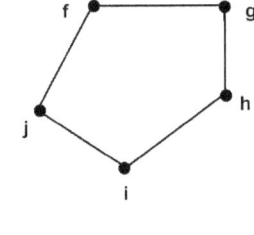

Figura G1.22

Ciclo máximo y ciclo mínimo
coinciden: (f, g, h, i, j, f)

1.10 Fórmula de Euler

En todos los grafos poligonales es posible verificar la famosa fórmula de Euler,[4] cuya demostración rigurosa también excede la temática de este libro y que establece que:

$$C + V = A + 2 \quad (1.10.1)$$

Donde, según lo expresado previamente, aparecen los siguientes elementos de un grafo plano y conexo:

C = número de caras (incluyendo la de infinito)
V = número de vértices
A = número de aristas

---

[4] Euler Leonard (1707-1783): matemático suizo dedicado a la química, la física y la matemática. Son notables sus estudios sobre análisis matemático y mecánica racional.

Esta fórmula data del año 1752 y permite en forma sencilla demostrar la no planaridad de los grafos $K_{3,3}$ y K_5. Se desarrolla a continuación el caso del $K_{3,3}$, dejando al lector la posibilidad de efectuar un análisis similar para el K_5.

Se partirá, por el método del absurdo, de que el $K_{3,3}$ es un grafo plano.

Se recuerda asimismo que tiene 9 aristas y 6 vértices (léase el planteo original), y que está compuesto por caras de más de tres lados. Si tuviera caras de tres lados ello implicaría que están conectadas casas entre sí o servicios entre sí, lo cual contradice el planteo del problema original. Por otra parte, si en un grafo plano se supiera que todas sus caras tienen cuatro lados, y todas sus aristas separan dos caras entre sí, se verificaría la igualdad:

$$2A = 4C \ (*)$$

Ya que el "grado de cada cara", o incidencia de aristas en vértices que se verifica en sus bordes, coincide con el número de aristas que rodean a dicha cara multiplicado por 2 (pues cada arista separa dos caras o determina un grado dos en un grafo).

Pero en el $K_{3,3}$ sólo se puede afirmar, por ahora, que sus caras están limitadas *al menos* por cuatro lados y que, en él, cada arista es límite de *como máximo* dos caras. En consecuencia, se cumple la relación anterior (*) en estos términos:

$$2A \geq 4C$$

y de la fórmula general

$$2A \geq 4(A - V + 2)$$

por lo tanto: $18 = 2.(9) \geq 4(9 - 6 + 2) = 20$

lo cual es una contradicción pues dieciocho no es mayor o igual que veinte.

Por lo tanto el $K_{3,3}$ *no es plano*.

1.11 Coloración de mapas

Así como es posible colorear las aristas de un grafo, también es posible hacerlo con las caras del mismo. Suponiendo el caso de grafos, en los cuales las caras son regiones conexas y entre cada par de caras existe una arista (no un punto de unión), este grafo puede colorearse dándole a cada cara un color distinto de la vecina, con sólo cuatro colores. Dada la afinidad de un grafo como el descripto con un mapa, donde las caras son los países y las aristas las fronteras, es que se conoce a este problema como la *coloración de mapas*. Es indudable la utilidad y practicidad de conocer este concepto para el diseño gráfico, en razón de la economía que representa la utilización de mínimos colores en cualquier impreso. En el siguiente gráfico se muestra, con un sencillo ejemplo, que con menos de cuatro colores no hay solución al problema de coloración de mapas. Se han sustituido, por razones de impresión en blanco y negro, los colores por grafismos [figura G1.23].

Ejemplo

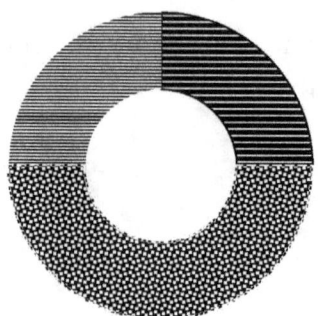

Figura G1.23

El problema de los 4 colores se remonta a 1852 cuando Francis Guthrie, tratando de colorear un mapa de los condados de Inglaterra, ¡notó que 4 colores bastaban! Preguntó a su hermano Frederick si era cierto que cualquier mapa podía colorearse con 4 colores, de modo que regiones adyacentes llevaran distinto color. Frederick desconocía la respuesta y presentó esta conjetura al matemático inglés Augusto de Morgan. De este problema, en apariencia trivial, surgió uno de los problemas más importantes de la Teoría de Grafos: el PROBLEMA DE LOS 4 COLORES.

Un mapa geográfico puede considerarse como un grafo donde los vértices son los puntos en que se unen tres o más líneas y las aristas son las líneas que constituyen la frontera de cada territorio. Como los mapas posibles son muy numerosos, es preciso plantear el problema de la coloración dentro de la teoría general de grafos, considerando el mapa que describe cualquier grafo poligonal. Entonces se trata

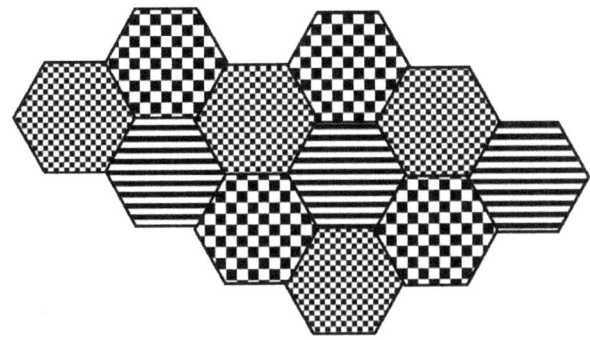

Figura G1.24

de lo siguiente: *Dado un mapa cualquiera, hallar la mínima cantidad de colores necesarios para colorearlo de forma tal que las zonas con frontera común tengan colores diferentes.* Aplicando la fórmula de Euler, se pudo probar que con 5 colores el problema era resoluble, aunque curiosamente, nunca se encontró un mapa para el que se necesitaran 5 colores. Dos colores bastan para colorear los cuadrados de un tablero de ajedrez y tres bastan para colorear el mapa hexagonal de la figura G1.24. Pero si se quiere colorear el "océano" que lo rodea, se precisan 4 colores.

La conjetura que 4 colores bastan para cualquier mapa poligonal no pudo ser demostrada hasta ¡¡1976!!, en que dos matemáticos norteamericanos, Wolfgang Haken y Kenneth Appel de la Universidad de Illinois anunciaron haber probado la conjetura con el uso de ordenadores. La demostración es larga y engorrosa pero es correcta y su importancia radica no sólo en haber resuelto un problema centenario, sino en abrir nuevos y fructíferos rumbos en la aplicación de recursos tecnológicos a la solución de problemas reales.

1.12 Grafos duales

Si a cada cara (incluida la de infinito), de un grafo que sea plano y conexo, se le ubica un único punto interior y por cada par de dichos puntos se trazan aristas que corten a las aristas originales del grafo, se obtiene otro grafo plano.

> Ambos grafos se denominan DUALES uno del otro.

Recordando el caso de coloración de mapas (grafos) antes descripto, es posible inferir la afirmación equivalente de que para colorear los vértices de un grafo plano, siempre exigiendo que vértices adyacentes tengan colores distintos, son suficientes cuatro colores.

Relacionando el ejemplo de coloración de mapas con este tema, se puede analizar el mismo gráfico representado en la figura G1.23; el cual se considera, para este caso, un grafo de 6 vértices y 5 caras (incluida la de infinito) [figura G1.25].

Siguiendo los pasos antes indicados para generar un grafo dual de otro dado, se obtiene así el dual del original (ahora en punteado), que es el que se dibuja en la figura G1.26.

Se desarrollará a continuación un ejemplo arquitectónico, para el cual se eligió la planta baja de la casa Torre de la Creu, ubicada en Barcelona, del arquitecto catalán Josep

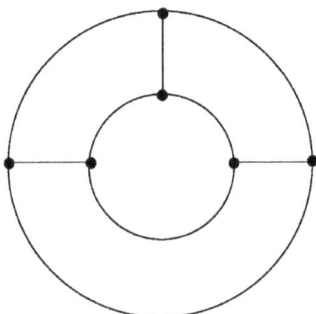

Figura G1.25

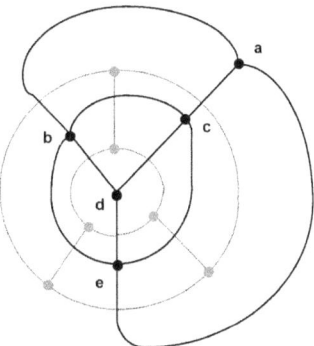

Figura G1.26

María Jujol.[5] En la figura G1.27 se muestran: la planta de arquitectura de la obra y su esquema. Se grafica luego el grafo de vecindad de locales, que relaciona aquellos que

---

[5] Josep María Jujol (1879-1949): arquitecto español, discípulo y colaborador del arquitecto Gaudí e integrante de la llamada modernidad catalana.

poseen una pared en común, y también se grafica su grafo dual [figura G1.28]. Dada la simetría de las dos unidades de vivienda, los grafos por simplicidad se dibujaron para una sola de ellas.

El dual muestra no sólo el mecanismo de generación, sino que presenta una gran similitud con el esquema de la planta de arquitectura. Esta circunstancia no es casual, ya que los duales de un grafo de vecindades de un edificio suelen presentar isomorfismo con la planta, en la cual los locales son equiparables a las caras del grafo.

Ejemplo

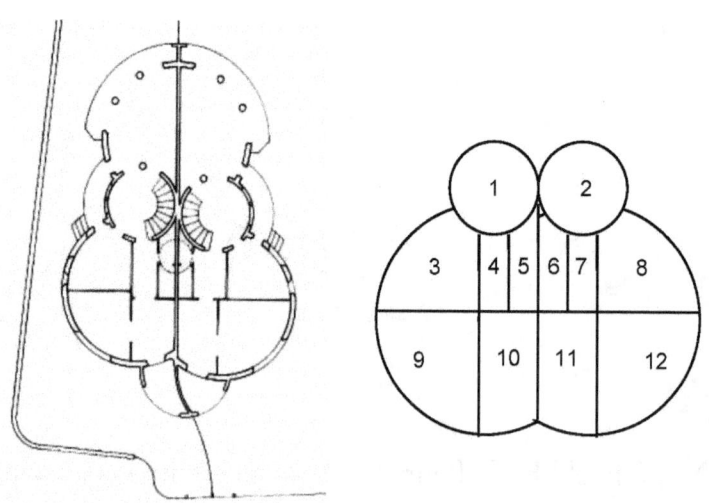

Figura G1.27

1 y 2	Escaleras a Planta Alta	5 y 6	Baños
3 y 8	Recibidores	9 y 12	Habitaciones
4 y 7	Halls de acceso	10 y 11	Cocinas

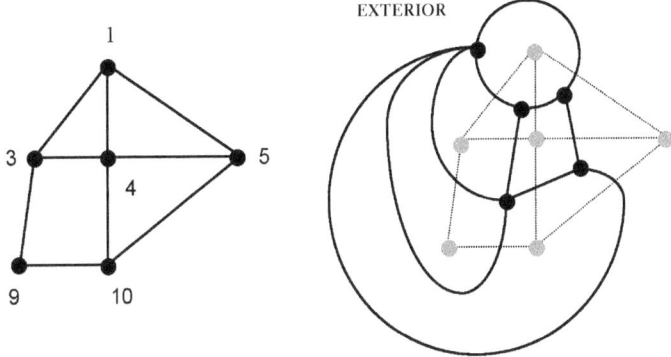

Figura G1.28

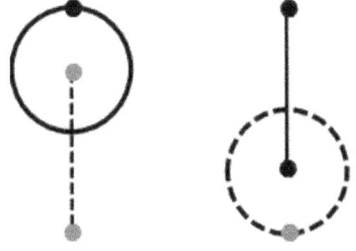

Figura G1.29

La explicación a la semejanza entre la planta del edificio y el grafo dual del de vecindades de locales es que, si se construye un grafo dual de otro dado, y luego un dual del segundo, inevitablemente se obtendrá un grafo isomorfo del primero [figura G1.29].

En cuanto a la relación entre los elementos de los grafos duales entre sí, es posible inferir, a partir de la misma definición de dualidad, las siguientes expresiones matemáticas. Llamando a los elementos componentes del que se considere grafo generador **C** (caras), **V** (vértices) y **A** (aristas) y correspondientemente a los de su dual **C***, **V*** y **A***, es factible verificar que:

$$\boxed{C = V^*} \quad \boxed{A = A^*} \quad \boxed{C = C^* - 1} \quad \boxed{V = C^*}$$

y en tanto ambos grafos son planos, como ya fue dicho, se cumple en uno y en otro la fórmula de Euler.

$$\boxed{C + V = A + 2} \qquad \boxed{C^* + V^* = A^* + 2}$$

Nota:

No es posible construir un grafo dual de otro **no plano**, pues inevitablemente con alguna arista del pseudodual se cortarían al menos dos aristas del grafo original, lo cual contradice la definición.

GRAFOS 2

Grafos especiales asociados a poliedros

2.1 Los grafos asociados

A partir de la idea de asociar los poliedros tridimensionales a representaciones gráficas bidimensionales configuradas por vértices y aristas, es posible establecer la siguiente clasificación:

POLIEDROS ↔ GRAFOS ASOCIADOS | ANÁLOGOS
DECOGRAFOS
PARTIGRAFOS

Las definiciones de cada uno de estos grafos asociados son las siguientes:

Grafos Análogos Asociados (GAA): Se definen así los clásicos grafos asociados a un poliedro, que poseen igual cantidad de vértices, aristas y caras (incluida la de infinito), que el cuerpo tridimensional con el que se ha establecido la asociación. Puede imaginarse que si se dibuja un grafo plano en una superficie esférica, lo cual es perfectamente posible, la cara de infinito se transforma en una cara más con límites definidos. Es en esta biyectividad donde se observa con claridad la relación de asociación grafo-poliedro.

Decografos Asociados (DGA): Se denominan así a aquellos grafos que resultan de "deconstruir" el poliedro tridimensional, como si fuera un conjunto de piezas, compuestas por las caras, que están unidas cada una con sus vecinas (una o más), a través de una única arista común entre cada par de caras.

Es, en otras palabras, la representación del poliedro que resulta de "desarmarlo" como si éste fuera de cartón y plegable en aristas comunes a dos caras, para volver a reconstruirlo tridimensionalmente.

Es también la clásica imagen plana de las "cajas para armar" (algunos autores lo llaman *modelo desplegado* de un poliedro, aunque no es habitual que se lo trate como grafo). Generalmente se observa esta presentación en dos dimensiones de los poliedros con lengüetas adicionales (no se incluyen en este estudio), las que son usadas para pegar las caras adyacentes en el espacio.

Partigrafos Asociados (PGA): Son aquellos no conexos, resultantes de dibujar en dos dimensiones la totalidad de las caras de un poliedro, sin que éstas tengan aristas ni vértices comunes. Esto equivale a efectuar una "partición" del cuerpo tridimensional en todas y cada una de sus caras. Podría definirse también como un **DGA** en el que se han separado en dos las aristas comunes en caras adyacentes.

Se ejemplifica a continuación [figura G2.1] un caso sencillo, a fin de visualizar las cuatro representaciones asociadas: la perspectiva bidimensional del poliedro (cuya técnica no se analiza en este libro), y sus grafos asociados

GAA, **DGA** y **PGA**. El ejemplo es un poliedro irregular en el que las caras son triángulos y rectángulos, con el agregado de que una de las caras (2-3-4-7) es alabeada, es decir que no está contenida en un plano.

Ejemplo

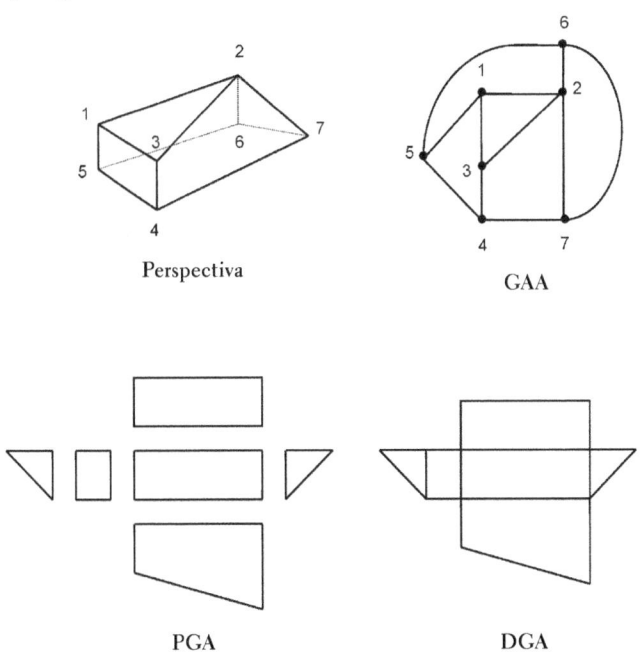

Figura G2.1

Nota: en el ejemplo anterior se plantea como ejercitación marcar y numerar los vértices de los grafos asociados **PGA** y **DGA**. Es destacable, aunque surge naturalmente de las definiciones dadas, que los tres tipos de grafos antes mencionados son grafos planos (véase Grafos 1). Sólo se da la no planaridad de un grafo, si se asocia con una estructura poliédrica que contiene "caras interiores", como es posible ver en el ejemplo de la figura G2.2.

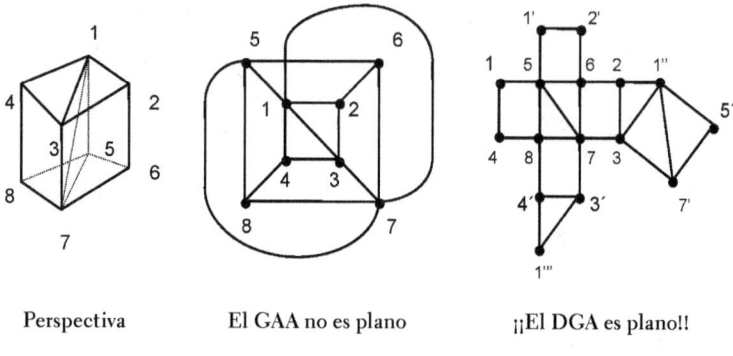

Perspectiva   El GAA no es plano   ¡¡El DGA es plano!!

Figura G2.2

Nota: no se dibuja en el ejemplo anterior el partigrafo asociado, ya que por definición todos los grafos de este tipo son planos y no conexos y la comparación en consecuencia es irrelevante. Sirve en cambio el caso ejemplificado para incorporar el concepto de ARISTA FICTICIA (aristas 1-3, 1-7 y 5-7).

Arista ficticia: Es aquella que establece una relación entre vértices en un poliedro, pero que en el espacio tridimensional no es más que una línea (segmento) contenido en una *cara plana*.

Ejemplo

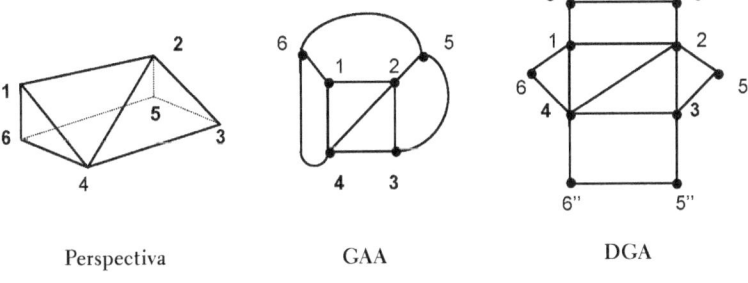

Perspectiva   GAA   DGA

Figura G2.3

Nota: en este ejemplo (figura G2.3), la arista (2, 4) es **ficticia** en el poliedro. Luego la cara básica a partir de la cual se adosan las restantes en el decografo asociado, resulta la (1, 2, 3, 4), la que es plana y no alabeada.

Antes de establecer las relaciones entre estos tres tipos de grafos asociados, es interesante incluir un concepto nuevo, en relación con lo que se denominó en el Apartado 1 **grado de un vértice** (número de aristas incidentes en él). Este nuevo concepto será lo que se denomina:

2.2 Grado total de un grafo

Se define como grado total de un grafo (**Gt**) al número total de incidencia de aristas en **todos** los vértices del grafo, o en otras palabras, la sumatoria de los grados de todos los vértices de un grafo.

En razón de la misma definición de grafo, recordando que cada arista está relacionada con un par de vértices que constituyen los extremos, se puede ver que el **Gt** de un grafo es fácilmente calculable.

En efecto, sea cual fuere el tipo de grafo, cada arista establece un grado dos con sus extremos. Luego, la suma de estos grados parciales determinará el **Gt** del grafo, que en consecuencia será igual al doble del número de aristas.

$$\boxed{Gt = A.2} \quad (2.2.1)$$

Recordando la fórmula de Euler para grafos planos y conexos: $C + V = A + 2$, es posible relacionar en este caso el **Gt** con los restantes elementos que componen este tipo de grafos, ya que:

$$Gt = A.2$$

por lo tanto

$$Gt = (C + V - 2).2 = 2C + 2V - 4$$

y sacando factor común queda la expresión:

$$\boxed{Gt = 2.(C + V) - 4} \quad (2.2.2)$$

Por otra parte, dado que en un grafo plano las caras que concurren a un vértice (se incluye la cara de infinito en esta consideración si el vértice es exterior), saturan el plano alrededor de dicho vértice, se puede inferir que el **Gt** de un grafo es, asimismo, el número total de caras concurrentes a todos los vértices [figura G2.4].

Se define el número total de caras concurrentes a todos los vértices como **Ct**.

Obviamente por lo dicho:

$$\boxed{Ct = Gt} \quad (2.2.3)$$

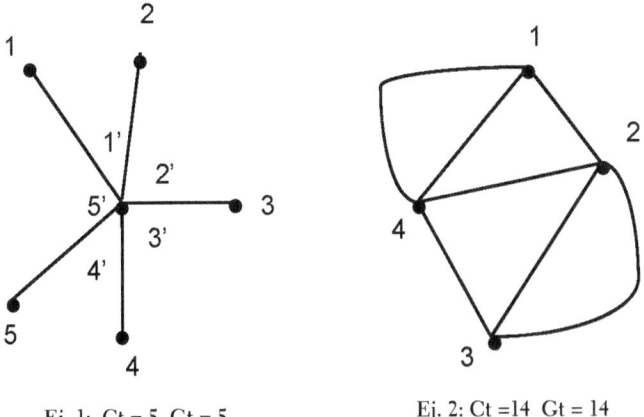

Ej. 1: Ct = 5 Gt = 5   Ej. 2: Ct = 14 Gt = 14

Figura G2.4

En términos, por ejemplo, de la planta de una red vial o más específicamente el plano de una ciudad, **Ct** sería el número total de "esquinas" de esa trama urbana [figura G2.5].

Ejemplo

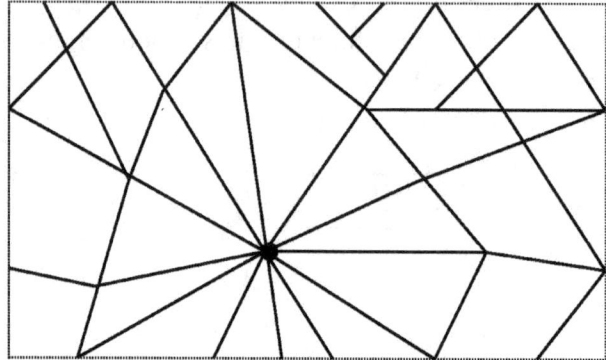

Figura G2.5

Nota: el ejemplo anterior [figura G2.5] es el esquema de una concurrencia famosa de vías de circulación, la Plaza Charles de Gaulle, donde se encuentra el Arco de Triunfo de París.

En su entorno se puede verificar un encuentro de calles, y el centro donde se ubica el Arco es el señalado con un punto o vértice (se podría completar el esquema con otros vértices en cada cruce de calles, trabajo para el lector). ¡¡Se contabilizarían en ese sector 92 esquinas!!, por supuesto que igual número que el grado total **Gt** del grafo asociado.

Observar que también se consideran "esquinas" los entornos de los vértices que sólo están vinculados con la "cara de infinito", los cuales reciben la denominación de **vértices pendientes** y aquellos encuentros de una calle con otra, aunque una de las dos termine contra la otra su recorrido.

2.3 Grado total en grafos regulares

Si el grafo es regular, puede agregarse como fórmula particular para esta categoría:

$$\boxed{Gt = G°.V} \quad (2.3.1)$$

donde **G°** es el grado que tiene cada uno de los vértices del grafo y **V** el número total de vértices [figura G2.6].

Ejemplo

$$Gt = G°.V = (3).(6) = 18$$

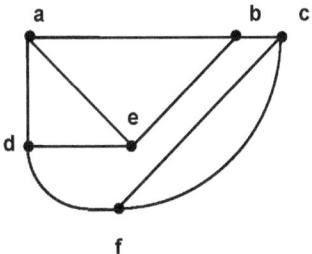

Figura G2.6

Nota: es interesante señalar, en esta instancia, que es imposible que en un decografo asociado exista un vértice rodeado de caras que saturen el plano. Esto contradiría la tridimensionalidad del poliedro asociado, donde a ningún vértice pueden concurrir caras cuyos ángulos incidentes en él sumen 360° (si no sería una única cara plana compuesta por la suma de las concurrentes).

2.4 Fórmulas de relación entre elementos de los diversos grafos asociados

La primera de las consideraciones se referirá a la nomenclatura que se adopta. Para ello se usará la convención habitual para vértices y aristas del **GAA**.

En el caso de los **DGA** se incluirá el símbolo "prima" y en el de los **PGA** el símbolo "prima segunda".

En consecuencia resultará:

$$GAA \rightarrow V, A$$
$$DGA \rightarrow V', A'$$
$$PGA \rightarrow V'', A''$$

En los DGA

Se comenzará con la sencilla verificación que permite obtener la fórmula de relación entre caras:

$$\boxed{C' = C + 1} \quad (2.4.1)$$

Esta fórmula surge de que el **DGA** contiene todas las caras del **GAA** más la "nueva" cara de infinito que se genera alrededor del decografo una vez desplegado.

Al abrirse el poliedro para generar el decografo asociado, se parte para su dibujo de una cara (la básica) a partir de la cual se adosan las restantes.

Se puede razonar que, al abrirse el poliedro para generar el **DGA**, se duplican todos los vértices excepto los de la **cara básica** (ya que ésta se mantiene vinculada con sus vecinas). Tampoco se duplican todos los vértices de la **cara**

nueva [la que surge de la fórmula (2.4.1)], pues esta cara siempre tendrá dos vértices en común con el resto del decografo, a través de la arista que le sirve de charnela (bisagra).

En consecuencia, si se adopta la siguiente nomenclatura:

V = número de vértices del **GAA** (o del poliedro)
n = número de vértices desdoblados (V.2)
Na = número de vértices de la cara adicional
Nc = número de vértices de la cara básica

Resulta la fórmula:

$$\boxed{V' = (V.2) - Nc + Na - 2} \quad (2.4.2)$$

y para el caso de todo grafo completamente regular donde es $Nc = Na$, estos dos términos se anulan y queda en definitiva:

$$\boxed{V' = 2V - 2} \quad (2.4.3)$$

Ejemplo
En el cubo siendo $V = 8$, resulta:

$$V' = (8 \times 2) - 4 + 4 - 2 = 14$$

¿Y qué sucede en el caso de los grafos irregulares? Si se considera la demostración que condujo a la fórmula anterior, es posible decir que, para un caso general, la cara básica puede ser cualquiera de las caras del **DGA**, por consiguiente no se hace participar el término **Nc** de la demostración. En cambio, **Na** se mantiene como la cantidad de vértices de la cara adicional, y se denomina Ni a la cantidad de vértices de la cara de infinito en el GAA, la cual sustituirá inevitablemente a la cara **Na** en el **DAA**.

De esta forma quedará como expresión análoga a la antes enunciada y sobre base de los mismos parámetros, la expresión:

$$\boxed{V' = (V.2) - Ni + Na - 2} \quad (2.4.4)$$

y siendo por lo dicho **Ni = Na**, vuelve a repetirse la validez de la fórmula de relación entre vértices, esta vez en forma general.

Como se desprende de los anteriores razonamientos, se cumple la igualdad:

$$\boxed{Ni = Na = Nc}$$

A partir de las fórmulas (2.4.1) y (2.4.3), es posible deducir las siguientes fórmulas adicionales, válidas para todo conjunto de grafos planos y conexos.

Partiendo de la fórmula (2.4.3) tenemos:

$$\boxed{V' = 2V - 2 = V + (V - 2)} \quad (2.4.5)$$

y de la fórmula de Euler

$$C + V = A + 2 \implies V - 2 = A - C$$

si se remplaza (**V** − **2**) por (**A** − **C**) en la expresión anterior (2.4.5), resulta:

$$\boxed{V' = V + A - C} \quad (2.4.6)$$

Por otro lado, Euler también vale para los **DGA**, pues éstos también son poligonales y entonces es:

$$C' + V' = A' + 2$$

de donde, por (2.4.1) y (2.4.6):

$$A' = C' + V' - 2 \Rightarrow A' = C + 1 + V + A - C - 2$$

y finalmente:

$$\boxed{A' = A + V - 1} \quad (2.4.7)$$

de la cual es posible inferir la expresión adicional:

$$\boxed{A' = 2A - C + 1} \quad (2.4.8)$$

Ejemplo

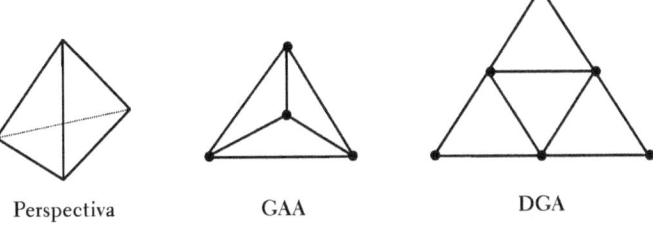

Perspectiva   GAA   DGA

Figura G2.7

En el ejemplo anterior: $V' = 2.V - 2 = 2.(4) - 2 = 6$

En los PGA

Al estar todas las caras "sueltas" entre sí en este tipo de grafo, su número es, junto con la cara de infinito envolvente, similar al número de caras del **DGA**. Por consiguiente:

$$\boxed{C' = C''} \quad (2.4.9)$$

Y por cuanto no existen vértices comunes a más de una cara, el número de vértices del grafo coincide con el grado total del grafo **Gt**, ya descripto anteriormente y resulta:

$$\boxed{V'' = Gt} \quad (2.4.10)$$

Por cuanto los **PGA** son grafos **no conexos**, tampoco son grafos poligonales y por consiguiente no es aplicable en este caso la fórmula de Euler. Sin embargo, el número de aristas no es una incógnita, pues coincide con el número de vértices (y en consecuencia con **Gt**).

Por ello:

$$\boxed{A'' = Gt} \quad (2.4.11)$$

La fórmula anterior (2.4.11) se justifica, por cuanto cada arista del **PGA** se vincula a sus dos vértices extremos según la misma definición de grafo, pero también cada vértice está relacionado **únicamente** con un par de aristas.

Todos los vértices en estos **PGA** tienen grado 2, en razón de que las caras, independizadas una de otra, constituyen subgrafos poligonales de un único ciclo. Este caso trivial ya fue analizado en el Apartado 1 como ejemplo de coincidencia entre el ciclo máximo y mínimo en un grafo poligonal.

2.5 Casos de aplicación

Los GAA

El análisis de los GRAFOS ASOCIADOS ANÁLOGOS se desarrollará en el apartado siguiente (Grafos III), destacando su validez como mecanismo representativo bidimensional de poliedros y su relación con obras de arquitectura que ilustran cada una de las categorías establecidas.

Los DGA

En el caso de los **DGA** resulta inmediata la aplicación que se vincula con envases de formas poliédricas. Este tema, sustancial en la comercialización de productos y que se conoce en los ámbitos del diseño como "packaging", puede ser analizado desde una nueva óptica a través de los decografos asociados.

Ejemplo

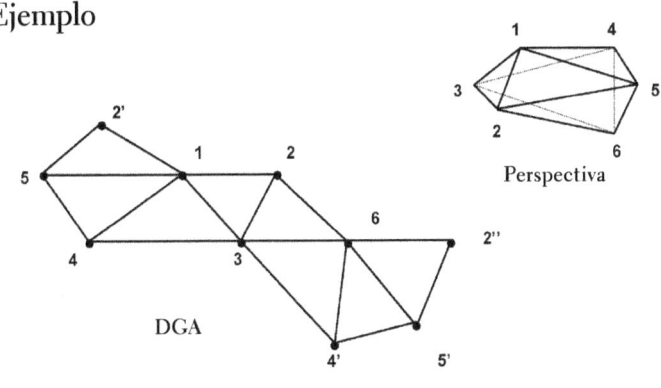

Figura G2.8

El trapezoedro, cuyo decografo asociado se ejemplificó precedentemente [figura G2.8], bien puede ser el formato de un estuche para joyas, un envase para perfumes, etc., etc. Cualquiera de sus caras triangulares, por tener tres puntos no alineados que definen un plano, sirve de base de apoyo.

Evidentemente, las fórmulas que relacionan al número de elementos constitutivos del poliedro con el **DGA** ya enunciadas, determinan los vínculos que se materializarán a partir de la matriz plana del envase, hasta obtener este último, armado para su uso definitivo.

Por ejemplo de la fórmula:

$$V' = 2.V - 2$$

se deduce inmediatamente

$$\boxed{V = \frac{V'}{2} + 1} \quad (2.5.1)$$

Puede servir la fórmula (2.5.1) si el objeto de diseño es un envase de tipo poliédrico y el dato buscado es la cantidad de vértices que va a tener dicho envase. Desde el punto de vista constructivo, si hay que unir espacialmente piezas según el esquema del decografo, la fórmula (2.5.1) es igualmente usable para conocer el número de nudos tridimensionales. En el área de las estereoestructuras, también es posible imaginar que se prefabrique un módulo plano que sea factible plegar en aristas específicas y así obtener el prototipo tridimensional básico.

caras poliédricas. Éstas se unirán constructivamente hasta conformar el modelo tridimensional.

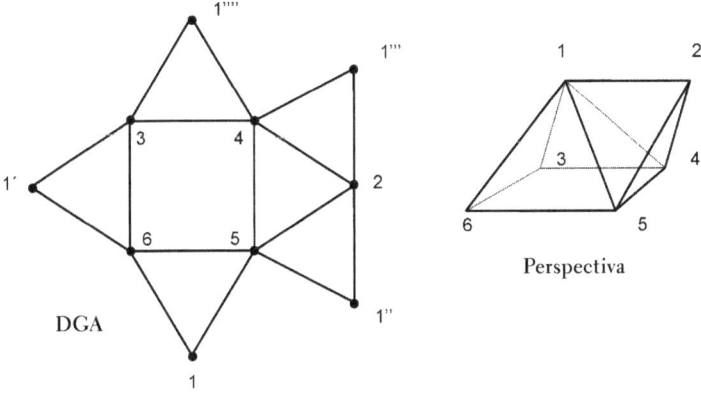

Figura G2.9

Ejemplo

El ejemplo mostrado anteriormente [figura G2.9] es el poliedro no regular llamado ZUECO IRREGULAR, de habitual uso en estereoestructuras, en razón de que puede adosarse un módulo a otro sin intersticios o, dicho en otras palabras, satura el espacio y por cuanto se puede fabricar con un único tamaño de aristas (lados del cuadrado o de los triángulos equiláteros).

Los PGA

En el caso de los **PGA** las aplicaciones apuntan a la unión de placas materiales, las cuales son obviamente las

Esta posibilidad se puede observar con frecuencia en el caso de cerramientos prefabricados que luego se montan en obra.

Nuevamente es posible relacionar, con las fórmulas enunciadas previamente, la cantidad de vértices, aristas y caras del **PGA** con la resultante cáscara poliédrica que genera un espacio y donde cada uno de los elementos que conforma el partigrafo asociado representa, en la materialización, un recurso tecnológico a resolver.

Se verifica la siguiente relación entre los elementos del grafo y sus equivalentes tecnológicos:

Arista = Junta
Vértice = Nudo tridimensional
Cara = Módulo básico del material empleado o placa especial cortada a medida

Ejemplo 1

En este caso se trata de un partigrafo asociado *parcial*, pues se lo asocia solamente a una cara plana. No es difícil imaginar que la unión constructiva de estas placas planas puede generar sin inconvenientes una "caja" poliédrica, que constituye el caso general. Como se observa en el caso analizado [figura G2.10], se trata de una pared doble de placas de roca de yeso sobre bastidor metálico, la primera capa vertical y la segunda horizontal.

Las aristas son soluciones de continuidad en la superficie y los vértices los encuentros de placas que requieren especiales tratamientos constructivos, por lo que resulta de suma utilidad el conocimiento de su número y relación de incidencia.

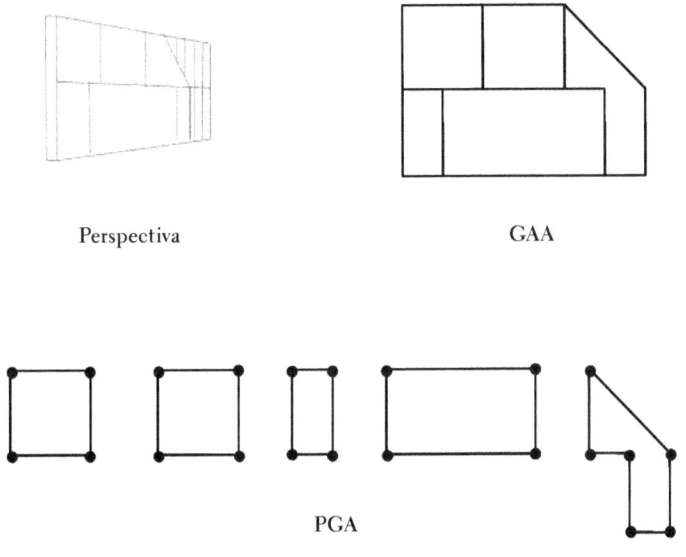

Figura G2.10

Ejemplo 2

Este caso muestra una vivienda (unión de poliedros que constituyen los ambientes) [figura G2.11] de la cual se analiza sólo un sector y en la que, para su estudio como grafo, no se han considerado los vanos de ventanas, pues no resultan substanciales para el ejemplo.

Es aplicable el uso de los **PGA**, pues el sistema constructivo está basado en la unión de placas de poliestireno con capa de hormigón proyectado de ambos lados [figura. G2.12].

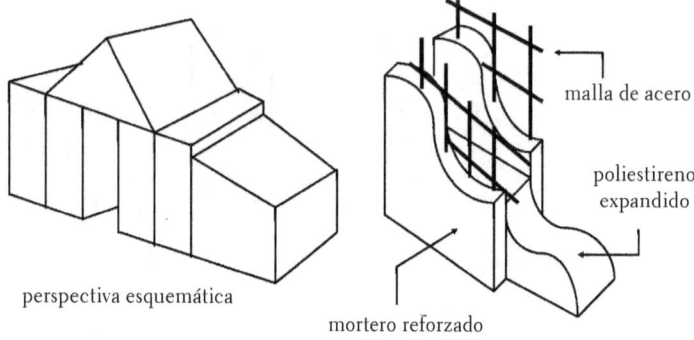

Figura G2.11

Figura G2.12

Estas placas pueden ser cortadas en formas y medidas libres, que sean subáreas del módulo básico.

Se indican a continuación y como un **PGA**, las distintas placas constitutivas del sistema constructivo antes mencionado [figura G2.13]. No se incluye el cerramiento inferior

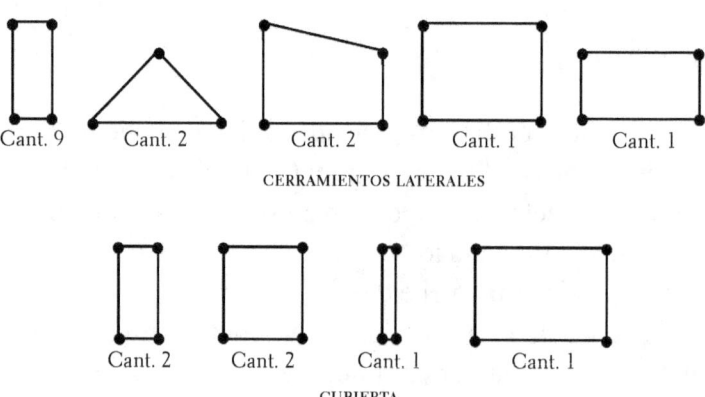

Figura G2.13

que es en resumen un único rectángulo construido in situ (contrapiso + aislaciones + solado) y las placas se indican con la cantidad de cada tipo.

Ejemplo 3

Y un edificio que podría considerarse un partigrafo tridimensional por su particular diseño, que semeja un cubo que se ha desarmado en sus caras componentes es el siguiente (figuras G2.14 y G2.15):

Obra del año 1997 creada en México por el ilustre arquitecto mexicano Agustín Hernández[6] es uno de sus proyectos más importantes, cuyo nombre hace alusión a la antigua ciudad maya Calakmul en el estado de Campeche. Esa ciudad es un yacimiento arqueológico prehispánico maya, situado en el sureste del estado mexicano, en la región del Petén, en el núcleo de la reserva de la biosfera de la ciudad a pocos kilómetros de la frontera con Guatemala.

No sólo el concepto innovador y sus volúmenes imponentes logrados con maestría en concreto y vidrio resultan majestuosos, sino el simbolismo que resguarda. En él, el cuadrado representa la tierra y el círculo el cielo, símbolos que han trascendido a través del tiempo y han sido adorados por culturas milenarias.

---

[6] Agustín Hernández Navarro (n. 1924) es un arquitecto mexicano que realizó sus estudios en la Escuela Nacional de Arquitectura, y su tesis de fin de carrera, atrevida, innovadora y original, marca lo que será su vida como arquitecto. Encasillada por algunos autores como arquitectura emocional, su obra se centra en la valoración de elementos de la cultura local actualizados.

Figura G2.14

El edificio Calakmul, que ha recibido varios premios, es un inmueble inteligente automatizado en el 100% de sus funciones (sistemas de seguridad, de telecomunicaciones y equipamiento).

Está planeado para adaptarse a necesidades futuras y contempla la regeneración ecológica y urbana de la zona en la que está implantado. La estructura metálica del edificio corresponde básicamente a cuadrados y círculos, por lo que el montaje requirió de un manejo especial de las piezas, así como de analíticos procedimientos constructivos.

Los componentes fundamentales de su envolvente podrían resumirse en los siguientes módulos que definen su diseño primordial:

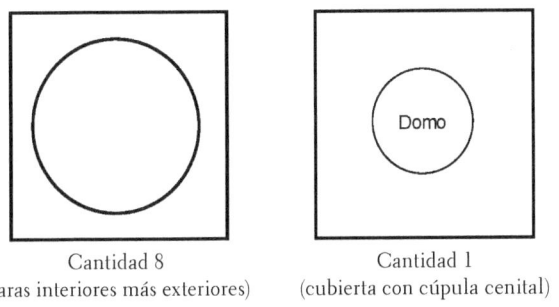

Cantidad 8
(caras interiores más exteriores)

Cantidad 1
(cubierta con cúpula cenital)

Figura G2.15

GRAFOS 3

Grafos poligonales: asociación a poliedros

Resumen

Un grafo poligonal ha sido definido intuitivamente como un grafo que divide el plano en zonas poligonales. Cuando un diseñador dibuja un grafo poligonal para resolver un problema, está tratando de representar una organización espacial. Pero como la relación entre el diseño plano y la correspondiente entidad tridimensional no es uno-a-uno, no resulta fácil encontrar maneras de especificar mejor esta relación.

En este apartado, se propone una nueva clasificación de los grafos poligonales, tomando en cuenta algunas condiciones de simetría, con el objetivo de colaborar en el pasaje del diseño plano al objeto espacial y viceversa.

3.1 Grafos asociados análogos y sus aplicaciones

Se recuerdan a continuación algunos conceptos básicos, que serán usados en esta nueva clasificación. Un grafo se dice "CONEXO" si existe una sucesión de aristas que une cualquier vértice a todo otro. Un "CICLO" es una sucesión de aristas que parte de un vértice cualquiera y vuelve al mismo, con la condición de no pasar por ningún vértice ni arista más de una vez. Un grafo se dice "PLANO" si se puede hallar una representación del mismo tal que sus aristas se intersequen solamente en los vértices (véase Apartado 1).

Obviamente, un grafo poligonal divide el plano en zonas poligonales, el interior de las cuales ya ha sido denominado "CARA" y donde la región externa que bordea el grafo se llama "CARA DEL INFINITO".

3.2 Grafos completamente regulares

En todo grafo es posible calcular el "GRADO" de cualquiera de sus vértices contando el número de aristas que emanan del mismo.

En particular, un grafo poligonal se dice "REGULAR" si todos sus vértices tienen el mismo grado. Si, además de ser regular, satisface la condición que cada cara está limitada por el mismo número de aristas, incluyendo la cara del infinito (polígonos de un solo tipo), se dice "COMPLETAMENTE REGULAR".

Es demostrable que existen solamente cinco grafos poligonales completamente regulares, a los que se agregan los llamados casos triviales (por su simplicidad), que también cumplen la condición de regularidad completa.

Los cinco casos no triviales se corresponden con grafos asociados análogos a los cinco poliedros regulares o "SÓLIDOS PLATÓNICOS". Éstos se grafican en la figura G3.1, donde pueden verse ambas representaciones, perspectiva y GAA [a: tetraedro (cuatro caras); b: octaedro (ocho caras); c: cubo o hexaedro (seis caras); d: dodecaedro (doce caras); e: icosaedro (veinte caras)].

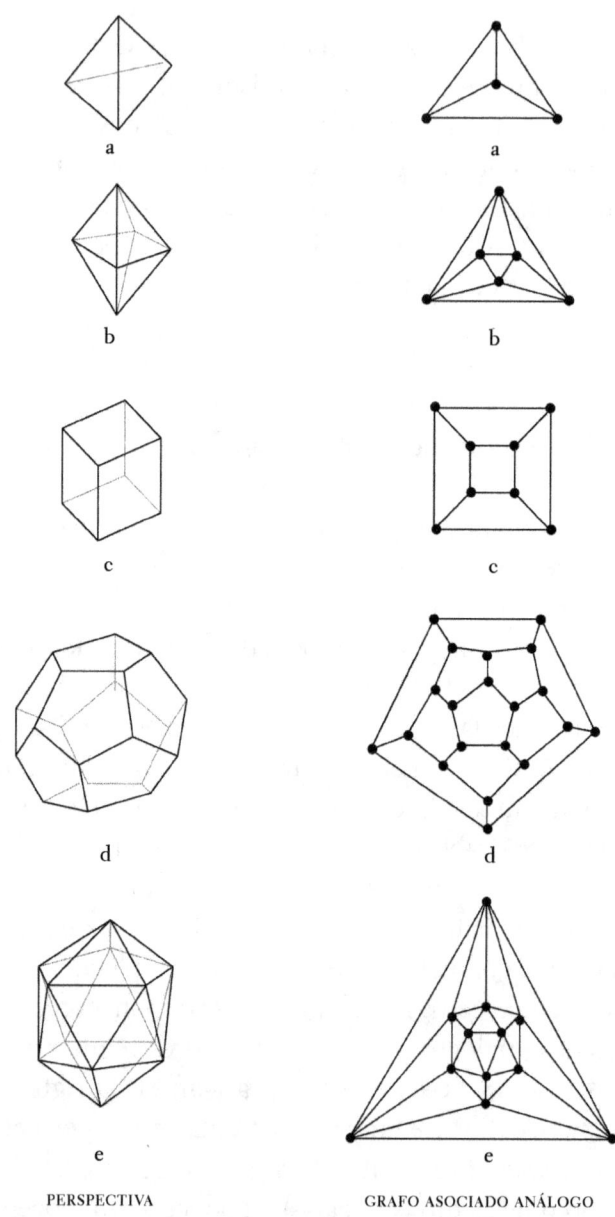

PERSPECTIVA   GRAFO ASOCIADO ANÁLOGO

Figura G3.1

Se desarrolla a continuación la demostración de que sólo los cinco grafos asociados análogos a los poliedros regulares son completamente regulares:

Para ello, dado el grafo **G** completamente regular, se definirán en él:

A_v = número de aristas en cada vértice
A_c = número de aristas en cada cara

Si se multiplica el A_v por el número de vértices resultará un valor igual al de multiplicar A_c por el número de caras. En ambos casos se puede inferir que se obtendrá el grado total del grafo **Gt** (véase Apartado 2), que es el doble del número total de aristas del grafo. Por consiguiente:

$$A_c \cdot C = A_v \cdot V = 2A$$

de las dos igualdades anteriores se obtiene, despejando por separado:

$$\frac{A_v}{A_c} A = \frac{1}{2} A_v \cdot V \quad y \quad C = \frac{A_v}{A_c} V$$

y reemplazando estas dos expresiones en la fórmula general de Euler:

$$C + V = A + 2$$

(válida, pues **G** es un grafo plano y conexo), se tendrá

$$\frac{A_v}{A_c} V + V = \frac{1}{2} A_v \cdot V + 2$$

sacando factor común **V** se llega a:

$$V \left(1 + \frac{A_v}{A_c} - \frac{A_v}{2}\right) - 2$$

y por pasaje de términos resulta:

$$2\,A_c + 2\,A_v - A_c \cdot A_v = 4\frac{A_c}{V}$$

donde el segundo miembro es un cociente de números positivos, y en consecuencia un número mayor que cero, por lo que se verifica:

$$\boxed{2 \cdot A_c + 2 \cdot A_v - A_c \cdot A_v > 0} \quad (3.2.1)$$

Si en la desigualdad (3.2.1) se resta **4** a ambos miembros se obtiene sucesivamente:

$$2\cdot A_c + 2A_v - A_c \cdot A_v - 4 > -4$$

$$A_c\,(2 - A_v) - 2\,(-A_v + 2) > -4$$

$$(2 - A_v)\cdot(A_c - 2) > -4$$

y multiplicando ambos miembros por −1 (¡recordar que se invierte la desigualdad!), se deduce que:

$$\boxed{(A_c - 2)(A_v - 2) < 4} \quad (3.2.2)$$

Se verá a continuación cuáles son los números naturales (1, 2, 3,…) que satisfacen esta relación.

Casos triviales

a) $A_v = 1$; $A_c = 1$
   Es el caso de una única arista y sus dos vértices extremos.

b) $A_v = 2$; $A_c = 1$
   Es el caso de un único vértice con un lazo.

c) $A_v = 2$; $A_c =$ **cualquier número**
   Es el caso de un único ciclo de longitud **n** cualquiera.

   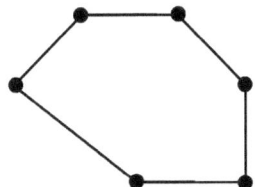

d) $A_c = 2$; $A_v =$ **cualquier número**
   Es el caso de dos únicos vértices con aristas múltiples entre ellos.

Casos no triviales

A_C	A_V	vértices	aristas	caras	poliedro asociado
3	3	4	6	4	TETRAEDRO
4	3	8	12	6	CUBO
5	3	20	30	12	DODECAEDRO
3	4	6	12	8	OCTAEDRO
3	5	12	30	20	ICOSAEDRO

En este punto es válido verificar que para $A_V \geq 6$ (ya se consideraron los casos $A_V < 6$) y para $A_C \geq 3$ (pues salvo los casos triviales cada cara no puede tener menos de tres aristas envolventes), no hay solución posible que satisfaga la fórmula (3.2.2). Sin embargo, como en los grafos planos no está implícita ninguna métrica, dado un grafo poligonal del tipo de los dibujados en la figura 3.1, ¡es factible realizar en el espacio tridimensional un poliedro que no tenga nada que ver con los sólidos platónicos!

Por ejemplo, el famoso "trapezoedro" resplandeciente (todas sus caras son triángulos que se combinan formando trapezoides), introducido por H. P. Lovecraft[7] en la literatura fantástica y que se usó como caso de aplicación de los DGA en el Apartado 2, tiene como grafo asociado análogo

---

[7] H. P. Lovecraft: destacado escritor norteamericano contemporáneo. Título original del cuento donde menciona el trapezoedro: "The Haunter of the Dark", incluido en el libro "Relatos de los mitos de Cthulhu 2".

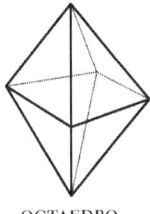 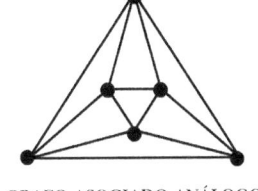 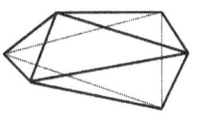

OCTAEDRO   GRAFO ASOCIADO ANÁLOGO   TRAPEZOEDRO

Figura G3.2

un isomorfo del correspondiente al octaedro (figura G3.2). En otras palabras, a cada grafo poligonal le corresponde una clase infinita de poliedros convexos (y también cóncavos) en el espacio, tanto regulares como no regulares. Similarmente, a cada poliedro en el espacio, le corresponde una clase infinita de grafos poligonales, todos isomorfos entre ellos.

Para poder ayudar a un diseñador a formular un problema de diseño en términos matemáticos, relacionando la forma y los esquemas en un grafo poligonal con sus posibles realizaciones en el espacio, es necesario diferenciar en detalle las características de los grafos poligonales, así como las de los posibles poliedros asociados con ellos.

Por ello se ha considerado conveniente ampliar la clasificación de grafos poligonales.

3.3 Clasificación de grafos poligonales

La clasificación de grafos poligonales, que en la literatura clásica se limita a grafos regulares y grafos completamente regulares, se amplía de la siguiente manera:

GRAFOS POLIGONALES	(1) IRREGULAR
	(2) CUASI-REGULAR
	(3) REGULAR
	(4) CUASI-COMPLETAMENTE REGULAR
	(5) COMPLETAMENTE REGULAR

La clasificación anterior está basada, como se verá en lo que sigue, en la consideración de dos condiciones: una, puramente topológica y la otra, geométrica restringida. La relación $\mathbf{R}^2 \leftrightarrow \mathbf{R}^3$ se analiza considerando al grafo poligonal como grafo asociado análogo de un poliedro en el espacio.

(1) Irregular

1ra. Condición: existe un número diferente de aristas (al menos una) que inciden en cada vértice, o bien encierran caras.

2da. Condición: las simetrías axiales son irrelevantes en $\mathbf{R}^3$, excepto los grafos isomorfos que pudieran tener en $\mathbf{R}^2$.

(2) Cuasi-regular

1ra. Condición: a todos los vértices llega igual número de aristas y existe un número diferente de aristas (al menos una) que encierran las caras.

2da. Condición: la misma que en el caso de "irregular".

(3) **Regular**

> **1ra. Condición:** los números de aristas que llegan a los vértices o encierran caras, son iguales.
> **2da. Condición:** la misma que en el caso de "irregular".

(4) **Cuasi-completamente regular**

> **1ra. Condición:** la misma que en "regular".
> **2da. Condición:** en $\mathbf{R}^3$ existe al menos un vértice en alguna cara por el cual pasa un eje de simetría. En $\mathbf{R}^2$ se adopta un grafo poligonal asociado análogo, tal que un eje de simetría debe pasar por uno de sus vértices externos.

(5) **Completamente regular**

> **1ra. Condición:** la misma que en "regular".
> **2da. Condición:** en $\mathbf{R}^3$ por *todos* los vértices de cada cara pasa un eje de simetría. En $\mathbf{R}^2$ se adopta un grafo poligonal asociado análogo, tal que pasa un eje de simetría por todos sus vértices externos.

Nota: esta última restricción hace que exista uno y sólo un tipo de poliedros que satisface las estipulaciones de la clase (5), reducida a un subgrupo de cinco poliedros regulares que son los sólidos platónicos.

Nótese que las condiciones geométricas en $\mathbf{R}^3$ y en $\mathbf{R}^2$ de las clases (4) y (5) pueden expresarse alternativamente de la siguiente manera:

(4) En R^3 en alguna de las caras existe al menos un vértice por el cual pasa un eje de simetría. En R^2 todos los grafos asociados análogos contienen solamente un eje de simetría que pasa por un vértice externo (condición restringida).

(5) En R^3 en todas las caras, por todos sus vértices, pasan ejes de simetría. En R^2 todos los grafos asociados deben contener ejes de simetría que pasan por todos sus vértices externos (condición amplia).

Es interesante hacer notar que los grafos poligonales asociados análogos a las clases (4) y (5) están incluidos en la clase (3); en consecuencia, la clase (3) está exceptuada de cumplimentar la condición de simetría, sea restringida o amplia, que se introduce adicionalmente en las clases (4) y (5), respectivamente.

La condición topológica se cumple de manera análoga tanto en R^3 así como en R^2 con respecto a las relaciones entre aristas, vértices y caras.

Esto no ocurre en lo que se refiere a la condición geométrica (simetría axial), ya que a su no consideración en R^3 le corresponde una adopción de excepción en R^2. Así, a la condición existencial en R^3, le corresponde la adopción de un solo eje de simetría para cada vértice externo de cada cara en R^2 y la universal para todos los ejes de simetría que pasan por los vértices externos del grafo.

> En la Tabla I se resumen las características de la clasificación de los grafos poligonales y sus poliedros asociados, que ha sido propuesta anteriormente.

R³ POLIEDROS	CONDICION GEOMETRICA SIMETRIA AXIAL	CONDICION TOPOLOGICA $\#A/V$ $\#A/C$	R² GRAFO ISOMORFO ADOPTADO	CONDICION GEOMETRICA SIME. AXIAL	CLASE
PIRAMIDES	NO SE CONSIDERA	$\sim \#A/V$ $\sim \#A/C$		SE EXCEPTUA	IRREGULAR
PRISMAS Y PIRAMIDES TRUNCADAS	NO SE CONSIDERA	$= \#A/V$ $\sim \#A/C$		SE EXCEPTUA	CUASI REGULAR
TRAPEZOEDRO, PARALELEPIPEDO	NO SE CONSIDERA	$= \#A/V$ $= \#A/C$		SE EXCEPTUA	REGULAR
PARALELEPIPEDO DE BASE CUADRADA, OCTAEDRO	∃ VERTICES CON SIMETRIA AXIAL EN ALGUNA CARA	$= \#A/V$ $= \#A/C$		1 SIMETRIA AXIAL POR VERTICE EXTERIOR	CUASI COMPLETAMENTE REGULAR
SOLIDOS PLATONICOS	∀ VERTICES POSEEN SIMETRIA AXIAL EN CADA CARA	$= \#A/V$ $= \#A/C$		∀ VERTICES EXTERIORES POSEEN SIMETRIA AXIAL	COMPLETAMENTE REGULAR

$\#A/V$ N° DE ARISTAS INCIDENTES EN CADA VERTICE
$\#A/C$ N° DE ARISTAS LIMITANTES DE CADA CARA

$\sim$ NO
∀ TODOS
∃ EXISTE AL MENOS UNO/A
$=$ IGUAL

NOTA: Con excepción de los sólidos platónicos existen infinitos ejemplos de las restantes clases.

Tabla I

3.4 Matrices asociadas a los grafos poligonales

Se pueden caracterizar las cinco clases de grafos poligonales establecidas en la Tabla I mediante herramientas algebraicas. Para ello, llamando nuevamente A_V al número de aristas concurrentes a cada vértice (también denominado "GRADO" del vértice) y A_C al número de aristas que limitan cada cara:

Si A_V = **constante**, por la fórmula de Euler resulta $A_V . V = 2 A$. Esta relación ya fue analizada en el punto 2.2 Grado total de un grafo, en el Apartado 2. A partir de la anterior expresión es posible calcular el número total de aristas A mediante la fórmula:

$$A = \frac{1}{2} A_V . V \quad (3.4.1)$$

Si A_C = **constante**, por análogos motivos, es $A_C . C = 2 A$, y entonces se tendrá:

$$A = \frac{1}{2} A_C . C \quad (3.4.2)$$

3.5 Clasificación ampliada de las matrices

Considerando ahora las matrices asociadas a los grafos, y ampliando lo mencionado en el Apartado 1 de este Capítulo, se puede decir que existen tres tipos de matrices booleanas (formadas por unos y ceros) asociadas a cada grafo:

a) matriz de adyacencia de vértices
b) matriz de adyacencia de aristas
c) matriz de incidencia de vértices con aristas

Dado un grafo **G** con **n** vértices y **k** aristas, se llama "MATRIZ DE ADYACENCIA DE VÉRTICES" a una matriz cuadrada M_V de **n × n** donde cada fila y cada columna (en el mismo orden) corresponden a un vértice de **G** y tal que $m_{ij} = 1$ si el vértice **i** es adyacente del **j** y $m_{ij} = 0$ en caso contrario.

De manera similar, se define la "MATRIZ DE ADYACENCIA DE ARISTAS" como una matriz cuadrada M_A de **k × k** donde cada fila y cada columna corresponden a una arista de **G** y tal que $m_{ij} = 1$ si la arista **i** es adyacente de la **j** y 0 en caso contrario.

Ambas matrices son simétricas, pues en todo grafo la relación de adyacencia es *simétrica*. Además, poseen ceros en la diagonal principal en el caso de estar asociadas a un grafo poligonal, puesto que en este tipo de grafos no existen lazos (en cuyo caso sería $m_{ii} = 1$).

La información suministrada por las matrices de adyacencia es incompleta; en particular, la matriz de adyacencia de aristas es poco usada pues no es difícil encontrar dos grafos *no* isomorfos con iguales matrices de adyacencia de aristas.

Por ello se introduce la "MATRIZ DE INCIDENCIA DE VÉRTICES CON ARISTAS", que es una matriz rectangular M_I de **n × k** donde cada fila corresponde a un vértice de **G** y cada columna a una arista y tal que $m_{ij} = 1$ si el vértice **i** es incidente con la arista **j** y 0 en caso contrario.

> Es de notar que, en la matriz de incidencia de un grafo, cada columna presenta exactamente dos "unos", pues cada arista tiene dos extremos.

3.6 Relación matricial con la clasificación de grafos poligonales

Es destacable como consideración general para este tema que, en la matriz de adyacencia de vértices y en la de incidencia, la cantidad de "unos" que aparece en cada fila indica el grado del vértice correspondiente a esa fila.

Se caracterizan a continuación, las particularidades de cada una de las categorías en relación con su expresión matricial.

(1) **Irregular**
$A_V \neq$ constante; $A_C \neq$ constante.
Las matrices de adyacencia no tienen igual número de "unos" en cada fila. Lo mismo sucede con la matriz de incidencia. Ello se debe a que los vértices del grafo tienen diferente grado.

(2) **Cuasi-regular**
$A_V =$ constante; $A_C \neq$ constante.
Tanto en las matrices de adyacencia de vértices y aristas como en la de incidencia, el número de "unos" en cada fila se mantiene constante. Ello es así, pues en este caso el grado de todos los vértices del grafo es el mismo.
El número total de aristas **A** se puede calcular usando la expresión (3. 4.1).

(3) Regular
A_V = constante; A_C = constante.
Igual que en el caso anterior, pudiéndose además calcularse el número total de aristas por la expresión (3. 4. 2). No existe simetría axial en ninguna cara, con eje que pase por alguno de sus vértices.

(4) Cuasi-completamente regular
A_V = constante; A_C = constante.
Idem que en el caso anterior, pero con el agregado que existe alguna cara con simetría axial por alguno de sus vértices.

(5) Completamente regular
A_V = constante; A_C = constante.
Idem que en el caso anterior pero ahora **todas** las caras poseen simetría axial con ejes que pasan por **todos** los vértices externos del grafo asociado análogo y por **todos** los vértices del poliedro correspondiente.

Ejemplos de aplicación al diseño arquitectónico

Adoptando esta clasificación, se encuentran ejemplos muy conocidos de aplicaciones de diseño arquitectónico, así como de diseño de objetos. Obviamente, la geometría está presente en toda obra arquitectónica así como de diseño en general, pero se ha tratado de encontrar ejemplos en los cuales exista una real distinción entre las cinco clases introducidas en la clasificación de los poliedros y sus grafos poligonales isomorfos asociados.

A continuación se da un listado de cinco obras de arquitectura, ampliamente conocidas, que responden a los tipos de clasificación desarrollados previamente.

Ejemplo de la clase irregular
Pirámide de base cuadrada en la entrada del Museo del Louvre, París, Francia. Diseñada por: I. M. Pei y Asociados. 1986.

Ejemplo de la clase cuasi-regular
Oficinas del Pentágono, Ministerio de Defensa de los Estados Unidos de Norteamérica, Washington, D.C., USA. Diseño: Cuerpo de Ingenieros del Ejército. 1940.

Ejemplo de la clase regular
Edificios Lake Shore Drive, Chicago, USA. Diseñados por: Mies van der Rohe. 1951.

Ejemplo de la clase cuasi-completamente regular
Edificio "Alem Plaza", Buenos Aires, Argentina. Diseñado por: Lavallaz y Yentel Arquitectos Asociados. 2000.

Ejemplo de la clase completamente regular
Escuela Zollvarein de Negocios y Diseño de Essen, Alemania, patrimonio de la humanidad arquitectos Kazuyo Sejima y Ryue.

Vista

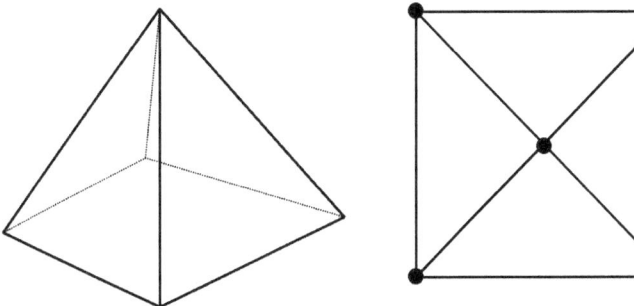

Esquema volumétrico   Grafo Asociado Análogo

CLASE IRREGULAR

Pirámide de acceso al Museo del Louvre
Arq. I. M. Pei y Asociados
París (Francia), 1986

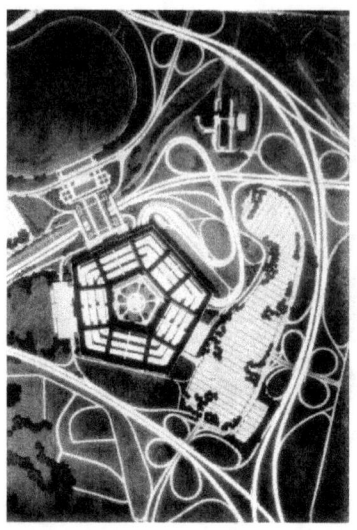

Vista aérea

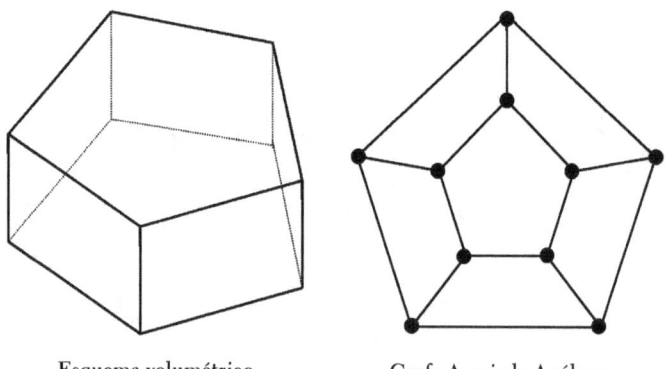

Esquema volumétrico   Grafo Asociado Análogo

CLASE CUASI REGULAR

Departamento de Defensa de los EEUU (Pentágono)
Cuerpo de Ingenieros del Ejército
Washington D. C. (EEUU), 1940

Perspectiva

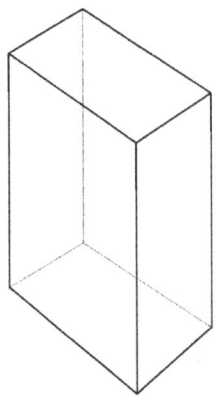
Esquema volumétrico

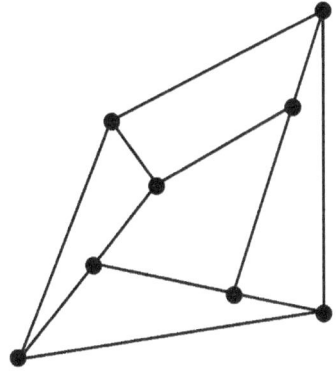
Grafo Asociado Análogo

CLASE REGULAR

Edificios "Lake Shore Drive"
Arq. Mies van der Rohe
Chicago (EEUU), 1951

Perspectiva aérea

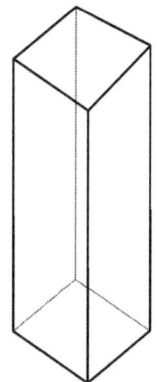

Esquema volumétrico

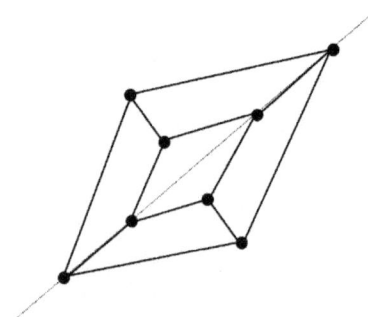

Grafo Asociado Análogo

CLASE CUASI COMPLETAMENTE REGULAR

Edificio "Alem Plaza"
Arquitectos: Lavallaz Yentel y Asociados
Buenos Aires (Argentina), 2000

Perspectiva

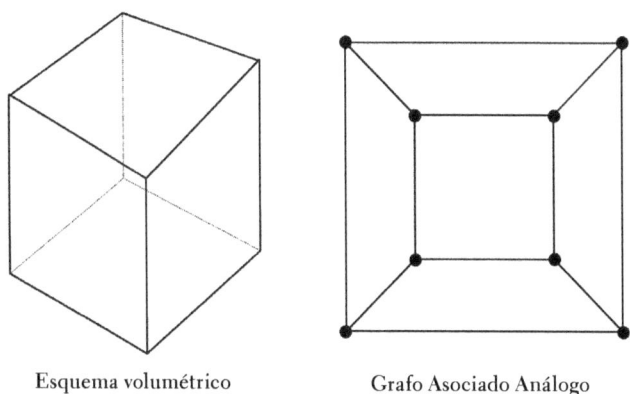

Esquema volumétrico   Grafo Asociado Análogo

CLASE COMPLETAMENTE REGULAR

Escuela Zollvarein de Negocios y Diseño de Essen, Alemania, proyecto general de los arquitectos Kazuyo Sejima y Ryue Nishizawa.

El proyecto en particular de este último ejemplo es obra de los arquitectos Kazuyo Sejima[8] y Ryue Nishizawa,[9] quienes proponen un edificio que se formaliza en un cubo, una forma pura, un volumen neutro y simple. Vale la pena aquí referirse a la potencialidad del cubo como objeto de uso múltiple en la arquitectura y el diseño en general. El cubo no depende de las tendencias de moda. El potencial del cubo reside en la forma primaria que proporciona pureza al espacio. En el caso de los edificios se materializa en una potente morfología, como en el anterior ejemplo, donde la masividad y la transparencia entran en juego. El hormigón se vuelve transparente por los vanos que le han sido incorporados, de forma tal que la relación entre interior y exterior se potencia y por tanto la idea de continuidad con el entorno se ve reforzada. Las ventanas cuadradas, de distintos tamaños, que aparentemente se disponen sin corresponder a la función, rompen el volumen macizo y la horizontalidad de los forjados.

---

[8] Kayzuyo Sejima se gradúa en 1981 como arquitecta en la Universidad de Mujeres de Japón, entrando a trabajar en el estudio de Toyo Ito. En 1987 funda su propio estudio, llamado Kazuyo Sejima and Associates, en 1995 funda junto con Ryue Nishizawa, el estudio de arquitectura SANAA (Sejima + Nishizawa and Associates) con base en la ciudad de Tokio.

[9] Ryue Nishizawa (Tokio, n. 1966) arquitecto japonés graduado en Arquitectura por la Universidad Nacional deYokohama. Al finalizar sus estudios se convirtió en 1995 en uno de los fundadores de una nueva agencia SANAA. Poco después, abrió su propio estudio de arquitectura en 1997, la "Office of Ryue Nishizawa". En el año 2000 fue fichado como profesor visitante en la Escuela de Diseño de Harvard, EE.UU.

Se considera interesante explayarse en detalle sobre este último ejemplo arquitectónico, ya que las ideas centrales que sostienen los arquitectos que lo diseñaron, están muy vinculadas a la Teoría de Grafos. Dicen los autores de la obra de Zollvarein: "En los años noventa, los diagramas adquirieron protagonismo en la obra de arquitectos como Rem Koolhaas, Kazuyo Sejima, MVRDV y Ben van Berkel. Todos ellos propusieron maneras diferentes de usar los diagramas, pero todos estaban apelando a las mismas promesas: liberar la arquitectura de sus limitaciones de representación y presentar nuevas formas de mediación entre lo virtual y lo real.

Esta generación de arquitectos no fue la primera en trabajar con diagramas; se podría argumentar que el diagrama es tan antiguo como la arquitectura misma, pero no se le da una importancia teórica hasta que Toyo Ito se refiere a la arquitectura de Kazuyo Sejima como arquitectura diagramática, en 1991, creando un nuevo concepto en la teoría de la arquitectura.

Aportaciones iniciales de Toyo Ito

Las ideas claves de Toyo Ito[10] parten de la reflexión sobre la era de las imágenes y el mundo caótico en el que vivimos, las cuales son:

---

[10] Toyo Ito, ya mencionado en un capítulo previo, es considerado uno de los arquitectos más innovadores e influyentes del mundo. El 17 de marzo de 2013 fue galardonado con el premio Pritzker, la distinción más importante en el mundo de la arquitectura.

- la desaparición del muro para juntar el mundo interior y el exterior
- la arquitectura flexible y cambiante
- el edificio polifuncional
- la asimilación de la arquitectura con el jardín
- los "morfemas"

Esta arquitectura, llamada "Blurring Architecture", cuyos límites son oscilantes y sinuosos intenta difuminar o hacer desaparecer el límite entre interior y exterior. Este interior-exterior ya no es solo físico, sino también metafísico. El diseño es flexible y cambiante según las necesidades de los usuarios. Aparece en los dos autores una arquitectura en constante metamorfosis. Ésta defiende el edificio polifuncional como reflejo de la sociedad moderna donde la información fluye con rapidez, y para conseguir hacer un espacio donde no haya un límite exacto diseñado para una función concreta, sino que sea la sociedad la que le de forma.

El último de los conceptos principales de Toyo Ito es el "morfema". Es el elemento arquitectónico que configura el perímetro de un halo de luz. Este recurso arquitectónico se repite en la mayoría de las obras de Kazuyo Sejima.

Mientras para Toyo Ito los diagramas sirven para introducir medios de climatización, flujos de salud y estímulos sensoriales orgánicos, para Kazuyo Sejima los diagramas sirven para relacionar los espacios con las actividades.

"Un edificio es en el fondo el equivalente al diagrama del espacio que se usa para describir de forma abstracta las actividades cotidianas que se presuponen en el edificio".

KAZUYO SEJIMA

GRAFOS 4

Árboles

4.1 Introducción - Definiciones

Otro tipo especial de grafos son los llamados ÁRBOLES, los cuales reciben ese nombre por su semejanza con la estructura de esa forma vegetal. Sin embargo, como se verá en los ejemplos desarrollados a continuación en este parágrafo, esta disposición arborescente se presenta en el caso de los grafos generalmente de manera "invertida", es decir, con la **raíz** arriba y las **ramas** hacia abajo.

El estudio sistemático de los árboles como diagramas se remonta a mediados del siglo XIX, unos cien años después de los estudios de König y Euler, que ya se mencionaron en la introducción como origen del estudio de grafos.

La definición de un ÁRBOL, ya tratado como un grafo, es la siguiente:

> Un árbol es un grafo conexo y simple, es decir, sin lazos ni aristas múltiples, que no contiene ciclos y en el cual existe un *único recorrido* que vincula cada par de vértices.

Como caso especial, si un árbol tiene un vértice particular designado como raíz se denominará **árbol con raíz** o **radicado**. Si no se designa a un vértice para que cumpla funciones de raíz, el árbol se denominará **libre**.

Ejemplos

El grafo de la figura 4.1 es un **árbol libre** y el grafo de la figura 4.2 es un **árbol con raíz**. Obsérvese que a partir de designar como raíz al vértice **g** de la figura 4.1. se obtiene el árbol radicado de la figura 4.2.

En ambas figuras [figuras G4.1. y G4.2] es factible verificar la condición de existencia de un único camino entre cada par de vértices. Por ejemplo, el único camino en la gráfica de G4.1 de **h** a **k** es (**h, d, g, f, e, k**).

Nota: se hace la salvedad de denominar **camino** al recorrido entre vértices de un árbol, en tanto se establece una dirección para ir de un vértice a otro. Se recuerda que el concepto de **camino** está restringido sólo a grafos dirigidos.

La figura G4.2 muestra cómo se dibuja usualmente un árbol con raíz.

a) en el primer paso se sitúa la raíz en la parte superior;
b) abajo de la raíz y en un mismo nivel se colocan los vértices que están unidos a la raíz mediante un camino de longitud 1;
c) abajo de cada uno de los vértices ubicados en el nivel 1, se sitúan los vértices que están unidos a la raíz mediante un camino de longitud 2, todos ellos también en una misma línea virtual horizontal;
d) se continúa de esta manera hasta obtener el dibujo completo del grafo.

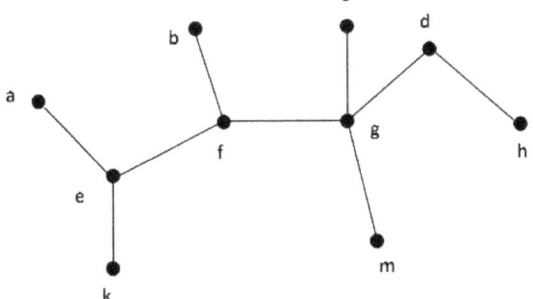

ÁRBOL LIBRE

Figura G4.1

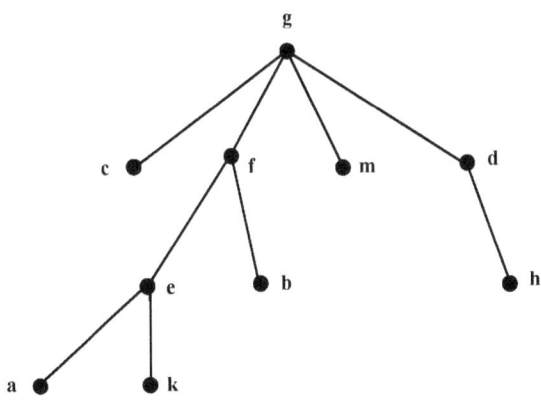

ÁRBOL CON RAÍZ

Figura G4.2

Puesto que el camino que va de la raíz a un vértice cualquiera es único, a cada vértice le corresponde un nivel único.

Se denomina nivel 0 (cero) al nivel de la raíz. A los vértices que están abajo de la raíz les corresponde el nivel 1, y así sucesivamente. Por lo tanto, el **nivel de un vértice "v"** es la longitud del camino que va desde la raíz hasta v. La **altura** de un árbol con raíz es el valor de su nivel máximo.

Para el ejemplo de la figura G4.2, los vértices **c, f, m, d** están en el nivel 1, los vértices **b, e, h** están en el nivel 2, y los vértices **a, k** están en el nivel 3. La raíz, por lo dicho es el vértice **g** de nivel 0 y la altura del árbol es 3.

Los árboles con raíz se utilizan con frecuencia para especificar relaciones de jerarquía o importancia. Cuando se utiliza un árbol con este fin, si un vértice i está en un nivel superior al nivel que corresponde a un vértice **j**, y además **i** y **j** son adyacentes, entonces **i** está "justo arriba" de **j**, y la relación lógica existente entre **i** y **j** es: i domina a **j**, o **j** está subordinado a **i**.

A continuación se muestra un ejemplo práctico completo [figura G4.3], donde el grafo arborescente describe el proceso de elaboración de aceros, desde los minerales básicos hasta los distintos productos finales. En este caso la complejidad de la interrelación entre las etapas intermedias, obliga a realizar ciertas excepciones a la regla de ordenamiento por niveles antes descripta.

Esquema de los métodos de fabricación de fundiciones y aceros

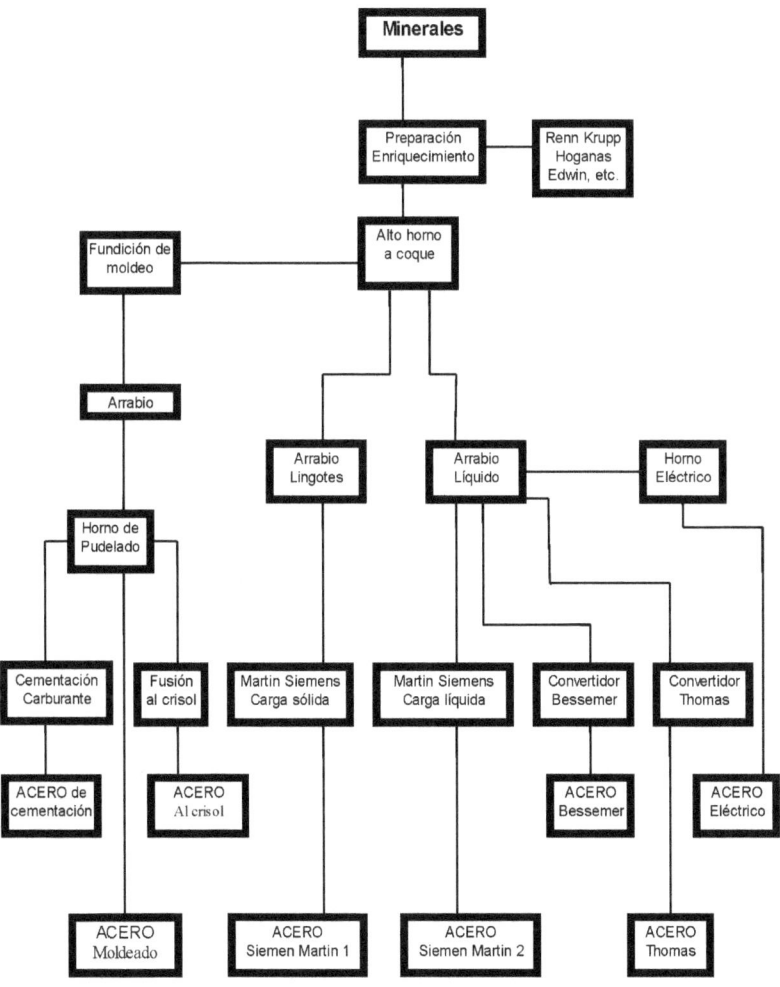

4.2 Propiedades de los árboles

Se desarrollarán a continuación ciertas propiedades de los árboles, acompañadas de la justificación conceptual que las sustenta.

Dado que en un árbol existe un camino de cualquier longitud entre dos vértices cualesquiera, por lo tanto es un grafo de tipo conexo.

Por otra parte, un árbol no puede contener circuitos, si contuviera un circuito C, habría al menos dos vértices **a** y **b** en C, pues C no puede ser un lazo ya que un árbol es un grafo simple. Como **a** y **b** estarían en un circuito, habría al menos dos caminos de **a** a **b**, lo cual contradice la definición. Por lo tanto, un árbol no puede contener un circuito. El recíproco también es cierto y puede usarse como definición adicional:

> Todo grafo conexo libre de circuitos es un ÁRBOL.

Si G^* es un árbol, es decir un grafo simple de **n** vértices, también son verificables las siguientes propiedades asociadas a lo antedicho:

a) G^* es conexo y tiene **n − 1** lados
b) G^* no contiene circuitos y tiene **n − 1** lados

4.3 Orden de un árbol

Sea G^* un árbol con raíz V_0. Supóngase que V_x y V_y son vértices en G^* y que $(V_0, V_1, \ldots \ldots V_n)$ es un camino en G^*, entonces:

a) V_{n-1} es el PADRE de V_n

b) V_n es el HIJO de V_{n-1}

c) $(V_0, V_1, \ldots\ldots V_n)$ son ANTEPASADOS de V_n

d) si V_x es un antepasado de V_y, entonces V_y es DESCENDIENTE de V_x

Otros conceptos útiles para trabajar con árboles son:

a) Si V_x es un vértice sin **hijos**, se denomina VÉRTICE TERMINAL.

b) Si V_x **no** es un vértice terminal, entonces es un VÉRTICE INTERNO (se incluye en esta categoría a la raíz).

Ejemplo

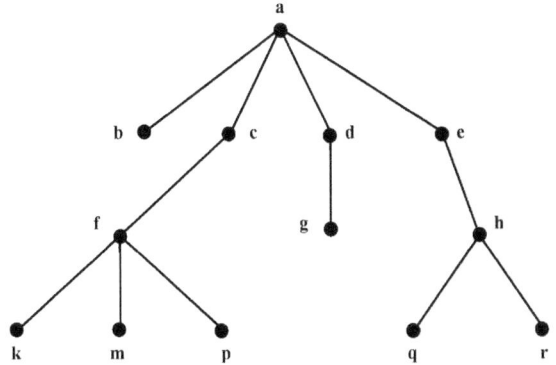

Figura G4.4

En el ejemplo de la figura G4.4:

a) **f** es el padre de **m**;
b) los antepasados de **p** son **f, c, a**;
c) los hijos de **f** son **k, m, p**;
d) los descendientes de **c** son **f, k, m, p**;
e) los vértices terminales son **b, g, k, m, p, q, r**;
f) los vértices internos son **a, c, d, e, f, h**.

Como casos especiales es interesante considerar los siguientes tipos de árboles que poseen ordenamientos particulares:

ÁRBOL BINARIO: es un árbol con raíz, en el cual cada vértice tiene un hijo a la derecha **o** un hijo a la izquierda, o un hijo a la derecha **y** uno a la izquierda, o bien ningún hijo.

ÁRBOL BINARIO COMPLETO: es el árbol binario en el cual cada vértice tiene un hijo a la derecha y uno a la izquierda, o bien ningún hijo.

El grafo de un torneo de eliminación simple como el Master de Tenis Internacional es un **árbol binario completo** [figura G4.5]. De cada partido surge un ganador que es el que pasa a la ronda siguiente. Al final hay un único ganador que queda como raíz. El número de participantes debe ser una potencia de 2, de forma tal que no queden pasos intermedios con un solo jugador.

Ejemplo

Figura G4.5

Por supuesto que un árbol binario completo también acepta la posibilidad de no tener un número de vértices terminales que sea potencia de 2 [figura G4.6], según surge de la misma definición.

Pero de cualquier manera debe cumplirse que en todo árbol binario completo con i vértices internos, existen $i+1$ vértices terminales y $2i+1$ vértices en total. Esto puede razonarse de la siguiente forma:

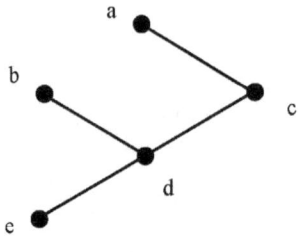

Figura G4.6

Si se tiene un grafo **G*** y éste es binario completo, tendrá **n** vértices, de los cuales todos son hijos excepto uno, que es la raíz. El resto de los vértices tiene dos hijos o no tiene ninguno. Puesto que hay **i** vértices internos y cada uno de ellos tiene dos hijos, habrá en consecuencia **2i** hijos y consecuentemente, el número total de vértices de **G*** será (al sumarse la raíz):

$$2i + 1$$

Si al número total de vértices de **G*** se le restan los vértices internos, se obtendrá la cantidad de vértices terminales, cuyo número en consecuencia es:

$$\boxed{(2i + 1) - i = i + 1} \quad (4.3.1)$$

Ejemplo
Si hay 25 concursantes en un torneo de eliminación simple, ¿cuántas competiciones o partidos habrá?

Como en el ejemplo de la figura 4.6 (en este caso 25 no es potencia de 2); este tipo de torneos se puede representar como un árbol binario completo. El número de participantes es el de vértices terminales y el número de partidos i es el de vértices internos. Luego por la fórmula (4.3.1)

$$25 = i + 1$$

de modo que

$$\boxed{i = 24}$$

4.4 Árboles generadores

En esta sección se considerará el problema de determinar un subgrafo **T** (*tree* = árbol) de un grafo **G** (que no sea una estructura arborescente), de modo que **T** sea un árbol que contenga **todos** los vértices de **G**. A un árbol con esa propiedad se lo denomina ÁRBOL GENERADOR O ABARCADOR.

Ejemplo. En la figura G4.7 se muestra un grafo **G** cualquiera, uno de cuyos árboles generadores ha sido marcado con líneas gruesas. En general, un grafo puede tener varios árboles generadores.

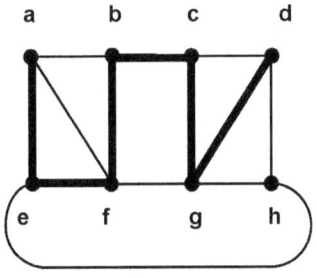

Figura G4.7

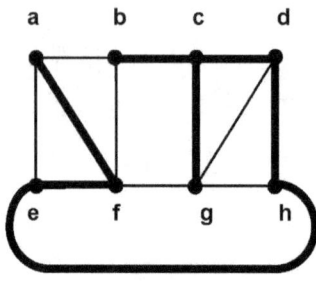

Figura G4.8

Ejemplo

Otro árbol generador del grafo **G** de la figura 4.7 se muestra en la figura G4.8.

Como puede verse en los dos ejemplos anteriores, **a** y **b** son dos vértices de **G**. Ya que **a** y **b** son también vértices de **T** y **T** es un árbol generador, habrá inevitablemente un camino **P** de **a** a **b**. Pero **P** también es un camino de **a** a **b** en **G**; en consecuencia, **G es conexo**. Este razonamiento es válido para cualquier par de vértices comunes a **G** y **T**. El recíproco también es cierto.

¿Cómo puede verificarse la afirmación recíproca? Partiendo de la base de que **G** es conexo, puede suponerse que tiene o no circuitos. Si no los tuviera, ya es un árbol, pues cumple los requisitos (conexo sin circuitos). Si en cambio se supusiera que tiene algún circuito se procede de la siguiente forma: se le quita un lado (pero ningún vértice) a este circuito. El grafo resultante también es conexo y si estuviera libre de circuitos se ha terminado. Si contiene otro circuito, quítesele un lado a este último. Continuando de esta manera, se generará al final un subgrafo **T** conexo y libre de circuitos, que como ya se ha visto es un árbol. Puesto que T contiene a todos los vértices de G, entonces T es un ÁRBOL GENERADOR de G.

4.5 Árboles generadores minimales

El grafo ponderado (o con peso) G de la figura G4.9 muestra 7 vértices que pueden equipararse a ciudades y aristas con un valor numérico que representa el costo de construir carreteras entre algunos pares de poblaciones. Se desea construir el sistema de carreteras de costo mínimo que enlace las 7 ciudades. La solución se puede representar por un subgrafo. Este subgrafo debe ser un árbol generador pues debe contener todos los vértices (cada ciudad está en el sistema de carreteras), debe ser conexo (se debe poder ir de cualquier ciudad a cualquier otra) y debe haber un único camino entre cada par de vértices (ya que un sistema que contenga caminos múltiples entre un par de ciudades no puede representar un sistema de costo mínimo). Por lo tanto, lo que se necesita es un árbol generador, tal que la suma de sus pesos sea mínima. Un árbol de este tipo es conocido con el nombre de ÁRBOL GENERADOR MINIMAL.

Puede visualizarse en la figura G4.10 que el subgrafo T* (marcado en línea gruesa) del grafo G es un árbol generador. Sin embargo su "peso" es igual a 20 y no puede afirmarse que sea el valor mínimo buscado. Para encontrar entonces el menor valor entre las distintas soluciones posibles, será necesario recurrir a algún procedimiento de cálculo.

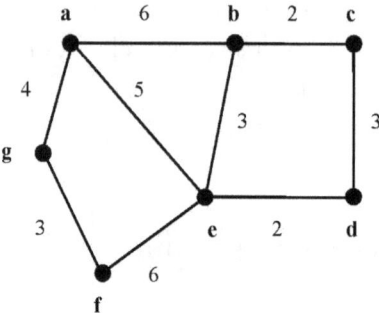

Figura G4.9

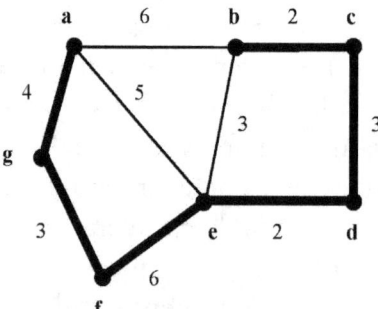

Figura G4.10

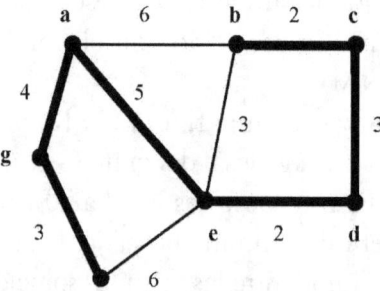

Figura G4.11

Ese procedimiento que permite encontrar ese árbol generador minimal es, entre otros que no se analizan en este caso, el ALGORITMO DE PRIM que se describe a continuación.

Algoritmo de Prim: Este algoritmo sirve para encontrar un árbol generador minimal en un grafo **G** conexo y con peso, de vértices $V_1, V_2, \ldots \ldots V_n$

Se deben seguir los siguientes pasos:

1) Tomar un vértice V_x cualquiera del grafo.
2) De todos los lados que concurren al vértice V_x, agregar el de menor peso.
   Si hay más de un lado con peso mínimo, tomar el de menor subíndice en sus vértices extremos o el que tenga en alguno de sus extremos la letra "a" o la más cercana a ésta alfabéticamente.
3) Si **T**, árbol resultante del paso 2 tiene $n-1$ lados, se termina pues **T** es el árbol generador minimal.
4) Si no se cumple el punto 3, agregar el lado de menor peso que concurra al árbol **T** ya formado, con la condición de que incida en alguno de sus vértices y que no forme un circuito. A igualdad de pesos se aplica el punto 2.
5) Repetir los pasos 3 y 4 hasta que el punto 3 se cumpla.

Siguiendo las instrucciones del algoritmo previo, en el ejemplo del grafo **G** de la figura 4.9, se encontrará que el árbol generador minimal con un peso igual a 19 es el que se grafica en línea gruesa en la figura G4.11. Se señala que puede haber alguna otra solución equivalente, pero no menor.

Ejemplo de un "árbol urbanístico"

En su libro *La Estructura del Medio Ambiente*, el arquitecto Christopher Alexander analiza la posibilidad de considerar a la estructura de una ciudad como un árbol. Si bien su conclusión es que ello se cumple sólo en casos particulares y sencillos y no en las grandes concentraciones urbanas, es interesante mostrar cómo puede efectuarse un análisis urbanístico mediante los grafos arborescentes. El siguiente [figura G4.12]es un ejemplo, reformulado, de un caso incluido en el libro citado precedentemente: el proyecto de Paolo Soleri para la ciudad Mesa City.

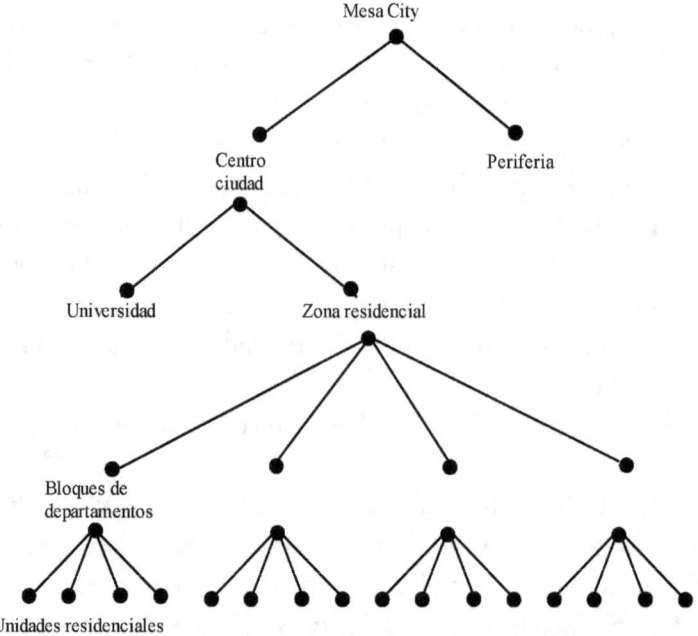

Figura G4.12

GRAFOS 5

Recorridos – Agrupamientos – Vínculos

5.1 Recorrido euleriano

En todo libro que hable de la teoría de grafos, es casi insoslayable referirse a uno de los orígenes más tradicionales de esta disciplina, que es el caso conocido como **problema de los puentes de Königsberg** y que fue mencionado en el apartado que introduce los conceptos iniciales de esta rama matemática. El matemático Leonard Euler, del que ya se hablara, según cuenta la historia se vio abocado a resolver el citado problema. Para entender su planteo se esquematiza a continuación una planta parcial de la ciudad de Königsberg, ubicada en la antigua Prusia europea, donde aparece el río Pregel que la cruza y la zona que dio origen a ese desafío a la imaginación [figura G5.1]. Se observan en planta dos islas conectadas entre sí por un puente, y con las riberas por medio de otros seis puentes (4 para una de las islas y 2 para la otra).

El problema planteaba la siguiente inquisitoria: ¿es posible efectuar un paseo a pie, partiendo de cualquier posición en tierra firme y tal que utilizando una sola vez cada uno de los puentes se vuelva al punto inicial?

Como se verá más adelante, la solución puede hallarse fácilmente usando el concepto de GRADO DE UN VÉRTICE, desarrollado en el apartado referido a los grafos poligonales.

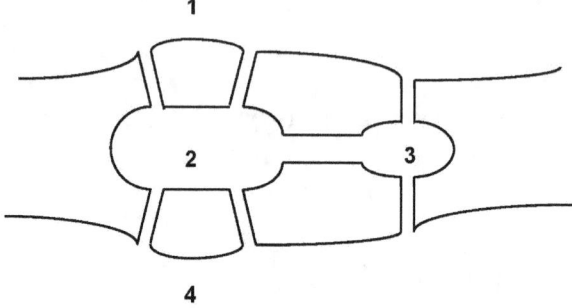

Figura G5.1

Euler desechó toda búsqueda de soluciones por prueba y error, y esquematizó el análisis del caso usando un grafo, donde cada isla y cada una de las riberas se representó como un vértice y donde las aristas representaban a los siete puentes totales.

De ello derivó el siguiente grafo [figura G5.2], del cual por supuesto se pueden efectuar múltiples representaciones isomorfas:

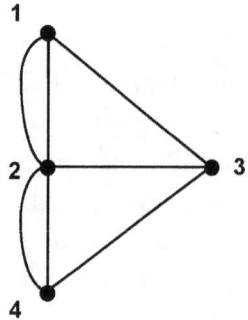

Figura G5.2

Antes de seguir adelante, ¿querrá el lector intentar alguna solución?

Un planteo equivalente al original para el grafo anterior sería, dibújelo de un solo trazo a partir de un vértice, sin levantar el lápiz, sin pasar dos veces por la misma arista y concluyendo el trazado en el mismo punto del que partió.

Se haya o no intentado resolver el problema por distintas vías, la respuesta segura es que es imposible hacer el recorrido pedido.

Es más, ni siquiera existe solución para el caso similar, que exija las mismas condiciones, pero sin requerir la vuelta al punto inicial.

En honor a su investigador, este trayecto descripto previamente se denomina RECORRIDO EULERIANO.

Se establecen dos versiones:

RECORRIDO EULERIANO	**GENERAL:** Recorrido de un grafo conexo G a partir de uno de sus vértices, pasando exactamente una vez por cada una de sus aristas y volviendo al vértice inicial.
	RESTRINGIDO: Idem anterior sin exigir la vuelta al punto de partida.

La respuesta a estos interrogantes, de la cual sólo se dará una justificación intuitiva, es la siguiente:

> Es posible efectuar un RECORRIDO EULERIANO GENERAL en un grafo conexo, si y sólo si el grafo carece de vértices de grado impar. Si hubiera vértices de grado impar (recuérdese que siempre los hay en número par), no hay solución al problema.

La justificación no rigurosa de esta condición es la que sigue: en cualquier vértice de grado impar, si se parte de él, ya se recorre al salir una de sus aristas incidentes. Quedan por recorrer en consecuencia dos más, una que permitiría volver y la última que exigiría volver a salir del vértice en cuestión. Por lo tanto, se verifica la imposibilidad de volver al punto de partida cualquiera sea el recorrido.

> Es posible efectuar un RECORRIDO EULERIANO RESTRINGIDO en un grafo conexo si existen sólo dos vértices de grado impar.
> En este caso es necesario, para realizar el recorrido, que éste se inicie en uno de los vértices de grado impar e inevitablemente la ruta terminará, para cumplir lo exigido, en el otro vértice de grado impar.

> Finalmente, si en un grafo conexo no existe ningún vértice de grado impar, es posible recorrerlo por caminos eulerianos (general y restringido) partiendo de cualquiera de los vértices.

Nota: según se trate de grafos no dirigidos o digrafos, se denominará respectivamente al recorrido euleriano, **cadena euleriana** o **camino euleriano**, recordando que cadena es sucesión de aristas adyacentes (en consecuencia sin dirección) y camino es sucesión de arcos adyacentes donde el final de cada arco debe coincidir con el origen del subsiguiente, lo cual implica una dirección determinada. En este último caso se agrega como dificultad a las condiciones señaladas previamente, la obligación de transitar según la dirección del camino, que en el caso particular de un **re-**

corrido euleriano general debe comenzar y terminar en el mismo punto y ser, en consecuencia, un **circuito euleriano**.

Ejemplo
Posibilidad de efectuar un **recorrido euleriano** (figura G5.3)

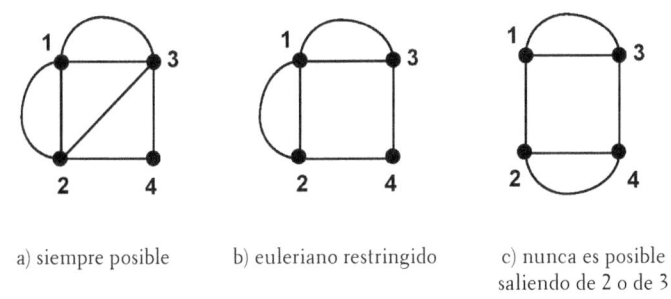

a) siempre posible   b) euleriano restringido   c) nunca es posible saliendo de 2 o de 3

Figura G5.3

El problema euleriano, en tanto está referido a figuras que pueden ser recorridas con un único trazo, puede ser aplicado a otro tipo de juego conocido como el "recorrido del laberinto" (figura G5.4), en el cual, si se definen una serie de recintos cerrados, conectados entre sí por líneas comunes, se pide que se encuentre la forma de recorrerlos, "cortando" una única vez a cada una de las "paredes" de cada recinto. La solución acepta la salida desde y hacia el espacio exterior (el que sería la cara de infinito, ya definida para grafos en general).

Ejemplo

Figura G5.4

El ejemplo previo [figura. G5.4] tiene solución a través de la Teoría de Grafos, asignando a la región envolvente y a cada rectángulo interior un número, que se transformará en un vértice y representando con aristas las vinculaciones o "cortes" interior - exterior del rectángulo envolvente y también a los "cortes" entre rectángulos interiores.

Si se pensara en que el esquema se corresponde con la planta de tres locales adosados entre sí, de forma tal que están incluidos sin espacios remanentes en un rectángulo mayor, los locales serán los vértices y las aristas las comunicaciones de los locales entre sí y con el exterior (cara de infinito), que también recibirá una numeración [figura G5.5].

Como puede verificarse en el grafo en el que se han planteado las relaciones entre locales y con el exterior [figura G5.6], dicho grafo posee dos vértices de grado par y dos de grado impar. De cualquiera de estos últimos puede partir, en consecuencia, un recorrido euleriano restringido, que terminará inexorablemente en el segundo vértice de grado impar

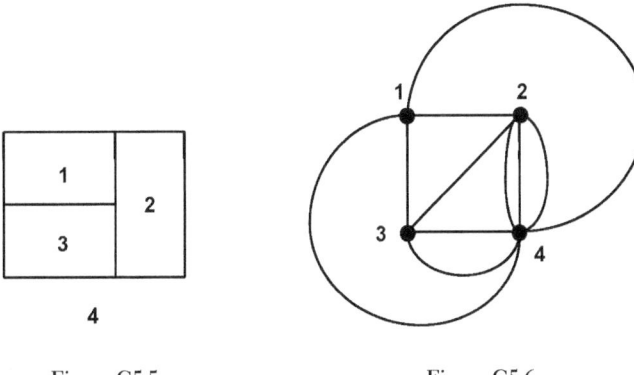

Figura G5.5   Figura G5.6

(en el ejemplo considerado, para resolver el problema es necesario partir del local 2 y terminar en el 4 o a la inversa).

Intente el lector alguna solución para el siguiente caso [figura G5.7], y no se frustre ante la imposibilidad de resolverlo, pues no existe trazado posible que cumpla lo pedido. Sin embargo, resulta útil el intento y la generación del grafo aplicable al ejemplo como ejercitación práctica.

En este caso son cinco recintos más el exterior a considerar como vértices y 16 segmentos a cortar una única vez.

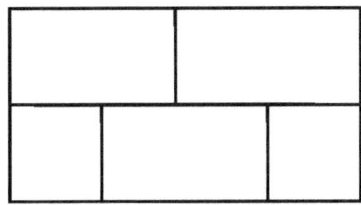

Figura G5.7

Vista del Pabellón de Barcelona

Figura G5.8

Se puede ver en estas páginas un ejemplo arquitectónico que ilustra los conceptos antes vertidos y que corresponde a la planta de la conocida obra del Pabellón Alemán de la Exposición Universal de Barcelona (1929), proyecto perteneciente al arquitecto Ludwig Mies van der Rohe[11] [figura G5.8].

---

[11] Mies van der Rohe (1886-1969): arquitecto alemán, creador de grandes obras en su país y en Estados Unidos, donde emigró en 1938 para diseñar las primeras "torres de cristal" en la historia de la arquitectura.

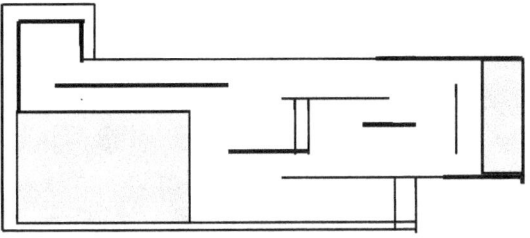

Planta esquemática del Pabellón

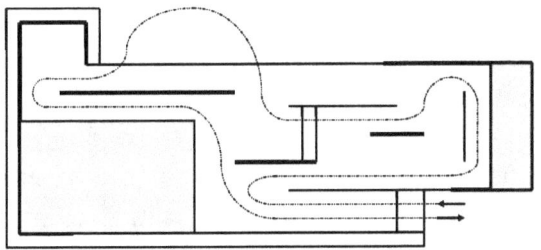

Esquema de la planta con el recorrido euleriano

Figura G5.8 (continuación)

5.2 Recorrido hamiltoniano

Un problema similar, aunque con variantes distintas al problema de los puentes de Königsberg, fue desarrollado en el año 1859 por otro matemático llamado Hamilton.[12]

---

[12] Sir William Rowan Hamilton (1805-1865): matemático y astrónomo irlandés, creador del cálculo vectorial y de los cuaternios (extensión de los números reales. con la adición de unidades imaginarias). Desde el punto de vista matemático esos números permiten manejar cálculos en cuatro dimensiones.

Este nuevo acertijo era a su vez una variedad de uno que lo antecedió, ideado por un pastor, el reverendo Kirkman, quien sin formación específica era, sin embargo, un aficionado a las matemáticas, y que analizó la posibilidad de encontrar recorridos en los poliedros, a través de sus aristas y "tocando" exactamente una vez y sólo una vez, cada uno de sus vértices.

Hamilton, por su parte, ideó un juego asociado al anterior al que llamó *Icosian Game* (ico = veinte) y que vendió como entretenimiento por 25 guineas a un fabricante de Dublin, Irlanda (aproximadamente 1 guinea = 1 libra inglesa, lo que indica lo barato que se pagó el trabajo). El juego consistía básicamente en definir puntos (vértices) que representaban ciudades, unir dichas ciudades entre sí y arbitrariamente con líneas (aristas) que representaban vías de comunicación y preguntar si era posible recorrerlas todas, respetando los recorridos posibles y pasando una sola vez por cada uno de los puntos.

El que dio origen al nombre fue uno referido a un recorrido por los vértices de un dodecaedro (V = 20, de ahí la denominación), y la solución consistía en elegir un trayecto tal, que partiendo de uno cualquiera de dichos vértices, incidiendo exactamente una vez en cada uno de los restantes y utilizando sólo aristas del dodecaedro, fuera posible volver al punto de partida.

Se reitera a continuación una perspectiva del dodecaedro y de su grafo asociado análogo [figura G5.9], para observar que la solución es mucho más fácilmente lograble si se analiza la representación bidimensional. La sugerencia es verificar lo antedicho, probando soluciones en ambas representaciones con papel transparente.

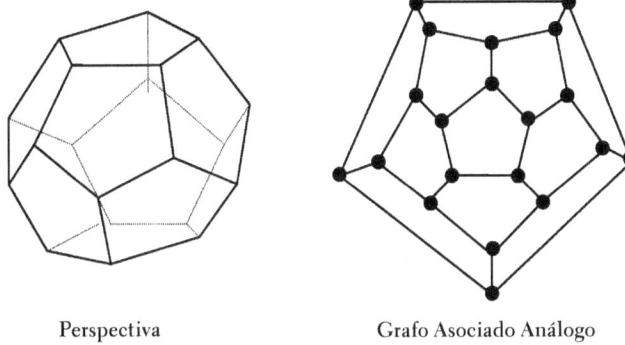

| Perspectiva | Grafo Asociado Análogo |

Figura G5.9

Se adelanta, dejando como ejercitación el caso, que existen dos soluciones factibles, ambas simétricas entre sí, siempre y cuando los vértices no se identifiquen específicamente. Si se estableciera un nombre particular para cada vértice y se considerara como recorrido distinto aquel iniciado en cada uno de los diversos vértices del dodecaedro (o de su grafo asociado análogo), las soluciones posibles pasan a ser 30.

Otra variante es no exigir la vuelta al punto inicial, lo que dará, también en este caso, dos categorías de recorridos:

RECORRIDO HAMILTONIANO	**GENERAL:** Recorrido de un grafo conexo G a partir de uno de sus vértices, pasando exactamente una vez por cada uno de los otros vértices y volviendo al punto inicial.
	RESTRINGIDO: Idem anterior sin exigir la vuelta al punto de partida.

TOPOLOGÍA | 335

> Obsérvese que en el caso del recorrido hamiltoniano NO se exige recorrer TODAS las aristas del grafo.

Nota: por supuesto que así como todo lo que se plantea para un poliedro, es posible relacionarlo con su grafo asociado análogo, en este tema los conceptos enunciados previamente son por lo tanto aplicables a cualquier grafo conexo.

Ejemplo

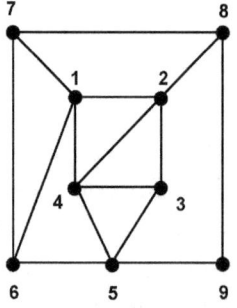

Recorrido hamiltoniano general:
(1, 2, 3, 4, 5, 9, 8, 7, 6, 1)

Recorrido hamiltoniano restringido:
(1, 2, 3, 4, 5, 6, 7, 8, 9)

Figura G5.10

Para los recorridos hamiltonianos, a diferencia de los eulerianos, no hay hasta el momento reglas de tipo general que permitan caracterizar las posibles soluciones.

Como ejemplo de lo antedicho, es mencionable un caso de aplicación de más reciente data y que se conoce como el **problema del viajante de comercio**. También aquí se trata de varias ciudades unidas por carreteras que se representan como un grafo conexo. Se le agrega como dato adicional la distancia entre ciudades, lo que equivale a darle un valor determinado a cada arista.

La pregunta en esta oportunidad se refiere a cuál será el camino que permita recorrer todas las ciudades, sin repetir ninguna, pero que resulte el de menor longitud. Valga mencionar que en el caso de que la cuestión se plantee para las principales ciudades de los EE.UU. y sus rutas alternativas, se requiere una importante capacidad computacional para resolver el problema, siendo imposible encarar la respuesta en forma intuitiva y "manual".

5.3 Agrupamiento de rectángulos

El planteo del título se refiere a cómo agrupar rectángulos de dimensiones variadas, que tengan al menos un lado en común con uno o más de los que integran el conjunto considerado.

Si bien la característica de trabajar con rectángulos es restrictiva desde el punto de vista del diseño en general y de la arquitectura en particular, no por ello es menos común como solución habitual.

Es factible encontrar numerosos ejemplos, casi podría decirse que la amplia mayoría, en los cuales la solución arquitectónica a un proyecto, al menos en planta, es totalmente analizable como un agrupamiento de áreas rectangulares reales (definidas por cerramientos) o virtuales (establecidas por la función o la zonificación), pero rectángulos al fin.

Se considerarán dos grandes tipos de agrupamiento:

a) Con envolvente rectangular

Este caso equivale a dividir un rectángulo dado en otros subrectángulos mediante el trazado de líneas internas paralelas a los lados. De esta forma se generan los rectángulos menores internos (en todos los casos el cuadrado se considera como un rectángulo más, que lo es).

Aquí interesa considerar las soluciones posibles, más que desde el punto de vista métrico, desde una óptica topológica.

Dicho en otras palabras, la Teoría de Grafos permite el análisis de las diversas interrelaciones entre las posiciones relativas de los rectángulos y no se adentra en considerar las diferencias en las dimensiones correspondientes a la subdivisión interna del rectángulo original.

Por ejemplo, las dos soluciones distintas que se muestran a continuación [figura G5.11] son desde el punto de vista topológico idénticas y tienen, en rigor, un mismo grafo que las define.

A continuación se presentan los casos más sencillos para considerar el problema, que incluye la solución trivial de no dividir el rectángulo (lo que implica un local único) [figura G5.12] y las variantes para dividirlo en 2, 3 y 4 subrectángulos [figuras G5.13 y G5.14].

En todos los casos se acompaña el esquema de subdivisión con el grafo que se le asocia, en el cual cada subrectángulo se representa con un vértice y se traza una arista entre aquellos que tengan un lado en común, los que se denominarán ADYACENTES.

> NO se consideran adyacentes aquellos que sólo tienen un vértice en común.

Figura G5.11

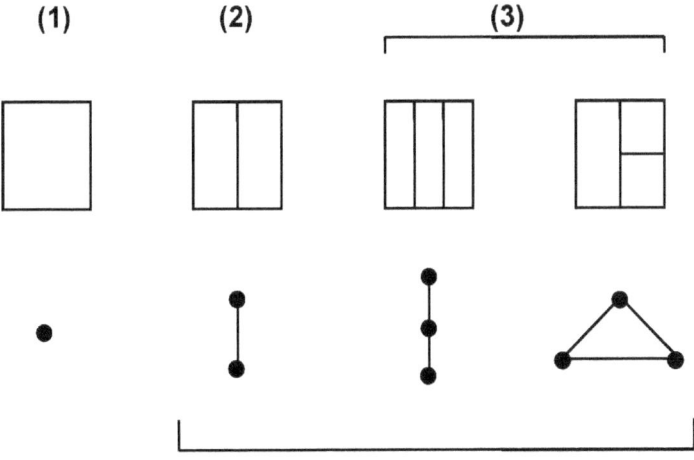

Figura G5.12   Figura G5.13

En los casos anteriores, cada posibilidad tiene un grafo asociado distinto.

Como se verá en el ejemplo siguiente, para el caso de cuatro locales, algunos agrupamientos tienen igual grafo asociado, sin embargo la relación con el espacio exterior ofrece diversas variantes que topológicamente hacen a los casos distintos.

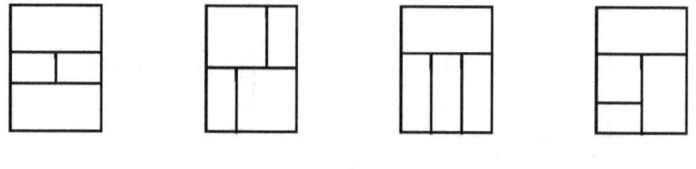

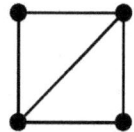

Las cuatro superiores tienen igual grafo asociado.

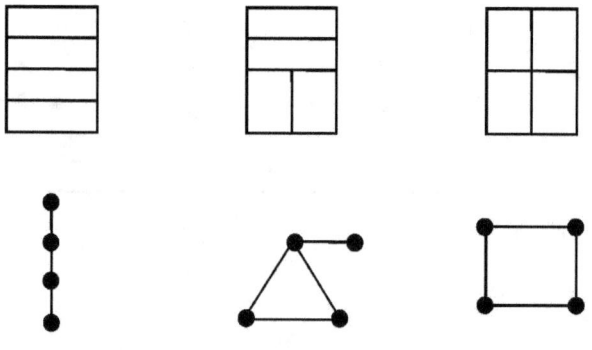

Figuras G5.14

En los ejemplos anteriores se han mostrado exhaustivamente las soluciones posibles; en otras palabras, no existen más que las dibujadas.

Según estudios realizados sobre este tema, que aún presenta numerosos interrogantes, si se desea subdividir el rectángulo original en 5 partes existen 22 soluciones, si se lo quiere dividir en 6 partes las soluciones son 117 y para mayores subdivisiones, resultan números que por su magnitud sólo son susceptibles de ser verificados con algoritmos computacionales.

> Se insiste en destacar que se consideran soluciones DISTINTAS aquellas que NO SON EQUIVALENTES DESDE EL PUNTO DE VISTA TOPOLÓGICO, aun cuando presenten isomorfismo en el grafo que se les asocia.

b) Con envolvente irregular

En este caso no hay una regla que establezca número de rectángulos en un área determinada y el agrupamiento es libre, pero es posible, para cualquier disposición, analizar los conceptos de recorrido euleriano y hamiltoniano ya descriptos.

Esta aplicación se basa en el hecho de que este análisis resulta de suma utilidad para estudiar circulaciones, sobre todo en tipologías de hábitat que resulten reductibles a este tipo de estructura morfológica que, como se señalaba previamente, es una de las más observables en el hecho arquitectónico.

El ejemplo que sigue y que muestra un análisis respecto del tema antes tratado, corresponde a la obra de la "Health House", diseñada para Philip Lovell en Los Angeles por el arquitecto Richard Neutra[13] [Figuras G5.15].

---

[13] Richard Neutra (1892-1970): arquitecto fundador de la Academia de Arte Moderno de Los Angeles, EE.UU., y autor de numerosas obras, donde hizo un novedoso uso de los materiales.

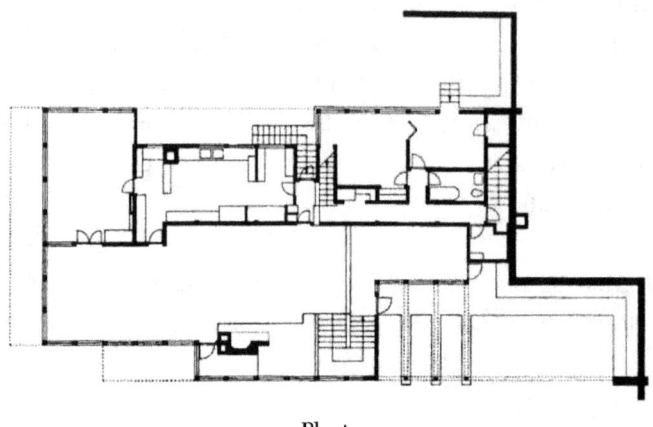

Planta

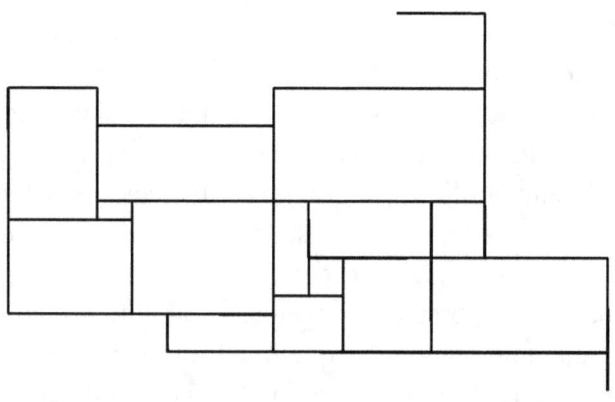

Esquema

Figuras G5.15

5.4 Vínculos

Surge a partir de estos dos ejemplos de agrupamiento de rectángulos, el concepto de vínculo entre recintos o interior-exterior que, si bien hasta el momento se ha analizado solamente respecto de la contigüidad, a partir de esta idea se ampliará a otro tipo de relaciones más diversas.

Asimismo, ya no es necesario circunscribirse a regiones rectangulares, sino que los nuevos conceptos a desarrollar lo serán para formas libres. Y si bien no se pretende que un grafo represente estrictamente una primera aproximación a un diseño arquitectónico, se entiende que permitirá analizar con mayor fluidez las interrelaciones entre los distintos componentes del hábitat diseñado.

Entre las múltiples interrelaciones a las que antes se hizo mención y sin que el listado sea completo y exhaustivo, pues es factible de enriquecerse con nuevas ideas de vínculos y además permanentemente ampliable por las nuevas tecnologías y análisis que se incorporan al proceso de diseño, pueden citarse a modo de ejemplo:

a) vecindades
b) comparación de niveles acústicos
c) comparación de niveles térmicos
d) comparación de niveles lumínicos
e) circulaciones
f) conexiones funcionales (comunicaciones, vanos, etc.)
g) conexiones ambientales (visuales + acústicas)
h) interconexiones de instalaciones, etcétera.

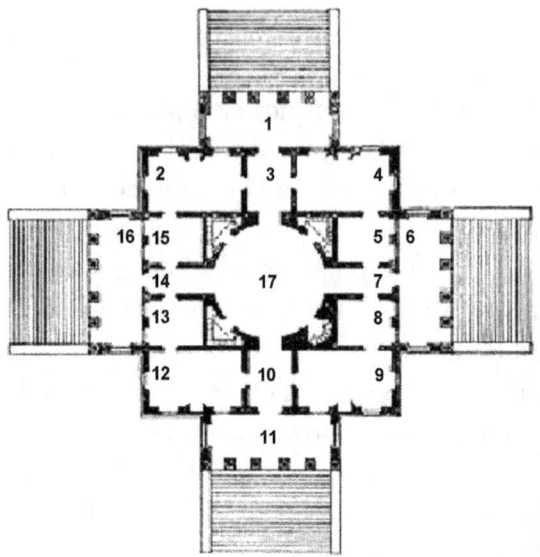

Planta

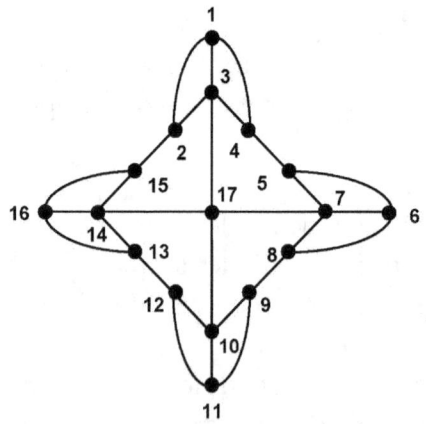

Grafo Asociado a la Villa Rotonda

Figuras G5.16

Se plantean a continuación dos ejemplos correspondientes a las categorías b) y f) antes mencionadas.

El primero de ellos [figura G5.16] es un edificio histórico ampliamente conocido, la Villa Rotonda, obra de Andrea Palladio.[14]

El segundo ejemplo considerado [figura G5.17] es la casa para Hermann Lange, obra del arquitecto Mies van der Rohe, ubicada en la ciudad de Krefeld, Alemania y que fuera construida entre los años 1927-1930. Su historia sucinta es la siguiente. Poco después de la construcción de la primera casa moderna de ladrillo para Erich Wolf en 1927, en Cuben a la orilla del río Neifée, dos industriales textiles de Krefeld, Hermann Lange y Josef Esters, encargaron a Mies van der Rohe levantar dos casas sobre terrenos colindantes. Hermann Lange era un coleccionista de arte moderno con muchos contactos en la vanguardia berlinesa.

Mies levantó para la empresa de este último un edificio industrial y colaboró con Lilly Reich[15] en numerosas exposiciones de la industria de la seda. Ambas casas son hoy día propiedad de la ciudad de Krefeld y se utilizan en parte para exposiciones de arte contemporáneo de los museos esa comunidad. Mies utilizó estos dos encargos para perfeccionar una estrategia para casas de viviendas, que debía conectar el ritmo arquitectónico de los edificios con las vistas hacia el exterior y los espacios limítrofes.

---

[14] Andrea de Pietro - Palladio (1508-1580): célebre arquitecto italiano que ejerció gran influencia en el neoclasicismo del siglo XVIII.

[15] Lilly Reich (Berlín, 1885-Berlín, 1947) fue una diseñadora moderna alemana. Estuvo asociada con Ludwig Mies van der Rohe durante más de diez años y fue una de las pocas mujeres profesoras de la Bauhaus.

En la parte dedicada a los jardines, los grandes ventanales y los accesos a las terrazas logran una intensiva comunicación con el espacio exterior.

Al haber sido concebidas como conjunto, ambas cuentan con una distribución similar de los espacios. El interior contrasta con el enfoque de Mies para la urbanización de Stuttgart, ya que aquí el arquitecto prescinde de un único espacio fluido en favor de una secuencia de habitaciones claramente separadas.

Las Casas Lange y Esters aparecen como edificios de ladrillo compuestos por cubos entrelazados y figuran entre los primeros edificios modernos en los que la mampostería de ladrillo ha sido liberada de la función portante, con lo que las fachadas eran para aquella época, extremadamente inusitadas.

Las fachadas exteriores han sido revestidas con un revoque de ladrillo cocido oscuro, produciendo el efecto de mampostería portante. La mayor parte de la estructura portante es de acero, lo que permitió al arquitecto cortar grandes aberturas en los muros exteriores, ventanas que son demasiado grandes para ser portadas por muros de ladrillo.

Un hecho que molestó sobremanera al especialista en cálculo estático de Mies, Ernst Walter, fue que en las primeras estructuras de acero, el cálculo de la estructura portante fuera dictado por la configuración, obedeciendo más a aspectos estético-formales que constructivos. Esto se refleja, por ejemplo, en que los muros exteriores que cumplen una función portante por medio de las espaciosas aberturas, parecen haber sido liberados de la función estática.

Con ello nos encontramos ante una contradicción evidente e intencionada de Mies, entre la acentuación del

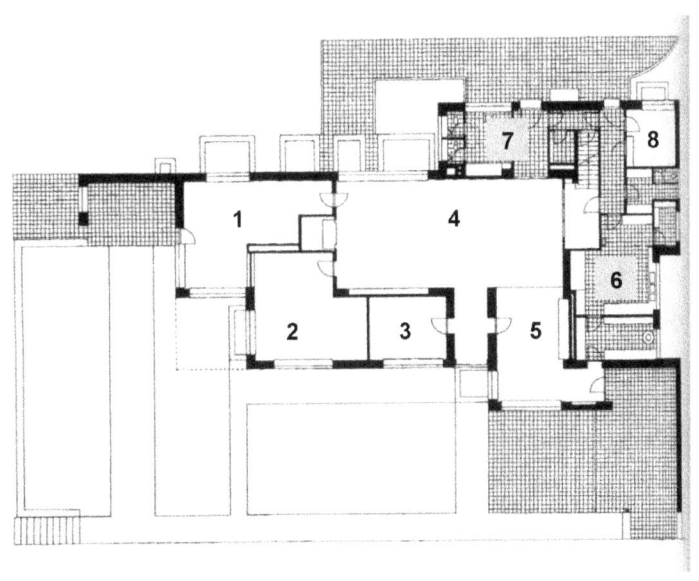

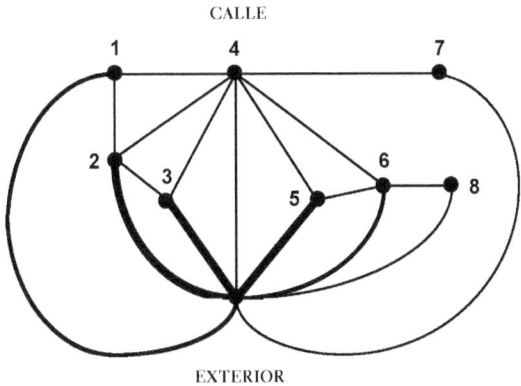

Figura G5.17

carácter plástico de las fachadas y sus condiciones constructivas. Este conflicto entre el quehacer arquitectónico y las condiciones constructivas no lo resolvería Mies hasta diseñar el Pabellón de Barcelona, con esa completa diferenciación entre soporte y muro.

Puede que el rechazo estructural tenga su origen en el estudio de las pautas del De Stijl, movimiento internacional de arte de la época, según las cuales se tiene que mostrar de forma explícita la necesidad de superposición y desplazamiento entre los diferentes elementos. Esto representa la revelación consciente de cómo la estructura se desvía de la lógica racional.

Se analizan en esta oportunidad las transferencias de sonidos (ruidos) entre locales y desde y hacia el exterior.

Con el grosor de línea en cada arista se indica el nivel sonoro (a mayor nivel, mayor grosor).

Ejemplo de camino hamiltoniano tridimensional en un proyecto arquitectónico

Las envolventes (a veces también denominadas cáscaras) de los edificios han adoptado a lo largo de la historia del hombre las más diversas formas y responden, en correspondencia con esta particularidad, a los más variados condicionantes (significación, morfología, funcionalidad, estructura, etcétera).

Las tendencias actuales de la arquitectura, sobre todo en el caso de construcciones de considerable magnitud, se caracterizan por haber enfatizado lo morfológico por sobre el resto de las variables intervinientes en el diseño.

Y aun con la amplísima variedad que es posible observar en el múltiple muestrario de los proyectos en el mundo entero, las "cajas puras" arquitectónicas que tomen como modelo alguno de los cinco sólidos platónicos regulares: (tetraedro, cubo, octaedro, dodecaedro e icosaedro), no son las más habituales, a pesar de su belleza intrínseca, encerrada en las polisimetrías que poseen y en la sobria geometría de sus caras poligonales triangulares, cuadradas y pentagonales.

Es quizás, este último polígono, el pentágono, el más olvidado en el hecho constructivo. Con algunas excepciones en el campo de lo construido (fortificaciones de la época renacentista, el edificio del Ministerio de Defensa de los EE.UU.), no se encuentra habitualmente esta forma poligonal en el esquema generador de un edificio. Recuérdese el análisis que se hizo como prototipo de la clase cuasi regular de poliedros, del edificio de EE.UU. antes citado, en la clasificación de grafos del Apartado 3.

Es indudable que una explicación inmediata de esta circunstancia la constituye lo dificultoso del trazado en obra del pentágono, con sus ángulos interiores de 108° y con la imposibilidad de que un módulo de este tipo cubra de manera absoluta, sin resquicios, una superficie plana.

En compensación, el pentágono regular ha sido generador de enriquecedoras investigaciones estéticas e incluso metafísicas.

Desde el trazado de la enigmática estrella mefistofélica, que también ha sido analizada como grafo (recordar el ejemplo del K_5) [figura G5.19], hasta la infinitud de relaciones áureas, este polígono de cinco lados y ángulos iguales abrió en todas las culturas una puerta hacia nuevos caminos de sorprendentes descubrimientos, generando líneas de investigación de fascinante interés (el "número de oro" ha sido considerado siempre sinónimo de riqueza estética).

Históricamente, algunas de sus primeras expresiones registradas pueden verse en los trazados del perímetro de ciudadelas fortificadas [figura G5.20], como resultado de tratar de cubrir más eficientemente todos los ángulos de tiro de cañón por sobre el resto de los flancos que pudieran ser atacados. Esta opción se veía restringida en anteriores versiones de planta cuadrada con bastiones en las esquinas. El trazado de los bastiones y sus flancos se basaba en rigurosas reglas geométricas, que se apoyaban a su vez en estrictas razones estratégico-militares [figura G5.21].

El ejemplo de aplicación de Teoría de Grafos que se desarrollará en el siguiente trabajo, intenta rescatar el pentágono y para ello se adoptó como envolvente total el dodecaedro regular [figura G5.22]. Juntamente con la adopción de la **cáscara dodecaédrica** como forma genérica, en este caso se ha jugado con otra idea sustancial en el partido elegido, cual fue la de posibilitar un desplazamiento por el interior del hábitat, que permitiera pasar por todos los hitos claves del edificio, en un recorrido coherente y acorde con el destino del proyecto elegido.

Este recorrido, que habilita, sin exigirlo, a tocar todos los vértices del dodecaedro (algunos virtualmente), sin necesidad de pasar dos veces por el mismo lugar, es, tal cual se ha explicado anteriormente, un **camino hamiltoniano**.

Es indudable que una alternativa como la descripta, a la que no se le excluye la variante de volver sobre los pasos dados, es la respuesta ideal para un sinnúmero de programas de necesidades arquitectónicas, referidos a edificios con destinos específicos.

Figura G5.18

Es factible citar a modo de ejemplos: el pasaje secuencial por diversas etapas de estudios o tratamientos médicos, ordenamientos de oficinas donde se realicen trámites múltiples para un mismo fin, tránsitos peatonales o vehiculares que requieran de controles de seguridad o técnicos, etcétera.

No parece haber al día de hoy edificios con envolvente dodecaédrica en el mundo (léase también en Internet) y recordar que esta idea se sugirió en 1995, tal cual se consigna al comienzo del tema de caminos hamiltonianos. Sí, hay un depósito de carbón en Madrid, obra del conocido ingeniero Torroja[16] y cuya imagen se visualiza previamente (figura G5.18).

---

[16] Eduardo Torroja i Miret fue un ingeniero de caminos, profesor e investigador español. (1899-1961) especialista en construcción de hormigón. En 1941 asume la dirección del Laboratorio Central de Ensayo de Materiales de Construcción de la Escuela de Caminos, donde se encuentra la carbonera con forma de dodecaedro.

Por supuesto que edificios con el formato envolvente total o parcial asociados a los otros cuatro sólidos platónicos son más frecuentes en la arquitectura de todos los tiempos (quizás en menor medida los icosaedros). Ejemplos: tetraedro = pirámides – cubo o hexaedro = obras de Le Corbusier – octaedro = sector en el Museo del Louvre – icosasedro = silos de guarda de granos (aunque cortados al medio según un plano horizontal).

En el proyecto que se presenta,[17] el destino elegido para el hábitat conformado ha sido el de local de exposiciones o museo de exhibición semipermanente (niveles 2 y 3), con un sector de bar-confitería (nivel 4) y un "lobby" de actividades de transición (nivel 1) que puede funcionar como expansión de los niveles superiores. El acceso, área administrativa y publicidad permanente se ubicó en la base del sólido (nivel 0). Se puede observar en un corte transversal del edificio [figura G5.23] que los distintos niveles están en directa relación con los componentes geométricos (vértices y planos o caras) del poliedro envolvente.

Si bien no se desarrolla el análisis en este ejemplo, es válido afirmar que la modulación resultante en las superficies de las cinco plantas más la cubierta, las caras laterales y la separación de las citadas plantas más los cerramientos superior, laterales e inferior, en todos los casos están regidas por la ya citada **proporción áurea**, pues son múltiplos o submúltiplos o cumplen media y extrema razón con el módulo básico que es el lado del pentágono. A su vez el **pentá-**

---

[17] Este trabajo fue presentado por el autor en colaboración con el arquitecto Juan Gil, en el Primer Congreso Internacional de Matemática y Diseño - FADU - UBA. 1995.

gono cara puede componerse con triángulos isósceles (esta propiedad es válida para todo polígono regular, siendo el número de triángulos igual al de los lados del polígono).

Ello se justifica en este ejemplo desde el punto de vista estructural para consolidar la propiedad de **arreostramiento**, o indeformabilidad de una estructura, que se verifica por la equivalente propiedad geométrica que poseen todos los triángulos de no poder ser deformados, por ser única la solución formal que resulta de dar como datos sus tres lados. Por último, cabe mencionar que cada unidad pentagonal que constituye una cara del dodecaedro ha sido proyectada para su materialización efectiva y como solución estructural estática e hiperestática factible, no como un simple plano, sino como la unión estereoespacial de dos pirámides de base pentagonal, unidas por dicha base y con un travesaño rígido que vincula sus vértices cuspidales [figura G5.24]. Al respecto es interesante considerar que este módulo es a su vez un subpoliedro cuyo estudio y grafos asociados se recomienda como ejercicio práctico de análisis. Y finalmente se incluye un módulo estructural denominado "zueco irregular" [figura G5.25], que está constituido por un tetraedro asociado a una pirámide de base cuadrada y que ha sido y es actualmente muy usado como parte de estereoestructuras de grandes luces, como estadios, centros de recitales al aire libre, etc. Se muestra junto a su grafo plano asociado.

Se muestran seguidamente ejemplos arquitectónicos vinculados a los conceptos anteriormente desarrollados, los cuales se corresponden con las figuras y números indicados a continuación:

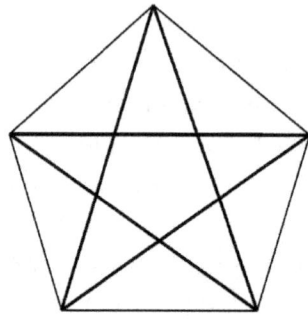

Figura G5.19: Estrella de Fausto o icono distintivo de los Pitagóricos.[18]

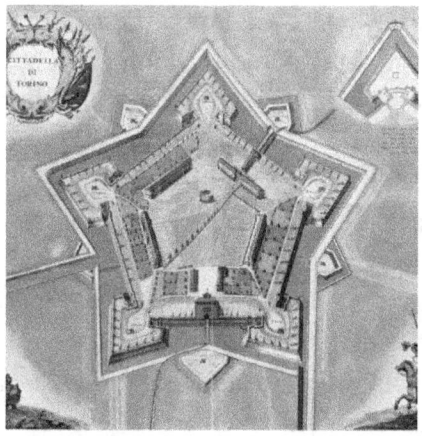

Figura G5.20: Ciudadela pentagonal de Torino, Italia.[19]

---

[18] En siglos posteriores a la escuela pitagórica, Luca Pacioli (1445-1514) desarrolla un estudio minucioso sobre las relaciones del pentágono con la sección áurea o "proporción divina".

[19] La Ciudadela pentagonal de Torino fue diseñada por Francesco Paciotto (Pietro Francesco Tagliapietra) y su discípulo Bernardino Faciotto (1564-1577).

La ciudadela de Turín fue el baluarte símbolo de la resistencia del Ducado de Saboya en la Guerra de Sucesión Española. Su construcción se debe al duque Manuel Filiberto de Saboya que intentaba dotar a la ciudad de unas modernas defensas urbanas después del traslado de la capital del ducado de Chambéry a Turín. La primera piedra se puso en 1564, pero los trabajos (llevados a cabo por casi 2.000 hombres bajo la dirección del general Nicolis di Robilant, experto en defensas subterráneas), no finalizaron hasta 1577. Situada al sudoeste de Turín en sustitución del bastión de *San Pietro*, construido por los ocupantes franceses en torno a 1536, la *cittadella* estaba estructurada con planta pentagonal con potentes bastiones en sus vértices. Circundada por un amplio foso sin agua, (debido a que el fuerte drenaje del terreno no permitía una irrigación), estaba dotada de una serie de obras defensivas capaces de impedir a un posible asalto la posibilidad de acercarse a los límites de la ciudad. En el centro estaba situada el *Cisternone*, un pozo de doble rampa helicoidal para permitir un suministro hídrico en caso de asedio.

Otra serie de *cunicoli* (estrechas galerías subterráneas) se desprendían de las precedentes cubriendo una vasta área. Finalmente, existían unos pequeños trazados de galerías de baja altura, que se utilizaban para alcanzar los *fornelli* (o galerías de contraminas), preparados para la colocación de explosivos. Cuando a inicios del siglo XIX Napoleón Bonaparte ordenó la demolición de los muros de la ciudad, pero dejó la ciudadela reconociendo la calidad del proyecto de Paciotto. La evolución de las técnicas de asedio durante el siglo XIX llevó a la obsolescencia a la ciudadela, degradada a simple cuartel. Finalizada su función defensiva, en 1856 se decidió su completa demolición.

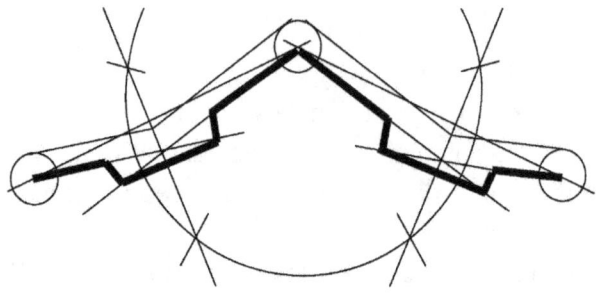

Figura G5.21: Diagrama geométrico del trazado de un bastión.

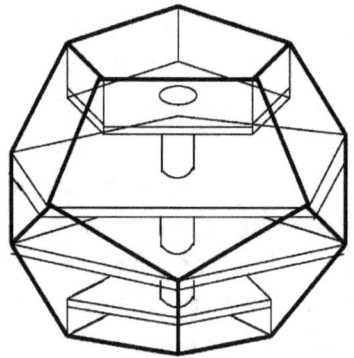

Figura G5.22: Perspectiva esquemática del edificio dodecaédrico.

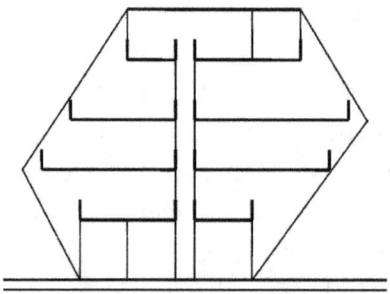

Figura G5.23: Corte transversal del edificio dodecaédrico.

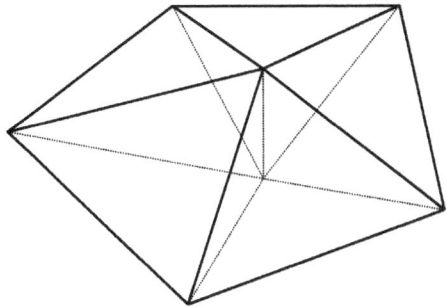

Figura G5.24: Módulo estructural de cada cara del dodecaedro.

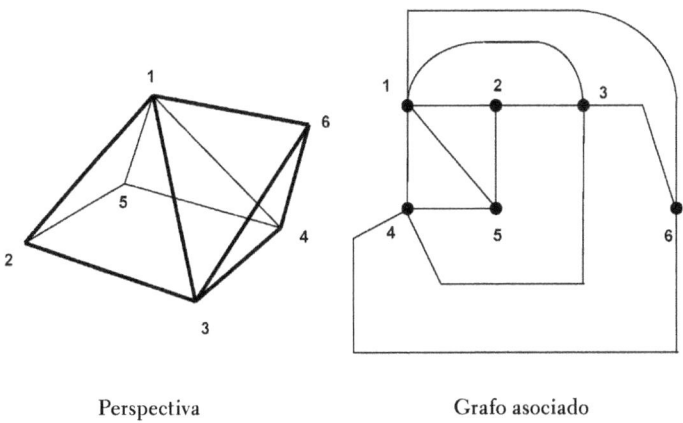

Perspectiva   Grafo asociado

Figura G5.25: Módulo estructural denominado "zueco irregular".

GRAFOS 6

Grafos mixtos

Es posible combinar los distintos tipos de grafos que se han analizado en los apartados precedentes y en éste mismo, obteniendo así los que se da en denominar GRAFOS MIXTOS y cuya clasificación se establece según sigue:

GRAFOS MIXTOS
- POR DIRECCIÓN → Digrafos + Grafos no dirigidos
- POR ESTRUCTURA → Árbol + Ciclo o Circuito

Grafos mixtos por dirección

En este grupo se encuentran aquellos grafos que poseen arcos y aristas simultáneamente. Es necesario en muchos casos, indicar relaciones entre elementos de un conjunto (cuya representación son los vértices), y donde se verifican tanto conexiones según pares ordenados, como no ordenados. Es entonces pertinente combinar grafos con componentes dirigidas y no dirigidas, que no es imprescindible que sean disjuntas (sin elementos comunes), sino que pueden entrelazarse vinculando vértices comunes a ambas posibilidades.

El ejemplo más directo de este tipo de grafos ya ha sido mencionado en este libro y se refiere a una red vial, donde

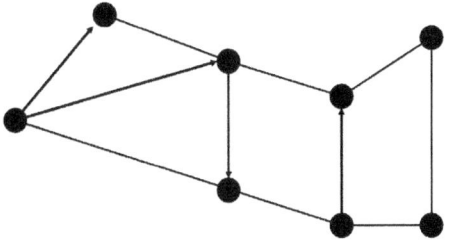

Figura G6.1

coexisten calles o avenidas de una mano y de dos manos, tal cual se muestra en el ejemplo de la figura G6.1.

En ese caso los vértices representan encuentros de vías de tránsito y los arcos mano única, mientras que las aristas indican doble mano o circulación posible en ambos sentidos.

Grafos Mixtos por estructura

Este caso ya ha sido considerado en este mismo capítulo cuando se trató el tema de árbol generador de un grafo cualquiera. Los ejemplos allí desarrollados muestran grafos con ciclos, donde es posible detectar algún árbol (o varios) que son justamente los que reciben el nombre de árboles generadores. Esta categoría permite volver a asociar estructuras tridimensionales con grafos en dos dimensiones, pues a partir de lo antedicho se incorpora el concepto de:

Grafos abiertos tridimensionales (GAT)

Se denominan así a los grafos equivalentes a un grafo plano, donde también sus elementos son A, V y φ, pero con la condición de que su trama es espacial y que no conforma espacios estancos como en el caso de los poliedros de cualquier tipo. Poseen por lo tanto, grafos **abiertos**, denominando así a aquéllos que son estructuras arborescentes (árboles) tridimensionales y ciclos, que en caso de poseer varios, pueden ser no coplanares entre sí.

Consecuentemente, en un Grafo Abierto Tridimensional (**GAT**), pueden existir vértices aislados (de grado cero), vértices de grado uno (no existen en los poliedros) y existe también la cara de infinito, que es el espacio que rodea al **GAT** (figura G6.2).

Ejemplo

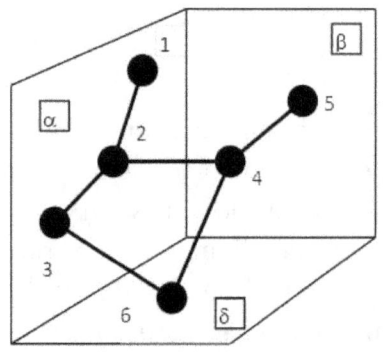

El conjunto de planos α, β, δ constituye un triedro ortogonal espacial. Para visualizar el **grafo mixto tridimensional**, se aclaran las siguientes pertenencias:

Vértices 1.2.3 ∈ α
Vértice 6 ∈ α
Vértice 5 ∈ α
Vértice 4 ∉ α, β, δ

Figura G6.2

> Pueden conformarse asimismo grafos abiertos tridimensionales MIXTOS, que estén integrados a través de vértices comunes, con poliedros (Figura G6.3)

Ejemplo

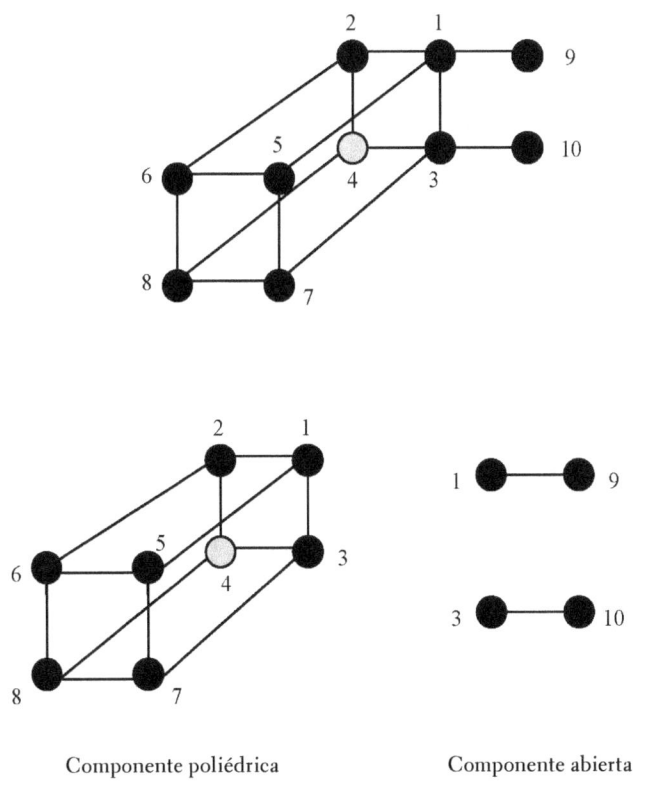

Componente poliédrica   Componente abierta

Figura G63

También entran en esta categoría de Grafos Abiertos Tridimensionales aquellos casos triviales de polígonos, cuyos vértices no son coplanares [Figura G6.4].

Ejemplo

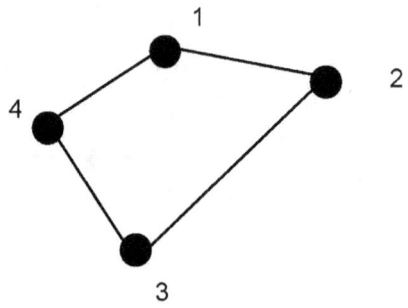

Figura G6.4

Nota:
Los vértices 1, 2, 3 y 4 NO pertenecen a un mismo plano.

Clasificación de los GAT

Si se analizan los **GAT** tratando de abarcarlos con la clasificación establecida en el Apartado 3 para grafos poligonales planos, resultarían las siguientes consideraciones.

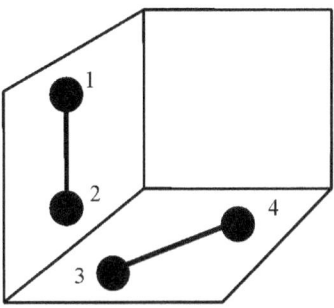

Figura G6.5

Salvo en el caso trivial de un grafo que sea un polígono de cualquier número de caras, en el cual al menos 2 de los vértices no estén contenidos en el mismo plano [figura G6.4], no hay otro tipo de GAT que pueda ser incluido en la categoría de **completamente regular** que se estableció para grafos poligonales planos. La posibilidad aún más sencilla de aristas con los correspondientes vértices de sus extremos, no conexas, ni adyacentes y no coplanares [figura G6.5], es también clasificable como **regular**, pero en este caso la única cara que existe es la de infinito.

Un grafo GAT unión de polígonos, todos ellos de igual número de lados y no conexos entre sí, puede ser clasificado como regular, pero no completamente regular, al no cumplir la cara de infinito la condición de igual número de aristas limitantes que las demás caras [figura G6.6].

TOPOLOGÍA | 363

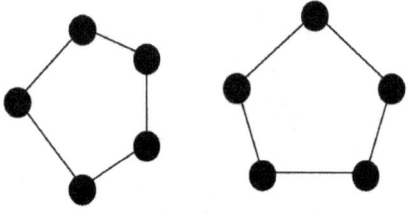

Figura G6.6

> Todo otro GAT será inevitablemente irregular.

Ejemplo

Estudio del banco - reclinatorio diseñado por el Arq. Gaudí para la cripta de Santa Coloma de Cervelló, Barcelona, España (figura G6.7).

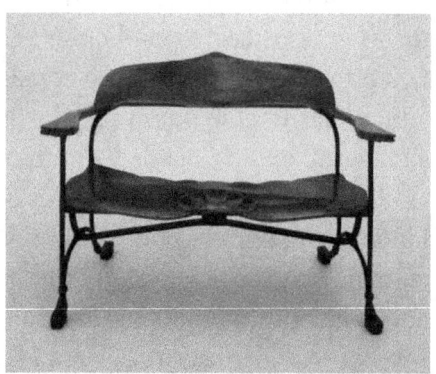

Figura G6.7 Perspectiva

Si se independiza la estructura metálica del banco y se la desarrolla en un plano, se obtiene el siguiente GAT (figura G6.8):

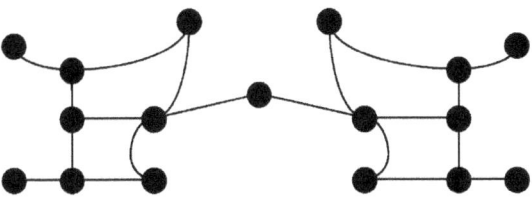

Grafo abierto tridimensional

Figura G6.8

Este es un caso de un grafo tridimensional no poliédrico, en consecuencia el grafo en el espacio de tres dimensiones no posee componente que conforme un espacio cerrado.

Si se estudian los puntos de unión reales desde el enfoque constructivo-tecnológico, considerando las piezas tal como se forjaron, doblaron y soldaron, resulta el siguiente análisis (figura G6.9):

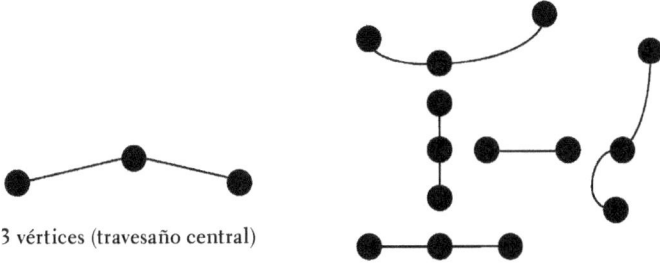

3 vértices (travesaño central)

14 vértices (medio lateral)

Total: 31 vértices

Figura G6.9

En el ejemplo previo se desdoblaron 14 vértices, que si se suman a los del grafo abierto tridimensional original (que posee 17), dan por resultado los 31 vértices totales obtenidos.

Es interesante comparar este último cómputo desde el punto de vista usado en el caso de los partigrafos asociados, y se observará la analogía tanto en el número obtenido, como en la relación entre los modelos en dos y tres dimensiones.

Es válido señalar, desde el punto de vista tecnológico, que entre marzo y abril de 1913, Antoni Gaudí estuvo supervisando (hace más de cien años), el trabajo del carpintero Tomás Bernat, para comprobar como materializaba el banco que él había diseñado. Se decía que la madera de los modelos originales provenía de las cajas que transportaban ovillos de algodón para la fábrica de la Colonia Güell y que el trabajo de fragua provenía de piezas en mal estado de maquinaria de la hilandería de la fábrica.

Por supuesto que todo el trabajo en hierro forjado fue totalmente supervisado por el arquitecto, que conocía muy bien el mundo de las artes aplicadas, ya que su abuelo y su padre habían sido hábiles maestros artesanos.

Con el placer de haber mencionado a Antoni Gaudí en estas últimas líneas del Capítulo dedicado a la Teoría de Grafos, ya que fue un fiel exponente del uso de herramientas topológicas en sus creaciones, nos adentraremos en el Capítulo siguiente en algunos números particulares, dentro de los infinitos que posee la matemática, siempre relacionándolos con la arquitectura y el diseño.

CAPÍTULO 6

LAS PROPORCIONES, LA FAMILIA DE NÚMEROS METÁLICOS Y UN "PRIMO" PLÁSTICO

Proporciones significativas en diseño

Entre las temáticas que abarca la Topología, también es válido incluir las proporciones, ya que se refieren a la justa y armoniosa relación de una parte con otras o con el todo. Son en consecuencia parte de la disciplina, que como se describió en el capítulo 2 de este mismo libro, se interesa por comparar objetos y clasificar múltiples atributos donde, entre otros, se incluyen la metrizabilidad (comparación entre espacios métricos), y la posibilidad de poder unificar visualmente los múltiples elementos que entran en el diseño arquitectónico, industrial, gráfico, y todo aquél que implique relacionar elementos materiales, imágenes o magnitudes. A lo largo de la historia y gracias a la imaginación creadora de arquitectos, artistas, matemáticos y teóricos, es posible encontrar varios sistemas de proporción, que han ayudado a crear los más variados diseños. Por citar un primer ejemplo, el Partenón en Atenas, es uno de los principales edificios donde es posible ver la utilización de las proporciones en la arquitectura. Los sistemas de proporción cumplen asimismo la función de dar cohesión y uniformidad a un conjunto, incentivar el orden, aumentar la continuidad de las secuencias espaciales y determinar las diversas relaciones entre elementos.

Existen proporciones como el caso de la áurea, que se encuentran presentes en la historia de la cultura humana, partiendo de la temprana Prehistoria y siguiendo con el arte sacro en Egipto, India, China, todo el Islam y otras civilizaciones tradicionales, hasta el movimiento del Bauhaus en los siglos XIX y XX, y en numerosas obras de nuestros días. La sección áurea, es probablemente, el sistema de proporción más antiguo, nacido de la combinación de la concepción pitagórica de "todo es número" y de que ciertas relaciones numéricas reflejan la estructura armónica del universo. En la antigua Grecia, se utilizó este sistema para definir las proporciones y medidas de la arquitectura, a la par que interpretar las relaciones que presenta uno de los temas más estudiado y analizado por todas las civilizaciones: el cuerpo humano.

En el siglo XX el arquitecto Le Corbusier[1] basó su sistema de proporciones humanas, al que bautizó Modulor (nombre derivado de *module*, unidad de medida y *section d'or*, sección áurea), en el Número de Oro. Lo aplicó en una obra emblemática, como lo es el edificio de la Organización de las Naciones Unidas ONU (Figura NM.1), un paralelepípedo recto, donde su fachada cumple con poseer la proporción de un rectángulo áureo, el que a su vez está dividido verticalmente en tres rectángulos también áureos, por separadores horizontales definidos en

---

[1] Charles-Édouard Jeanneret-Gris (1885-1965), más conocido a partir de la década de 1920 como Le Corbusier, fue un arquitecto y teórico de la arquitectura, urbanista, pintor, escultor y hombre de letras suizo, nacionalizado francés en 1930.

base al uso del *courtain wall*.² Es el primer rascacielos en la ciudad de Nueva York, en usar la tecnología del muro cortina. Y por supuesto que aficionado y entusiasmado con esa proporción, "Corbu" la aplicó en muchísimos más proyectos surgidos de su mente genial.

El edificio de la ONU, que se mencionara previamente, es un rascacielos de 154 metros de altura y pieza central de la sede, ubicado en Manhattan, Nueva York, EE.UU. Si bien las Naciones Unidas habían soñado con la construcción de una ciudad independiente para su nueva sede mundial, múltiples obstáculos la forzaron a revisar sus planes. Durante reuniones realizadas entre febrero y junio de 1947, la *Comisión Colaboradora* produjo al menos 45 diseños y variaciones para la sede. En lugar de llevar a cabo una competencia por el diseño del edificio, la ONU decidió solicitarle a un equipo multinacional de prestigiosos arquitectos³ que participaran en su diseño. El arquitecto norteamericano Wallace K. Harrison fue nombrado Director de Planeamiento, y un Consejo de Diseñadores Consultores se conformó con arquitectos, planificadores e ingenieros, nominados por diversos gobiernos. El arquitecto brasileño Oscar Niemeyer, uno de los prestigiosos miembros de la

---

[2] Para mayor información sobre este tipo de sistema constructivo, puede consultarse otro libro del mismo autor de este texto, que es posible encontrar con los siguientes datos: "CURTAIN WALL - CONSTRUCCIONES I-II-III", Editorial Nobuko.

[3] El Consejo estuvo compuesto por N. D. Bassov de la Unión Soviética, Gaston Brunfaut (Bélgica), Ernest Cornier (Canadá), Le Corbusier (Francia), Liang Seu-cheng (China), Sven Markelius (Suecia), Oscar Niemeyer (Brasil), Howard Robertson (Inglaterra), G. A. Soilleux (Australia), y Julio Vilamajó (Uruguay).

elite, se encontró con Le Corbusier por petición de éste, apenas llegó a Nueva York. Le Corbusier había estado pergeñando su propio esquema, y así, le solicitó a Niemeyer que no presentara un diseño, para no hacer confusas las reuniones del Consejo de Diseño. Niemeyer se molestó en un principio y comenzó a ausentarse de las reuniones, y solo después de que algunos colegas lo presionaran repetidamente para participar, aceptó presentar su propuesta. Su proyecto fue finalmente seleccionado, y difería del proyecto de Le Corbusier, que consistía en un edificio para las Salas de la Asamblea General en el centro del lugar (pues era jerárquicamente el edificio más importante); y anexos, los otros tres bloques del Consejo (Seguridad, Administración Fiduciaria y Económico y Social). El plan de Niemeyer separaba ese complejo edilicio, y ubicaba los Consejos al lado del río, y la Sala de la Asamblea General sobre el lado derecho del Secretariado. Si bien esa idea no fraccionaba el lugar, creaba en cambio, una larga plaza cívica cuadrada.

Después de muchas discusiones, Harrison, quien coordinaba las reuniones, determinó que un diseño basado en el proyecto de Niemeyer y el proyecto de Le Corbusier, serían desarrollados conjuntamente como resultado final. El plan de Niemeyer tenía muchas similitudes con el proyecto finalmente construido, con un distintivo edificio de Asamblea General, un bloque largo horizontal, alojando los tres Consejos, y una alta torre para el Secretariado. El complejo edilicio construido, sin embargo, reubicó el edificio de la Asamblea General al norte de una composición tripartita. Este plan incluyó también una plaza pública.

Posteriormente, Le Corbusier habló nuevamente con Niemeyer y le pidió reposicionar la Sala de la Asamblea

Figura NM.1

General en el centro del lugar. Tal modificación destruía el plan de Niemeyer para una plaza cívica. Sin embargo, el que sería más adelante el generador de la arquitectura y el urbanismo de Brasilia, con espíritu humilde, finalmente decidió aceptar la modificación. Dijo: "Sentí que a Le Corbusier le gustaría hacer este proyecto, y él era el maestro. No me arrepiento de mi decisión". Juntos, presentaron el esquema que finalmente fue construido y es lo que se puede observar hoy en día. Y sabiendo de la vocación de Jeanneret por los números asociados a la sección áurea, no cabe duda que su aporte al diseño del edificio fue dotarlo de una significativa proporción de medidas relacionadas con el Número de Oro.

Volviendo a la creación del Modulor, su hacedor decía que lo había pensado con la misión principal de "ordenar

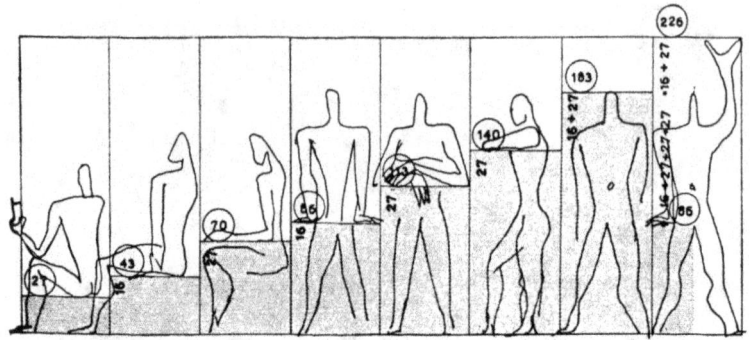

Dibujos originales de Le Corbusier para mostrar su famoso Modulor
basado en las proporciones del cuerpo humano

Figura NM.2

las dimensiones de aquello que contiene y de lo que es contenido". Le Corbusier había desarrollado ese sistema de proporciones en 1948, basándolo en las unidades de medida de los griegos y los egipcios, las cuales consideraba que eran: "infinitamente ricas y sutiles, pues formaban parte de las matemáticas del cuerpo humano, ágil, elegante y sólido, fuente de la armonía que nos mueve, la belleza". Las tres medidas principales de su creación, surgieron de la sección áurea y responden a las medidas del cuerpo humano en distintas posiciones (ver figura NM.2). Para el arquitecto suizo, no se trataba solamente de un sistema proporcional, era un sistema que regía todas las longitudes, las superficies y los volúmenes, "para mantener la escala humana en todas partes". La Unidad de Habitación de Marsella, construida entre 1946 y 1952, es otro proyecto en el cual Le Corbusier aplicó todas las normas del Modulor.

Los Números Metálicos

Directamente relacionados con las proporciones, en el campo matemático existe una serie de números, que expresan en su estructura las características que en lo morfológico y el diseño, se verifican en el terreno de los vínculos entre magnitudes y dimensiones.

Estas cifras han recibido la denominación de Números Metálicos, y aparecen tanto en los sistemas usados en el diseño de las construcciones por la civilización romana, hasta los más recientes trabajos de caracterización de la Teoría del Caos, una de las más modernas ramas de la matemática, pero que no es tema de este texto.

Son numerosos, por no decir infinitos –aunque les cabe el término– y se han integrado en un grupo al que se lo conoce como la Familia de los Números Metálicos, a la que pertenece también un "primo" que aparece en varios ejemplos de diseño y que adoptó el nombre de Número Plástico.

El más famoso de la familia es el Número de Oro, vinculado directamente con la Sección Áurea, el cual ha sido utilizado ampliamente en muchas culturas antiguas como base de proporciones. Otros familiares son el Número de Plata, el Número de Bronce, el Número de Cobre, el Número de Níquel y existen muchos otros más, que no han sucitado mayores ejemplos de aplicación en los campos del diseño y por ello no se han tomado en cuenta en este apartado.

Se analizarán a continuación, las características de los anteriormente citados Números Metálicos y de su "primo" Plástico, como se lo ha denominado, y sus expresiones matemáticas, que le confieren características muy particulares.

El Número de Oro y la Sección Áurea

Un rectángulo se llama áureo si sus lados están en la relación 1:1,618… y puede dividirse en un cuadrado y un rectángulo áureo más pequeño. Viceversa, adosando al lado mayor de un rectángulo áureo un cuadrado de lado igual al propio lado mayor, se vuelve a obtener un rectángulo áureo. El descubrimiento de la sección áurea se atribuye a Pitágoras que creyó haber encontrado una expresión matemática del principio de analogía, que es el fundamento de la evolución cultural de nuestra civilización. Se cree también, que en la época de la Roma Imperial, ya se usaba la sección áurea en los proyectos arquitectónicos.

Experimentalmente se ha encontrado que, entre otros numerosos ejemplos, las fracciones que representan la disposición helicoidal de las hojas o filotaxia, forman parte de la llamada sucesión de Fibonacci:

$$1, 1, 2, 3, 5, 8, 13, 21, 34, 55, 89, 144, \ldots$$

en la que cada término que sigue al segundo se obtiene sumando los dos inmediatamente precedentes y que se vincula directamente con el Número de Oro.

Si llamamos $u_0 = 1$; $u_1 = 1$; $u_n = u_{n-1} + u_{n-2}$ es fácil verificar que:

$$\lim_{n \to \infty} \frac{u_n + 1}{u_n} = 1{,}618\ldots$$

Por ejemplo, el cociente $u_{12}/u_{11} = 1{,}61797\ldots$ es un valor ya muy cercano al Número de Oro que se simboliza con la letra griega Φ, inicial de Fidias, escultor griego que usó dicho valor en sus esculturas y en el diseño del Partenón de Atenas, en Grecia. Cuanto mayor sea el número de términos que se tomen para dividir un término por el precedente, mayor será la aproximación a Φ. El Número de Oro corresponde también matemáticamente a la división de un segmento en media y extrema razón. En efecto, sea el segmento:

$\overline{AB}$ que se quiere dividir mediante un punto C en dos partes de manera que $\dfrac{\overline{AB}}{\overline{AC}} = \dfrac{\overline{AC}}{\overline{BC}}$. Llamando $\overline{AC} = a$; $\overline{BC} = b$ tenemos la relación $\dfrac{a+b}{a} = \dfrac{a}{b}$ o también $1 + \dfrac{b}{a} = \dfrac{a}{b}$

Esta igualdad se puede escribir, indicando con $x = a/b$ como: $1 + \dfrac{1}{x} = x$, de donde resulta $x^2 = 1 + x$.

Esta ecuación de segundo grado en x: $x^2 - x - 1 = 0$ tiene como solución positiva el valor $x = \dfrac{1+\sqrt{5}}{2} = 1{,}618\ldots$ que no es más que el Número de Oro Φ.

Una construcción geométrica muy simple del Número de Oro con regla y compás se muestra en la figura NM.3. El valor $\sqrt{5}/2$ se obtiene del teorema pitagórico aplicado al triángulo del medio cuadrado de lado unitario y en donde en consecuencia, el lado mayor del rectángulo envolvente vale ½ + $\sqrt{5}/2$ = Φ. También se puede obtener el Número de Oro como el cociente de las longitudes de una diagonal y un lado de un pentágono regular.

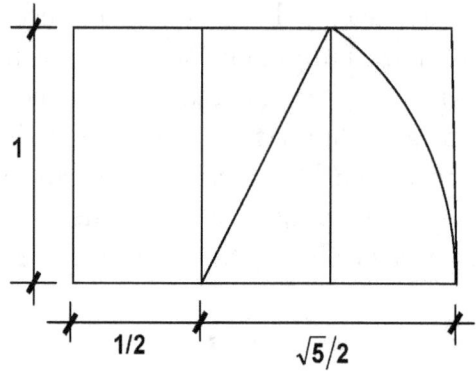

Figura NM.3

El sistema proporcional inventado por Jeanneret-Gris consiste en dos sucesiones de Fibonacci interrelacionadas, la serie roja y la serie azul. La dimensión básica de la serie roja es 183 centímetros, la altura ideal del hombre y la de la serie azul 226 centímetros, la altura del hombre con el brazo levantado. Dividiendo 226 por 2 obtenemos 113 centímetros que es el término inmediatamente precedente a la dimensión básica de 183 de la serie roja. A partir de los dos términos consecutivos es posible hallar toda la serie roja y los términos de la serie azul se obtienen duplicando los correspondientes de la serie roja:

Serie roja: 6, 5, 11, 16, 27, 43, 70, 113, 183, 296...
Serie azul: 12, 10, 22, 32, 54, 86, 140, 226, 266...

Entre otros numerosos proyectos en los que Le Corbusier reiteró el uso de la sección áurea, merece citarse una

Figura NM.4

obra menos conocida, pero de indudable belleza, como lo es La Villa Stein una de las residencias que diseñó en 1927 en la ciudad de Garches, Francia y que se muestra en la siguiente figura NM.4. Es válido proponer a los lectores, que se adentren en el análisis y descubrimiento de las variadas proporciones áureas de esta última obra.

Otros Números Metálicos

El Número de Oro NO es el único número importante desde el punto de vista científico y artístico. Es el miembro más notable de una familia de números irracionales cuadráticos positivos, que son soluciones de ecuaciones cuadráticas del tipo:

$$x^2 - nx - 1 = 0$$
$$x^2 - x - n = 0$$
donde **n** es un número natural

Todos los miembros de esta familia gozan de importantes propiedades matemáticas comunes, que los convierten en entes fundamentales en un gran número de investigaciones, que abarcan desde la transición del orden al caos, hasta su uso como base en distintos sistemas de proporción en diseño. Al estar casi toda la Familia de Números Metálicos integrada por números irracionales, todos ellos deben ser aproximados por cocientes de números enteros en las aplicaciones.

Ello se logra estudiando sus correspondientes desarrollos en fracciones continuas.

Así, por ejemplo:

1) El Número de Oro Φ es la solución positiva de la ecuación $x^2 - nx - 1 = 0$:

$$\Phi = 1 + \cfrac{1}{1 + \cfrac{1}{1 + \cdots}} = [\,1, 1, \cdots\,] = [\,\overline{1}\,]$$

$$\Phi = \frac{1 + \sqrt{5}}{2}$$

2) El Número de Plata σ_{Ag} es la solución positiva de la ecuación $x^2 - 2x - 1 = 0$:

$$\sigma_{Ag} = 2 + \cfrac{1}{2 + \cfrac{1}{2 + \cdots}} = [\,2, 2, \cdots\,] = [\,\overline{2}\,]$$

$$\sigma_{Ag} = 1 + \sqrt{2}$$

3) El Número de Bronce σ_{Br} es la solución positiva de la ecuación $x^2 - 3x - 1 = 0$:

$$\sigma_{Br} = 3 + \cfrac{1}{3 + \cfrac{1}{3 + \cdots}} = [\,3, 3, \cdots\,] = [\,\bar{3}\,]$$

$$\sigma_{Br} = \frac{3 + \sqrt{13}}{2}$$

4) El Número de Níquel σ_{Ni} es la solución positiva de la ecuación $x^2 - x - 3 = 0$:

$$\sigma_{Ni} = 2 + \cfrac{1}{3 + \cfrac{1}{3 + \cdots}} = [\,2, 3, 3, \cdots\,] = [\,2, \bar{3}\,]$$

$$\sigma_{Ni} = \frac{1 + \sqrt{13}}{2}$$

Obviamente, todos estos desarrollos anteriores constan de un número infinito de términos, mientras que en cambio, el desarrollo de cualquier número racional es siempre finito, por ejemplo:

$$\frac{18}{7} = 2 + \cfrac{1}{1 + \cfrac{1}{1 + \cfrac{1}{3}}} = [\,2, 1, 1, 3\,]$$

Y un ejemplo racional es el del Número de Cobre σ_{Cu}, que es la solución positiva de la ecuación $x^2 - x - 2 = 0$:

$$\sigma_{Cu} = 2 = [\,2, 0, 0, \ldots\,]$$

En este caso, las aplicaciones sencillas de este último número, se vinculan a la posible división por 2, tema que deriva en obtener un punto medio para cualquier imagen, objeto o elemento arquitectónico. Con mayor particularidad, se asocia esta propiedad a la ya vista SIMETRÍA AXIAL, en el capítulo 4, "Isometrías".

Surge inmediatamente la pregunta de por qué, entre los infinitos denominados Números Metálicos, como se los conoce, los dos ejemplos de la proporción áurea y de la proporción de plata son los encontrados con mayor frecuencia. La respuesta es:

a) porque son los primeros miembros de la familia de números metálicos, basados en dos números cuyos desarrollos en fracciones continuas son los más simples posibles

$$\Phi = [\,\overline{1}\,] \;\; ; \;\; \sigma_{Ag} = [\,\overline{2}\,]$$

b) Φ está asociado con la geometría pentagonal y σ_{Ag} con la octogonal.

El resto de los miembros de la familia de números metálicos pueden llegar a asociarse con algún tipo de configuración geométrica, pero ese tema no ha sido aún muy desarrollado en el diseño, salvo en el caso de $\sqrt{3}$, que resulta la diagonal de un cubo de aristas iguales a 1.

Es posible demostrar que las sucesiones numéricas obtenidas de los números irracionales, tomando distintas aproximaciones racionales, se transforman en progresiones geométricas, característica que las convierte en ideales para ser base de muchos sistemas de proporciones.

Es bueno destacar, que el tener que usar números irracionales para toda mensura de diseño y en particular de hechos arquitectónicos, se debe aceptar que se trabaja con medidas aproximadas, ya sea por la precisión de los aparatos de medición, como por la aproximación que poseen los cálculos necesarios. La pregunta obvia a partir de allí, es: ¿Si tengo que calcular un área o un volumen y para su medida hay que usar fórmulas en las que aparece el número π –de obligado uso para calcular la longitud de la circunferencia y multiplicidad de fórmulas más– un irracional de infinitas cifras decimales, cuántos de esos decimales deberé tomar en cuenta para obtener un resultado aceptable? Y la respuesta entonces, se inscribe en el concepto de TOLERANCIA MÉTRICA, ya mencionada en el capítulo introductorio "La Topología". Esta expresión también se vincula al tipo de ciencia en la que se requiere aplicar el valor del irracional. Si se trata de una mensura de una superficie de un ámbito de reducidas dimensiones, un par de decimales serán más que suficientes, pero si se tratara de un cálculo de una trayectoria orbital, es obvio que se requerirá mayor precisión y en consecuencia, trabajar con mayor aproximación a π. ¡No todas las tolerancias poseen iguales porcentajes de aproximación!

Algunos ejemplos de diseño

Un par de ejemplos vinculados a la arquitectura y el diseño relacionados con el número de plata σ_{Ag} se muestran a continuación: el primero es el CASTEL DEL MONTE ("Castillo del Monte") (figura NM.5); en Varese: CASTÍDDE D'U MONTE; originariamente: *Castrum Sancta Maria de Monte*, "Castillo de Santa María del Monte") es sin duda una de las construcciones más populares de los tiempos del emperador Federico II. Se encuentra en la Puglia, al sur-este de Italia.

El castillo fue levantado entre 1240 y 1250, aunque el edificio da la impresión, sobre todo en su nivel interior, de no haber sido nunca completado. Su fama se debe principalmente a su planta de peculiar forma octogonal. En cada esquina se levanta una torre de la misma forma geométrica.

El misterio de la funcionalidad de la fortaleza no se explica tan fácilmente. La construcción esconde muchos secretos que se han convertido en un tema tratado, comentado, narrado y analizado en la literatura moderna, empezando por la fecha de construcción, no del todo clara. Sí es seguro que el edificio se levantó en la primera mitad del siglo XIII. El castillo-fortaleza está lleno de simbolismos difíciles de entender. Su forma de corona no es casual, sino una representación consciente de la corona del Emperador. Ocho esquinas también tienen la capilla palatina de la catedral de Aquisgrán, donde Federico II fue coronado. La forma octogonal también se puede relacionar con las decoraciones de la arquitectura musulmana, por ejemplo en el uso de la llamada proporción cordobesa, muy usual en edificios erigidos en la España que ocuparon los moros en el siglo VIII. Otra teoría establece que el castillo fue levan-

Figura NM.5

tado teniendo en cuenta distintas constelaciones estelares. Así, en diversas fechas del año, se producen determinadas situaciones de luz y sombra que convierten al edificio en un calendario celeste en tres dimensiones.

Esta teoría se elaboró sobre la base de la numerología y de la relación entre arquitectura y astrología. La fortaleza se encuentra deliberadamente en una colina, no solamente para tener ventajas estratégicas en caso de guerra, sino también para crear una sensación de mayor altura. El material del muro es piedra de cal y el de la entrada *breccia rossa* (piedra roja).

Pasando ahora a relacionar el número de plata con las viviendas, mostramos seguidamente el símbolo del "Pakua" (figura NM.6), que posee vínculos directos con los diseños de ciertos proyectos elaborados en la arquitectura con connotaciones místicas.

Imagen del "Pakua", Feng Shui chino que es la génesis formal sobre la cual muchos diseñadores de esa cultura basan la forma de sus edificios.

Figura NM.6

Las viviendas octogonales suelen tener un aspecto muy armónico, la simetría en dos dimensiones de sus plantas facilita muchas veces la construcción y la distribución interior. También influye el hecho de que las áreas puedan estructurarse como la suma de pequeños espacios triangulares y cuadrangulares, circunstancia que colabora en el armado de las cubiertas.

Al tener ocho caras en vez de cuatro, es más fácil orientar los aventanamientos y disponer su ubicación hacia las mejores orientaciones para captar o descartar calor según las épocas del año.

Y además, aunque sea un poco subjetivo para quienes profesan creencias respecto de las virtudes del Feng Shui en las viviendas, la forma octogonal también se considera

Figuras NM.7. Imágenes de la bóveda y el exterior de la Capilla de Aquisgram

ideal, ya que el "Pakua" de esta filosofía china asegura que ello es una herramienta fundamental para armonizar casas, espacios, e incluso la vida de sus habitantes.

Y en edificios dedicados a la práctica religiosa, asimismo se verifica el uso del octógono como elemento central del diseño. El que sigue es un ejemplo al respecto. Se trata de la CAPILLA PALATINA de Aquisgram, Alemania, la cual es considerada como el monumento principal del Arte Carolingio. La mandó construir el emperador Carlomagno a finales del siglo VIII. La Capilla Palatina adquiriría una aureola mítica en su época debido a su espectacularidad, que no tenía parangón al norte de los Alpes (fue durante 200 años el edificio más alto de esta parte de Europa), y al prestigio de su promotor, que a su muerte en el año 814 sería enterrado en esta Capilla.

La actual CAPILLA PALATINA es un edificio de dos plantas coronado por una cúpula (figuras NM.7). Su planta es centralizada, formada por un octógono circundado por un hexadecágono. Entre ambos polígonos se forma un deambulatorio, delimitado por columnas. El arquitecto de la Capilla fue el franco Eudes de Metz, que se rodeó de numerosos artesanos procedentes de Italia y del Imperio bizantino para la realización de la obra.

El Número Plástico

Ideado por el arquitecto Hans van der Laan (1904-1991) un monje benedictino holandés, el número **P** llamado místico o plástico (en el sentido doble de plasticidad artística) resulta ser la solución positiva de la ecuación cúbica:

$$x^3 = x + 1$$

donde dicho número plástico resulta un valor P = 1,329... y siguen los números decimales. Por su relación con el cuadrado, vale señalar que es posible verificar que el número de oro Φ cumple con la relación geométrica que puede expresarse analíticamente como: $\Phi = \Phi^2 + 1$ (ver Figura NM.8).

Pues bien, el número plástico, por verificar $P^3 = P + 1$ representa en muchas situaciones del espacio (R3) lo que el número de oro representa en el plano (R2).

La propiedad de los rectángulos caracteriza Φ. En el espacio (ver figura NM.9) si la diagonal principal de la caja horizontal se prolonga y se impone que pase por el vértice superior correspondiente de la caja vertical, entonces resulta que esto es posible sólo si $b = P \cdot c \wedge a = P^2 \cdot c$, con **c** arbitrario y **P** el número plástico.

El padre van der Laan estudió proporciones de las iglesias románicas y descubrió que muchas de estas relaciones métricas, se correspondían con las equivalentes a los términos de la sucesión:

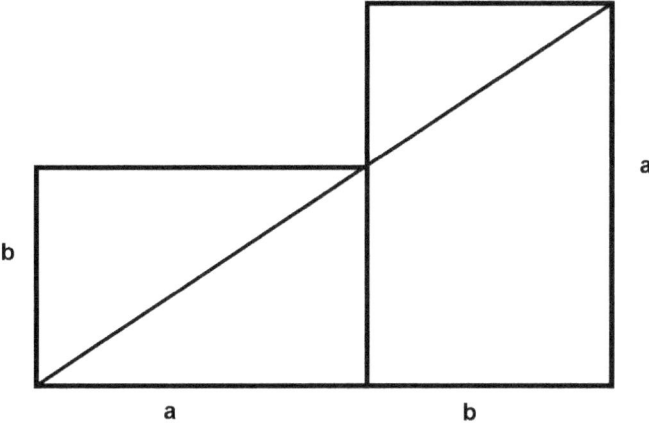

Figura NM.8

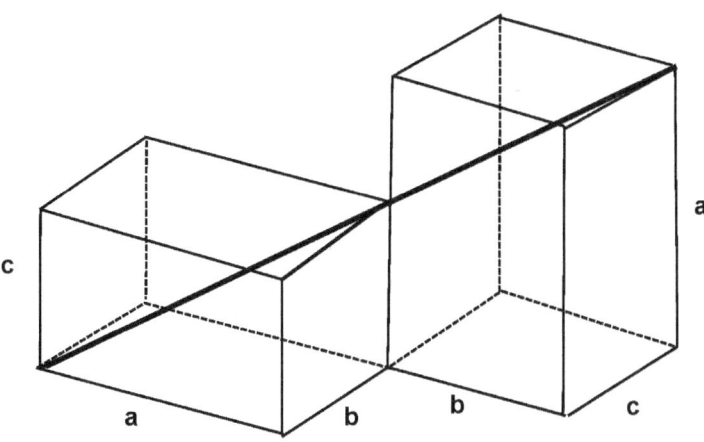

Figura NM.9

1, 1, 1, 2, 2, 3, 4, 5, 7, 9...

Sucesión que empieza por tres unos y donde cada término es igual a la suma de los dos antepenúltimos, resultando que los cocientes entre dos de sus términos tienden precisamente al número plástico **P** (cuanto mayor es el orden de cada par de términos, más se aproxima el cociente al número **P** como sucede con la sucesión de Fibonacci respecto del número de oro Φ).

Estudios de autores varios verificaron hace no muchos años, que sectores de la iglesia románica de Sant Pau del Camp de Barcelona (ver figuras NM.10 y NM.11), responde a este tipo de proporciones.

La iglesia Sant Pau es de una única nave con planta de cruz griega. Tiene tres ábsides y una cúpula con transepto. El interior está cubierto con bóvedas de cañón. La portalada de la iglesia, como se observa en la anterior imagen, está enmarcada por un par de columnas rematadas por dos antiguos capiteles visigóticos realizados en mármol.

El claustro (figura NM.12), que es el que claramente cumple las proporciones del número Plástico en su diseño, es pequeño y fue construido en el siglo XIII. Actualmente sólo dispone de una única entrada, con arcos de tres y cinco lóbulos. Los arcos se apoyan sobre columnas rematadas en capiteles decorados con motivos diversos como temática bíblica: escenas de caza, sirenas, guerreros, monstruos, animales o motivos vegetales. El edificio se encuentra rodeado de un jardín en el que se encuentra la antigua casa abacial construida entre el siglo XIII-XIV y principios del XVIII.

Cabe mencionar también la importancia de que Van der Laan fuese monje, lo que le llevó a proyectar diversas

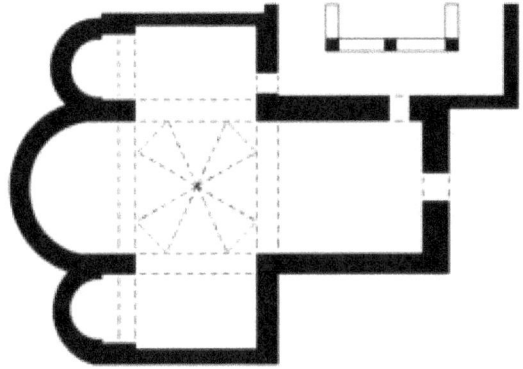

Planta de Sant Pau de Camp
Figura NM.10

Fachada de Sant Pau de Camp
Figura NM.11

Claustro de Sant Pau de Camp
Figura NM.12

iglesias, especialmente la del monasterio de Vaals, donde desarrolló gran parte de su vida. En esta iglesia, que se encuentra en la abadía de Sint Benedictusberg (ver figura siguiente NM.13) empleó, en toda su construcción, el número plástico como guía para crear el espacio que buscaba.

Es en la alta Edad Media cuando nace la visión de la arquitectura como una "geometría aplicada", visión que debiera ponerse en relación con la obra de Van der Laan, ya que son estos los orígenes con los que el arquitecto pretendió poner en marcha todo su trabajo. Así lo sostuvo, afirmando desde un primer momento, que sólo dándole prioridad al que llamó "número arquitectónico", y reflexionando sobre él, se podría resolver de manera correcta el problema de la forma en la arquitectura contemporánea. Para ello, consideró necesario descubrir el modo que permitiría

Vista aérea del monasterio de Vaals
Figura NM.13

construir un orden artificial lógico que sea semejante al natural, compatible con él, y más aún, que lo refuerce y complete. Y a partir de esos principios, Hans van der Laan determinó que este orden debería basarse en el número plástico. La arquitectura y el diseño, dijo este arquitecto, debe "ser inteligible", viniendo esta inteligibilidad dada por la medida, que deberá estar sometida siempre a las reglas del Número Plástico, reglas que no define una a una, sino que considera que deberán adaptarse a casa situación, a cada edificio, a sus materiales, a su técnica, a las necesidades de la sociedad en cada momento.

Como puede desprenderse del cúmulo de teorías de conocidos diseñadores mencionadas, y de todos los ejemplos antes descriptos, las proporciones en que se apoyan los Números Metálicos, más el Número Plástico, han sido a lo largo de la historia, fuente de inspiración en la arquitectura y el diseño de grandes creadores de todas las épocas. Es válido sostener que ello es un buen punto de partida, junto a todas las otras topologías analizadas en este libro, para ser hoy adoptados como útiles herramientas, por parte de las nuevas generaciones.

ESCOLIO FINAL

Cuando allá por el año 1994 obtuve por Concurso de Antecedentes y Oposición mi cargo de Profesor Regular Titular de Matemática en la Facultad de Arquitectura, Diseño y Urbanismo de la Universidad de Buenos Aires, comenzó una etapa de mi carrera en esa ciencia de la cual no me alejé hasta el presente. Es cierto que venía transitando ese mismo camino desde mucho antes, en colegios, academias y como ayudante ad honorem (el cargo más humilde pero honroso en la escala jerárquica de la docencia universitaria) desde 1966. Pero fue en esa década de los 90´ cuando pude concretar muchas de las ideas y propuestas de renovar la enseñanza de matemática aprovechando mi "sitial" de jefe de Cátedra, en una aventura entiendo que fructífera, en la que me acompañó un equipo de autoridades y colaboradores que constituyó el apoyo fundamental en esa empresa.

Ese camino se concretó ya muchos años después, en el año 2006, en el cual obtuve mi Título de Doctor en Arquitectura, justamente con una tesis en la que expuse mis ideas sobre cómo podría optimizarse la enseñanza de tan ardua ciencia para los estudiantes de diseño en general. Han sido logros, lo digo sin vanidad, de los cuales me siento sumamente orgulloso, con la convicción de haber logrado un aporte en esos campos de la enseñanza y el aprendizaje.

Y deseo culminar este espacio del libro, haciendo una mención honrosa a quien tuve el honor de contar como miembro del Jurado quien analizó, entiendo que con benevolencia y generosidad, mi aporte primerizo a la materia en aquel ahora ya lejano 1996. Me refiero a uno de los más importantes matemáticos del siglo XX, el Profesor Lluis Antoni Santaló i Sors (ya "argentinizado" se lo conoció como Luis Santaló).

En 1927, con 16 años, y finalizados sus estudios secundarios, al joven Luis se le presentó una doble duda: estudiar Ciencias Exactas o Ingeniería; ir a la Universidad de Barcelona o a la Universidad Central de Madrid. Matemáticas en Madrid fue, finalmente, la decisión tomada. Se instaló a vivir en la Residencia de Estudiantes, en un ambiente intelectual formidable y pudo unir a sus estudios de matemáticas las muchas actividades que la Junta para Ampliación de Estudios promovió en la capital. Los motores matemáticos de la Junta fueron los ilustres profesores don Julio Rey Pastor y don Esteve Terrades. Este conocimiento de Julio Rey Pastor en los primeros años treinta fue, como comentaré más adelante, un suceso clave en toda la vida de Santaló, ya que este colega suyo, por aquel entonces vivía parte del año en España y parte del año en Argentina (!!!), siendo un matemático renombrado en ambos países.

Pero otro suceso cambiaría la vida de Santaló radicalmente: estalla en julio de 1936 la Guerra Civil y ante la confusa situación, tiene que dejar sus tranquilas vacaciones madrileñas para regresar a Gerona. Allí fue reclutado con el grado de capitán, circunstancia que le obligó, en parte, a un forzoso exilio en Francia, pero allí por esos avatares de la vida, fue recluido en el campo de concentración en Argeles sur Mer; logró escapar a Colliure; de allí saltó a París para finalmente lograr embarcarse en Burdeos rumbo a la Argentina.

A Santaló se le presentaron diversas ofertas para quedarse a trabajar en Estados Unidos. Pero, afortunadamente para Argentina, con la familia que había formado en nuestro país, se instaló en la provincia de Buenos Aires, donde fue contratado en la Universidad como profesor de "Matemáticas Superiores".

En 1954 recibe el Primer Premio Nacional de Cultura y en 1957 logra el reconocimiento de Profesor Titular con dedicación Exclusiva en la Facultad de Ciencias Exactas y Naturales de la Universidad de Buenos Aires y se concentra en la docencia y la investigación, aceptando formar parte del CONICET (a partir de 1961), un actual y reconocido centro de investigadores y proyectando su maestría en las muchas Academias y Congresos a los que fue invitado. El paso a Profesor Emérito en 1976 es un reconocimiento merecido para Santaló, el cual seguirá durante muchos años dando cursos para profesores y alternando investigación con innovación educativa hasta el fin de sus días. Cierro esta reseña sobre una personalidad tan prestigiosa como lo fue Santaló, con algunas de sus reflexiones que comparto totalmente y con seguridad honran a este libro.

Decía Santaló sobre las matemáticas, lo cual es posible extender a todas las ciencias de la tecnología aplicada:

> "Para comprender el papel de la matemática en el mundo actual, se han de tener en cuenta sus características, es decir, que la matemática es arte, como es creación y se sirve de la fantasía; es ciencia, porque a través de ella

se consigue un mejor conocimiento de las cosas, de sus principios y sus causas; y es técnica porque proporciona métodos y medios para resolver problemas y actuar sobre la Naturaleza y sus fenómenos. Es decir, como arte, ayuda a escoger las formas y apreciar la naturaleza como una fuente de belleza y armonía; como ciencia, ayuda a conocer la Naturaleza y a entender sus leyes; como técnica, contribuye a dominar la Naturaleza y sus fuerzas, para ponerlas al servicio de la vida y del bienestar del hombre".

"El matemático descubre ciertas ideas primitivas preexistentes como el astrónomo descubre una nueva estrella... pero a partir de estas ideas, una vez adquiridas, el matemático las combina entre ellas, las elabora y coordina, como el constructor las losetas, o el poeta las palabras, y es entonces cómo el matemático, encontrándose delante de infinitas posibilidades, pasa realmente a crear y la matemática, de ciencia natural, pasa a ser arte".

Y finalmente, recordemos también aquí un párrafo del último discurso público de Santaló al recibir en 1996 la prestigiosa *"Encomienda Alfonso X el Sabio"*, en el que se puede apreciar la actitud abierta y agradecida que siempre tuvo para los ámbitos que lo recibieron en el mundo y en particular su amor a nuestro país.

"El destino hizo que mi vida estuviera dividida en dos Patrias igualmente queridas: la España de mis padres en la que pasé mi infancia y mi adolescencia en tierras catalanas, mi época de estudiante en Madrid y los años de la guerra en las costas de Murcia, y la patria Argentina... en la que encontré manos tendidas de amor... Fue la Patria de mi mujer y de mis hijas... Se van alejando las esperanzas de ver florecer nuevas primaveras, pero siento el consuelo de conservar intactos y eternos los sentimientos afectivos: el amor a mis tierras, la de acá y la de allá, la amistad y gratitud a los amigos, y el cariño a los familiares, también tanto los de este lado como los del otro lado de los mares".

Creo que con estas bellas palabras se puede tener una idea de cual fue el pensamiento y la actitud de este gran hombre, cuyas ideas comparto en su totalidad.

H. N.

EPÍLOGO

Quedan ahora las palabras finales de este libro, que ha intentado mostrar un enfoque particular de la topología.

La incorporación de fórmulas inéditas, la clasificación original de algunos tipos de grafos y la minimización de aspectos de cálculo en beneficio de conceptos topológicos, es también uno de los objetivos buscados y espero que alcanzados. Ello se planificó en razón de los posibles destinatarios principales, que son aquéllos dedicados al diseño en particular y a la modelización gráfica de las ideas en general.

Si, como se dijo al principio de este libro, se logra atrapar al lector fomentando su interés en el tema, o se simplifica su acercamiento a conceptos útiles y que resultarían de difícil acceso por caminos distintos de los propuestos, el principal fin ha sido alcanzado.

Existe un destino inmediato para todo el trabajo que contiene este texto, y es el proyecto de ampliarlo en futuras publicaciones sobre el tema, apoyado fundamentalmente en dos motivos: la profundización de nuevas ideas que suscitó lo ya elaborado y el entusiasmo por seguir investigando en este campo, tan fructífero para generar metodologías de conocimiento, basadas en la percepción de las propiedades de los cuerpos geométricos.

Creo que se acompaña la evolución del hombre en este último aspecto, habida cuenta de lo que indica hoy la realidad, que la casi totalidad de la información que recibe el ser humano ingresa hoy a través del sentido de la vista. Esto se asocia a su vez, a la cada vez más notoria preponderancia que la informática, herramienta inexcusable de nuestro tiempo histórico, presta a los investigadores, docentes y estudiantes como forma de comunicación.

Hasta la aparición de la continuidad de este trabajo, que con seguridad se emprenderá con igual entusiasmo y dedicación, cierro aquí esta etapa de cuya elaboración me siento íntimamente orgulloso, no tanto por sus méritos, que juzgarán terceros, sino por la vocación con que fue llevada a cabo.

El Autor

EL AUTOR

El arquitecto Hernán Nottoli, que suma a su título de grado el de Doctor en Arquitectura de la Universidad de Buenos Aires (UBA), posee una amplia y destacada trayectoria en la docencia, y dentro de sus campos de aprendizaje en las carreras de diseño, se ha dedicado por afinidad, y por entender que son el sustento indispensable para la materialización de una obra, a la enseñanza de asignaturas del área de tecnología.

Accedió a sus cargos de Profesor Titular por concurso, habiendo ejercido la Dirección del Área de Tecnología, de la Facultad de Arquitectura Diseño y Urbanismo (FADU) de la UBA.

En la política universitaria, resultó electo miembro del Consejo Directivo por votación de sus pares y representó durante varios períodos, a los graduados y a los profesores de la FADU. En estas tareas se destacó por su labor desinteresada y prolífica y por su independencia de todo partidismo ajeno al ámbito académico.

También ha desarrollado una amplia labor profesional como Proyectista, Director de Obra y Constructor, habiendo conformado su propia empresa constructora, que llevó a cabo diversas obras meritorias, tanto en lo proyectual, como en lo constructivo. Se destaca asimismo su trayectoria internacional, que acumuló trabajando como arquitecto en estudios de primer nivel en Europa (Thun-Suiza) y en África (Johannesburg - RSA), así como las invitaciones permanentes que recibe y recibió de varias Universidades del exterior, donde dictó en muchos casos, conferencias especializadas.

Tiene varios libros y artículos publicados en el país y en el exterior, y ha participado con ponencias, en una gran cantidad de congresos y reuniones científicas alrededor del mundo, figurando su curriculum en el *Dictionary of International Biography* de Cambridge, Inglaterra.

Actualmente el Dr. Arq. Nottoli es Profesor Titular Consulto del área tecnológica en la FADU (UBA), e investigador, colaborando en la dirección de proyectos y con trabajos en la Secretaría de Investigaciones de esa casa de estudios.

BIBLIOGRAFÍA

1. Adams Colin y Franzosa Robert, *"Topology Pure and Applied"*, Prentice Hall, 2008.
2. Alberti León Battista, *"The ten books of Architecture"*, editado por Dover Publications Inc., New York, 1986.
3. Alexander Cristopher, *"A city is not a tree"*, Architectural Forum, 1965.
4. Alsina i Catalá Claudi, *"L'art de calcular en l'arquitectura"*, Edicions UPC, 1993.
5. Alsina Claudi y Trillas Eric, *"Lecciones de Álgebra y Geometría"*, Editorial G. Gili, 1983.
6. Amster Pablo, *"La Matemática como una de las Bellas Artes"*, Universidad Nacional de Quilmes Editorial, Siglo XXI Editores, 2004.
7. Baliero Horacio, *"La mirada desde el margen"*, Ediciones FADU, 1993.
8. Breyer Gastón, Doberti Roberto, Pando Horacio, *"Bases conceptuales de diseño"*, Ediciones FADU, 2000.
9. Benarroch M., Gervasi M., Fernández S., Spinadel Vera y Vitale M., *"Los grafos aplicados a las conexiones espaciales en Arquitectura"*, 1er. Seminario Nacional de Gráfica Digital, 1997.
10. Broadbent Geoffrey, *"Conceptos emergentes en el diseño de los espacios urbanos"*, Editorial Amazon, 1996.
11. Conant, L. *"The Number Concept"*, New York, 1896.
12. Cook Theodore Andrea, *"The curves of life"*, Dover Publications Inc., New York, 1979.
13. Gil Juan, Nottoli Hernán S., *"Los grafos en el Diseño: regularidad de los grafos en modelos de circulación y su optimización"*, Anales del Congreso MyD-95, FADU, UBA, Noviembre 1996.

14. Gil Juan, Nottoli Hernán S. y Spinadel Vera, "*Grafos poligonales y Diseño*", Anales del Congreso MyD-95, FADU, UBA, Noviembre 1996.
15. Gil Juan, Sergio A. Dopazo, "*Aplicación del modelo de redes al Diseño del Paisaje*", Anales del Congreso MyD-95, FADU, UBA, Noviembre 1996.
16. Huntley, H. E., "*The Divine Proportion - A study in mathematical beauty*", Dover Publications Inc., New York, 1970.
17. Kappraff J., "*Musical proportions at the basis of systems of architectural proportion both ancient and modern*". In NEXUS - Architecture and Mathematics. Editor: Kim Williams, Edizioni dell'Erba, 1996.
18. Le Corbusier, "'*Le Modulor*', 1950. Ensayo sobre una medida armónica a la escala humana aplicable universalmente a la arquitectura y a la mecánica", Buenos Aires: Poseidón, 1953.
19. Le Corbusier, "*Modulor 2*", Paris. (Los usuarios tienen la palabra). Continuación de El Modulor 1948. Buenos Aires: Poseidón 1962.
20. Matila C. Ghyka, "*Estética de las proporciones en la naturaleza y en las artes*". Editorial Poseidón, S. L., Barcelona, 1977.
21. Matila C. Ghyka, "*El número de oro*", 2 volúmenes. Editorial Poseidón, S. L., Barcelona, 1978.
22. Matila C. Ghyka, "*The Geometry of Art and Life*", Dover Publications Inc., New York, 1977.
23. Nottoli Hernán, Trabajo final respecto del Seminario de Doctorado, "Proyecto e Idea en Arquitectura", dictado por el Profesor Ph.D Rivkin, Arnoldo. Tema: "Las Dimensiones en la Percepción del Hecho Arquitectónico". 2003.
24. Nottoli Hernán, Trabajo final respecto del Seminario de Doctorado, "Proyecto e Idea en Arquitectura", dictado por el Profesor Ph.D Rivkin, Arnoldo. Tema: "Las Dimensiones en la Percepción del Hecho Arquitectónico". 2003.
25. Nottoli Hernán, Trabajo final respecto del Seminario de Doctorado, "Didáctica del Proyecto", dictado por las Profesoras Ph.D Litwin Edith y Lic. Lion Carina. Tema: "La importancia del relato como forma metodológica en la enseñanza". 2003.
26. Nottoli Hernán, Trabajo final respecto del Seminario de Doctorado, "Metodología del Proyecto", dictado por el Profesor Ph.D

Samaja, Juan. Tema: Las Inferencias y el Análisis de una Matriz de Datos y las Muestras, Respecto del Hecho Constructivo". 2003.
27. Nottoli, Hernán S. y Spinadel, Vera, *"Notas de Matemática para Arquitectura y Diseño"*, libro publicado por la Secretaría de Extensión Universitaria, FADU, UBA, 1993. reimpreso en 1995, 1996, y 2000.
28. Nottoli Hernán, *"Grafos - Aplicaciones al planeamiento"*, Anales del "8th International Planning History Conference", University of New South Wales, Sydney, Australia, 1998.
29. Nottoli Hernán, *"Grafos - Aplicaciones arquitectónicas"*, anales del Segundo Congreso Internacional de Matemática y Diseño MyD'98, Universidad del País Vasco, San Sebastián, España, 1998.
30. Nottoli Hernán, *"Aplicaciones arquitectónicas de la Teoría de Grafos"*, publicado con referato en la revista Educación Matemática Vol.V N°3, Grupo Editorial Iberoamericano de México D.F. MÉXICO, 1998.
31. Nottoli Hernán - Artículo *"Etapas de aprehensión de conocimientos matemáticos por el hombre"*, publicado con referato en la edición especial de la revista internacional *JOURNAL OF MATHEMATICS & DESIGN*, Volumen 5, Número 2, editada por *The Mathematics & Design Association* y la Facultad de Arquitectura y Urbanismo de la Universidad Nacional de La Plata.
32. Nottoli Hernán, trabajo sobre *"La narrativa en la enseñanza y su ejemplificación con el Teorema de Pitágoras"*, Congreso 5th Mathematics & Design International Conference M&D 2007, efectuado en la Universidad Regional de Blumenau, Brasil. Publicación en los anales del Congreso 2007, pág. 233-240.
33. Nottoli Hernán *"CURTAIN WALL – CONSTRUCCIONES I-II-III"*, editado por Editorial Nobuko, 289p. 2009.
34. Nottoli Hernán - Artículo *"Análisis de la Planificación Urbana"*, publicado bajo el n° ISSN e 2469-1305, en los anales del XIX Congreso Arquisur: *"Ciudades Vulnerables, Proyecto o Incertidumbre"*, realizado en setiembre, en la Facultad de Arquitectura y Urbanismo de la Universidad Nacional de la Plata. 2015.
35. Nottoli Hernán y Spinadel Vera, libro *"NOTAS DE MATEMÁTICA PARA ARQUITECTOS Y DISEÑADORES"* publicado por Ediciones NODO, ISBN 978-987-23491-1-5. 150p. 2008.

36. Nottoli Hernán - libro *"ENSEÑANZA DE MATEMÁTICA para arquitectos y diseñadores"*, publicado por Ediciones Diseño Editorial, 2017. 308p., 2017
37. Nottoli Hernán, *"Some considerations on Maths teaching in relation to the design process"*, artículo publicado con referato, en la revista internacional Journal of Mathematics & Design, Volumen 2, Número 1, editada por Mathematics and Design Asociation. 2003.
38. Nottoli Hernán *"Methods for Evaluation in Mathematics for Architecture and Design"*, publicado con referato, en la revista internacional Nexus Network Journal, Volumen 7, Número 1, 'Spring 2005), editada por NNJ Editorial Board, Copyright ©2005.
39. Nottoli Hernán, Trabajo final respecto del Seminario de Doctorado, "Didáctica del Proyecto", dictado por las Profesoras Ph.D Litwin Edith y Lic. Lion Carina. Tema: *"La importancia del relato como forma metodológica en la enseñanza"*. 2003.
40. Scholfield, P. H., *"The theory of proportion in Architecture"*, Cambridge: Cambridge University Press, 1958.
41. Schroeder, M. R., *"Fractals, Chaos, Power Laws"*, W. H. Freeman and Company, New York, 1991.
42. SICYT, FADU, UBA, No. 3, Febrero 1996.
43. Spinadel Vera – Nottoli Hernán *"Herramientas Matemáticas para la Arquitectura y el Diseño"*, Ediciones FADU. ISBN 950-29-0833-3. 150p., 2005.
44. Stewart Ian, *"Las esculturas de Alan St. George"*, Investigación y Ciencia, Julio 1996.
45. Struik Dirk J., *"A Concise History of Mathematics"*, New York, Dover Publications, Inc. 1948.
46. Williams, Kim, *"The Sacred Cut revisited: the pavement of the Baptistery of San Giovanni"*, Florence, The Mathematical Intelligencer, vol. 16, No. 2, Septiembre 1994.
47. Williams Kim, *"Michaelangelo's Medici Chapel: the cube, the square and the $\sqrt{2}$ rectangle"*. Leonardo, volumen 30, No. 2, 1997.
48. Williams Kim, *"Verrocchio's Tombslab for Cosimo de Medici: Designing with a mathematical vocabulary"*, NEXUS: Architecture and Mathematics, Edizioni dell'Erba, 1996.

ÍNDICE

- Introducción   7
- Tributo a la Topología   11
- **Capítulo 1. Matemática, Topología y Diseño**   17
- **Capítulo 2. Topología**   91
- **Capítulo 3. Homotecias**   115
- **Capítulo 4. Isometrías**   161
  - 1. Traslaciones   163
  - 2. Reflexiones   170
  - 3. Simetrías   183
  - 4. Teselación del plano   197
  - Escolio sobre la historia de la percepción humana del espacio   214
- **Capítulo 5. Grafos**   229
  - Grafos 1. Introducción - Definiciones   229
  - Grafos 2. Grafos especiales asociados a poliedros   261
  - Grafos 3. Grafos poligonales: asociación a poliedros   284
  - Grafos 4. Árboles   309
  - Grafos 5. Recorridos - Agrupamientos - Vínculos   325
  - Grafos 6. Grafos mixtos   358
- **Capítulo 6. Las proporciones, la familia de Números Metálicos y un "primo" Plástico**   367

- Escolio final   393
- Epílogo   399
- El autor   401
- Bibliografía   403

www.ingramcontent.com/pod-product-compliance
Lightning Source LLC
Chambersburg PA
CBHW051623230426
43669CB00013B/2166